面向应急管理的情报工程
服务机制建设研究

李 阳 著

科学出版社

北 京

内 容 简 介

应急情报是一个新兴议题，数智赋能环境下应急情报范式面临新的变革。本书将情报工程理论的相关逻辑、研究成果、服务范式等向应急管理领域延伸，并从战略、技术、人文、场景、策略等综合视角探讨了面向应急管理的情报工程服务机制建设问题。本书在探讨应急管理情报工程相关理论、概念等的基础上，对应急管理情报工程服务有关现状问题与实践需求进行了分析，剖析了应急管理情报工程服务流程的"三部曲"，即数据资源、工具方法、专家智慧，系统构建了情报工程服务机制框架。基于情报工程服务场景化应用角度，分析了智慧应急业务创新情报工程、应急科研攻关情报工程、突发事件网络舆情情报工程、应急知识科普情报工程四大场景若干问题。最后，提出了面向应急管理的情报工程服务机制建设推进策略以及展望等。

本书可作为情报学、信息资源管理、应急管理、数据科学等专业和方向的参考用书，也可作为应急管理、网络舆情等领域实践业务人员等的实践指南。

图书在版编目（CIP）数据

面向应急管理的情报工程服务机制建设研究／李阳著.—北京：科学出版社，2022.11

ISBN 978-7-03-073829-5

Ⅰ.①面… Ⅱ.①李… Ⅲ.①突发事件–公共管理–情报服务–研究 Ⅳ.①G252.8

中国版本图书馆 CIP 数据核字（2022）第 219714 号

责任编辑：刘　超／责任校对：邹慧卿
责任印制：赵　博／封面设计：无极书装

科 学 出 版 社 出版
北京东黄城根北街 16 号
邮政编码：100717
http://www.sciencep.com

涿州市般润文化传播有限公司 印刷
科学出版社发行　各地新华书店经销
*

2022 年 11 月第　一　版　开本：720×1000　1/16
2024 年 3 月第三次印刷　印张：16
字数：310 000

定价：160.00 元
（如有印装质量问题，我社负责调换）

本书系国家社会科学基金项目"面向应急管理的情报工程服务机制建设研究"的研究成果。

前　言

党的十九大报告对公共安全与应急管理工作做了新的重要部署，指出要"加快社会治理防控体系建设""提升防灾减灾救灾能力"等。在VUCA①环境下，突发事件应急处置的复杂性、不确定性等不断增加，将突发事件、应急管理活动与情报服务工作进行融合与嵌入，已经成为提升应急管理现代化水平的重要途径。应急管理本身是一项复杂的系统工程，当前情报学领域兴起的情报工程思维恰恰契合了大数据与智能化时代的应急管理新需求。在这种背景下，如何将情报工程理论的相关逻辑、研究成果、服务范式特征等向应急管理领域合理延伸，并从战略视角对面向应急管理的情报工程服务机制建设进行前瞻性布局，成为理论与实践界共同关注的新兴议题。

本书立足情报服务创新视角，主要聚焦应急管理情报工程的基本理论体系搭建以及场景化应用分析，主要研究内容可以凝练为以下三个方面：

第一，从基础理论的角度系统梳理了应急管理与情报工程融合的关键科学问题，构建了应急管理情报工程的基本理论体系框架。本书创新性总结出信息链上的应急情报内涵体系，并对情报工程与应急管理的融合进行了理论设计与阐释，包括情报工程基本定位、情报工程服务关键流程的解析（数据资源、工具方法、专家智慧等）、具体的服务机制框架（包括情报集成机制、情报智析机制、情报研判机制、情报转化机制、情报更新机制等）等内容。

第二，从应急场景的角度搭建了应急管理情报工程服务机制的四大场景化应用，其中智慧应急业务创新情报工程主要聚集于政府视角下的工程化应急情报服务、应急科研攻关情报工程聚集于科研视角下的工程化应急情报服务、突发事件网络舆情情报工程聚集于网络空间视角下的工程化应急情报服务、应急知识科普情报工程聚集于公众科普视角下的工程化应急情报服务。这四个应用场景既是为应急管理情报工程服务的量身打造，也可为大类情报工程建设具体落地提供可行性参考。本书相关研究成果既对四个方向进行了分别阐述，也将它们视为一个有机联系的生态系统。

第三，从综合推进的角度提出了应急管理情报工程发展路径，在对相关挑战

---

① 指易变性、不确定性、复杂性、模糊性。

进行凝练的基础上，对应急管理情报工程政策层面的多重保障、实践层面的多措并举、学理层面的学科建设与人才培养提出了实际性的发展路径分析，并对未来人工智能时代以及大安全观视角下的应急管理情报工程服务发展愿景提出了思考。

　　本书是作者及课题组在相关方向多年研究成果的系统梳理，本书研究和撰写过程由我全面负责，张诗莹、王恒阳、王昕宇、是沁等分别参与了本书部分章节的研究和撰写梳理工作。在本书的最终梳理过程中，钱萌、陈志楠、王敬等研究生也参与进来，进行了大量的文字校对等工作。本书的研究得到国家社会科学基金"面向应急管理的情报工程服务机制建设研究"（项目编号：18CTQ021）的支持。同时，本书的出版也得到了南京大学一流学科建设以及人文社会科学大数据研究院建设相关基金的支持。科学出版社对本书的出版给予了大力支持。在此出版之际，我要感谢课题组的全体成员，也感谢为课题研究和出版提供指导和帮助的业界广大专家。

　　期盼本书能够为高校、科研单位以及政府应急管理相关机构等提供有益的参考。由于时间、精力和本人学术水平有限，书中难免存在不足之处，恳请广大读者批评指正。

李　阳

2022 年 8 月于南京

目　录

| 1 | 导　　论

1.1　研　究　背　景

1.1.1　VUCA时代与数智赋能环境呼唤应急管理变革

这是一个变幻莫测的时代，尤其是现代环境下社会矛盾、文化差异、虚拟空间不确定性、信息有限等因素的存在和影响，各类风险因素呈现集聚、交织、叠加、更新、进化等状态，在此背景下，以易变性、不确定性、复杂性、模糊性等为典型特征的VUCA环境已然形成，使得人们不断面临各类变化事件和紧急突发事件（李平，2020；Alkhaldi et al.，2017）。这些突发事件与以往相比往往显得更加不可预见、复杂并可能造成极大危害，若不加以管控，甚至会直接关系到一个组织、区域、国家等的盛衰和存亡。VUCA时代复杂性风险的存在呼唤着应急管理范式的变革，需要应急管理立足新环境的复杂情境特征、遵循科学规律，直面各类综合风险问题，改变传统被动、单一、分散的应急模式。与此同时，在信息化、数字化、智能化等影响下，传统应急管理的结构重心正在从物理空间向信息和数据空间不断转移，以数据和情报为核心的突发事件应急管理不断兴起，数智赋能逐渐成为应急管理业务实践的"新利器"，对于解决VUCA复杂情境下的应急管理具有重要意义，能够有效提升应急管理科学化、有效性、精细化、智能化水平。

1.1.2　新冠肺炎疫情催生下一代应急情报

掌握情报信息就等于掌握了应急管理与决策的主导权，近几年来，应急情报领域成为情报学、公共管理学、新闻传播学等学科一个公认的前沿热点。尤其是在新型冠状病毒肺炎疫情（以下简称新冠肺炎疫情）影响下，我们看到，与应急情报相关的研究文献、实践项目等显著增多，这一方面反应了学术界、业务界等对于重大应急和危机情境的呼应和回应，同时也进一步表明应急情报方向的重要性和实践意义。新冠肺炎疫情对我们的社会经济、生产生活、科学研究与交流等都带来了不同程度的影响，而疫情防控工作除了我们惯常意义上的医疗卫生、社会管理等干预外，情报信息在其中也起到了关键而又特殊的作用（王伟军，2020）。整个疫情暴发期，我们看到相关应急机构在数据信息的统筹、协同和分析运用上仍然存在一些不足，同时网络空间也出现了各类谣言、虚假信息、不实信息等，"信息疫情"这一新词也在这个背景下被热议，可以说对我国疫情防控工作造成了极大干扰。现代应急管理工作已经离不开信息流和情报流的加持和赋能，而传统的应急情报工作在情报意识、数据协同、数据分析、预警反应、情报利用等方面仍然存在不足，在新冠肺炎疫情这场考验和大战影响下，应急情报领域能否按下"快进键"，将"危机"转化为"契机"，打造下一代应急情报发展范式（李阳等，2020），成为应急情报领域的新考量。

1.1.3 情报工程思维兴起并逐渐向应急管理领域延伸

情报工程思维是近些年来本土情报学界提出的新理念，是中国科学技术信息研究所相关研究团队根据科技情报领域的相关研究与业务实践，结合大数据发展环境，提出的一种创新情报服务的研究范式和实践逻辑（贺德方，2014）。情报工程强调以用户需求为出发点和响应点，充分利用数据驱动新思维、新技术，通过推动信息、工具、人等的科学组织与管理来实现情报服务的数据化、自动化、集成化、智能化、规范化等（朱礼军等，2016）。目前，情报工程思维已经在科技创新、生物医药、智库建设、智慧城市等领域得到一定的推广和应用。在应急管理领域，情报工程的各类前沿理念也非常契合现代应急管理对速度、应变、迭代、效率等的高要求和综合要求，在此背景下，面向应急管理的情报工程建设也成为一个前沿性议题和课题。我国著名情报学家马费成先生在其2019年的新书《情报工程学概论》中提到，要积极推动情报工程思维在应急管理与决策中的应用，将完善相关情报工程保障体系、长效服务机制等视为未来的重点关注内容（马费成和赵志耘，2019）。因此，推动应急管理情报工程建设，进一步保障和提升应急管理能力，促使应急管理向应急"智"理转变，成为一个急迫而又现实的问题。

1.2 研究意义

1.2.1 理论意义

首先，从情报工程思维探讨智慧型应急管理，有利于进一步丰富和拓展应急管理情报支持研究和情报工程学的基础理论与研究内容，为应急管理与情报工程的理论结合提供参考；其次，探索应急管理情报工程关键核心问题、基础理论体系，构建应急管理情报工程服务机制框架等，有利于推进情报学关注现代风险社会重大现实问题的研究以及跨学科融合。

1.2.2　实践意义

一方面，将情报工程理论研究与实践方法跟应急管理工作结合起来，可以有效改善当前应急管理情报工作的流程，从而更有针对性地实现应急管理的情报支持功能；另一方面，本书研究所重点关注的情报工程关键流程环节、服务机制、场景分析与应用研究、推进策略等内容，能够助推面向应急管理的情报工程实践与应用，是对情报工程子工程的进一步贯彻和推进，能够为构建情报灵、判断准、反应快的智慧型应急管理提供策略参考和实践指导，为我国应急管理实践发展创新提供独特的启示。

1.3　国内外研究进展述评

目前国内外缺少专门针对应急管理情报工程的系统性研究，下面从应急情报相关研究现状及情报工程相关研究现状两个方向进行文献梳理与评述总结。

1.3.1　应急情报相关研究现状

近几年来，应急情报（信息）等成为情报学、公共管理学、应急管理学等学科的重要研究内容。目前应急情报领域相关研究主要涉及以下5个方面。

1.3.1.1　应急情报基本问题研究

应急情报基本问题研究涉及应急情报（信息）特征、应急情报角色与定位等内容。例如，Sorensen（2000）从灾害预警角度出发，认为应急信息应强调特殊性、一致性、确定性、可信度等方面的特征。Lai 等（2012）认为应急信息是多机构的集合体，灾害应急所需的信息资源不仅仅来源于本地政府的数据库，还应包括其他政府、社交媒体等各种渠道的信息。姚乐野和范炜（2014）从情报本征机理的角度出发，认为情报应是被激活的信息，因此应急情报不同于应急信息，提出应急情报应凸显速度、质量和效能三个本质特征，并以快速响应并服务应急管理主体为主要目标。刘建准等（2019）从情报介入的角度强调了应急情报的预测、监视、补救等功能。赵发珍（2020）提出应急情报与情报有联系也有差异，应急情报包含于情报之中但却有特定的突发事件应急场景特征，应急情报应是加工的应急信息资源等。

1.3.1.2 应急情报系统与体系研究

应急情报系统与体系研究涉及应急信息管理模型、应急管理情报体系框架等内容。例如，Carminati 等（2013）探讨了紧急事件逻辑下的信息共享系统模型框架，认为信息资源快速访问与共享模块的设计对于突发事件应急管理具有重要意义。苏新宁和朱晓峰（2014）系统分析了应急决策情报体系的若干问题，并从组织结构、功能组成、组织功能关系三个角度构建了情报体系框架。李纲和李阳（2016a）立足智慧城市视角，从组织体系、保障体系与运行机制三个方面搭建了智慧城市应急决策情报体系的理论框架。袁莉和杨巧云（2014）从重特大灾害应急决策角度出发，在分析现有研究与实践不足的基础上，探讨了快速响应情报体系的协同联动机制，包括决策、保障、指挥、控制等体系模块等。

1.3.1.3 应急情报技术开发与应用研究

应急情报技术开发与应用研究涉及应急情报监测与识别技术、突发事件特征词典编制、突发事件知识库建设、应急情报平台及应用等方面的内容。如李纲和李阳（2014）从目标、过程与方法、原则、关键步骤等角度对以情报为核心逻辑的突发事件监测与识别技术进行了系统分析，并对相关前景进行了展望。陈祖琴（2015）从应急情报采集与组织环节出发，从分类、分级、分期三个维度对突发事件特征词典编制进行了研究。邓三鸿等（2015）试图将利益相关者理论融入案例知识库的组织之中，并以汶川地震突发事件为例利用框架知识表示法进行了相关实证研究。王良熙（2020a）对应急科技情报服务平台的关键技术进行了分析，并设计了相关技术框架方案，并介绍了相关平台应用案例。郭骅等（2018）从信息资源规划的角度出发，推演构建了城市层面的应急管理情报平台，认为情报平台对于情报交换、情报感知与服务等具有重要意义等。

1.3.1.4 突发事件情境下社交媒体信息挖掘研究

突发事件情境下社交媒体信息挖掘研究主要对社交媒体平台上突发事件相关信息传播、主题内容与用户情感等问题进行关注，为应急管理提供网络舆情情报分析方面的支持。如王晰巍等（2017）以微博平台的某话题为例，探讨了突发事件网络舆情信息传播问题，认为移动端在新媒体环境下传播速度、传播程度、传播广度等方面都具有显著优势。An 等（2018）对微型博客上的突发公共卫生事件主题演变模式和时间趋势进行了分析，并对推特和微博社交媒体平台上的埃博拉病毒案例进行了探索性实证研究。安璐等（2019）从主题一致性和情感支持的角度出发，提出了一种评论意见领袖的识别方法，相关研究对管理部门突发事件应急管理中的网民关注焦点和情感态度发现具有支持作用等。

1.3.1.5　疫情信息管理相关研究

由于新冠肺炎疫情的影响，疫情信息管理成为近两年学术界关注的一个热点，主要探究与新冠肺炎疫情相关的数据治理、信息服务、用户行为等各类问题。如 Xie 等（2020）认为新冠肺炎疫情催生了信息危机，认为需要高度关注和支持重大突发公共卫生事件情境下的健康信息识别、用户行为、信息服务等研究与实践。周晓英（2020）通过网络舆情观察的方法，对新冠肺炎疫情期间出现的信息问题与现象进行了分析，并认为应急信息管理制度建设尤为重要。李进华（2020）以新冠肺炎疫情防控为出发点，比较了公、私部门在相关疫情防控实践上的不同路径，进而构建了重大疫情的 DITP 理论框架，以保障信息管理与疫情治理的关联。张志强等（2020）认为应急信息服务是应急管理的有力支持，作者以新冠肺炎疫情事件为例，构建相关应急集成知识资讯服务体系，并从提供专业科技信息知识服务和科技战略决策咨询服务两个部分进行了详细分析等。

1.3.2　情报工程相关研究现状

情报工程源于大数据环境下科技情报实践的探索，后来延伸到社会其他行业或领域之中。情报工程相关研究主要涉及以下内容。

1.3.2.1　情报工程基础理论研究

情报工程是本土情报学提出的新兴思维和理念，是大数据环境下情报学理论体系的创新性探索。早在 2009 年，中国科学技术信息研究所研究团队就提出了"事实数据＋工具方法＋专家智慧"的科技情报研究思路（贺德方，2009）。2014 年，随着大数据的推进，贺德方等学者从学理上对其进行进一步拓展与深化，将工程化及系统化思维融入其中并提出了情报工程研究范式，并对情报工程学发展提出了若干思考（贺德方，2014）。潘云涛和田瑞强（2014）则从流程视角系统分析了工程化思维下的情报服务问题，介绍了国外典型情报工程案例，包括爱思唯尔出版集团和印第安纳大学的相关工程化情报研究实践，并在此基础上进一步分析了情报工程化服务的若干问题（潘云涛和田瑞强，2014）。张家年和马费成（2016）从学科视角出发，分析了情报工程学学科的核心问题，包括学科内容、学科课程体系、学科专业方向、相关研究组织等内容。马费成等学者在梳理情报工程相关理念的基础上，出版了《情报工程学概论》一书，对情报工程学基础理论等问题进行了全面系统的介绍和总结等（马费成和赵志耘，2019）。

1.3.2.2　工程化视角下的情报工作方法研究

朱礼军等（2016）则从创新战略的视角出发，探索了情报工程的理论方法与框架体系。郭路生等（2017a）从情报工程思维出发，提出了工程化视角下的情报需求开发范式，并对情报需求工程的过程及方法进行了详细描述。唐晓波和魏巍（2016）从霍尔三维结构和生命周期理论出发，构建了工程化视角下的情报工作方法论体系和相关模型，包括时间维、知识维、逻辑维的分析以及基于规划阶段的分析。张家年和王文韬（2016）在分析大数据分析与情报分析的差异的基础上，通过融入工程化思维，构建大数据视域下的情报分析机制，并对相关分析实践的流程进行了分析等。

1.3.2.3　不同领域的情报工程服务应用探索研究

情报工程理念在多个领域得到了应用和推广。如在科技情报领域，王良熙等利用情报工程、服务中台等思维，以区域科技创新智库建设为场景，对相关科技情报服务平台体系进行了研究（王良熙，2020b）。在企业管理领域，王娟（2019）借鉴了工程化思维，对企业共享服务中心的情报机能相关问题进行了分析。在智库建设领域，李纲等学者在分析智库研究与情报研究联系与差异的基础上，借鉴情报工程思维，对智库协同创新情报服务、智库情报机能等问题进行了系统的探索（李纲和李阳，2016b；李阳等，2016）。在国家安全领域，石进等（2020）在探索面向国家安全情报支持路径时，认为可以借鉴一些情报工程、软件工程的思维。在应急管理领域，李阳等学者认为突发事件应急处置工作的工程化特征逐渐凸显，而现有应急情报服务存在不足，提出将情报工程思维引入到应急管理领域，并分析了相关数据、技术、专家、平台等关键问题（李阳和李纲，2016a；李阳和李纲，2016b）。郭路生等（2017b）则对应急情报需求工程进行了系统分析，认为传统情报需求存在缺陷，认为基于领域分析驱动，可以更好实现应急情报需求的快速且客观地认识和获取等。

1.3.3　相关研究评述

对相关研究文献与成果进行总结分析，可以发现：

第一，应急情报相关研究虽然已经取得了一些进展，但在深度上有所欠缺，情报服务创新仍然存在较大的研究空间。与传统的应急管理研究相比，情报学视域下的应急管理研究属于新兴领域，符合用数据说话的时代要求。但相关研究多集中于对功能定位、体系框架、知识库等方面的探讨，应急管理情报工作水平效率低下的深层次本因并未探明，鲜见数智赋能新环境下的应急管理情报支持研究，缺少应急管理与情报服务深度融合的理论创新、方法创新与应用实践研究。

第二，情报工程理念虽然得到了相关探索，但总体研究尚处于起步阶段，相关成果主要集中在科技情报领域，应急管理领域的情报工程服务深层次机制则缺乏有效的探索。具体来说，情报工程思维正在向多个领域拓展和延伸，情报工程的新业态发展对于现代应急管理而言是一大契机，但情报工程理论与应急管理理论的融合范式目前缺少针对性的研究。作为一种全新的服务理念，面向应急管理的情报工程服务尚未引起情报学界的足够重视，而服务机制的不完善问题恰恰又是应急管理情报支持的核心难题。

总之，在大数据与智能化环境下，应急管理情报支持面临着新变化、新需求，需要从情报工程视角建构全新的服务生态，并在实践中推进应急管理情报工程服务机制建设，这些系列问题构成了本研究关注的焦点。

1.4　研究内容、方法与研究思路

1.4.1　研究内容

本书主要包括以下研究内容。

1.4.1.1　应急管理情报工程的基础知识

这部分主要包括信息链上的应急情报概念、情报工程与应急管理的关系、应急管理情报工程基本命题剖析等。提出从信息链出发，应急情报既包括"朝上"的情报结果，即"intelligence"下的应急知识服务、应急情报产品等，还包括"朝下"的情报来源，即与突发事件应急管理相关的所有事实、数据、信息、知识等。认为情报工程是应急管理的新引擎，总结了应急管理情报工程的基本定位，包括鲜明的快速迅捷特性、良性的协同共生格局、高效的价值转化效率、灵动的弹性适变能力等。提出应急管理情报工程建设涉及应急管理情报需求工程、应急管理情报采集工程、应急管理情报分析工程、应急管理情报设计与行动工程等各类子工程等。

1.4.1.2　应急管理情报工程相关现状与需求

这部分主要探究应急管理情报工作的基本情况，总结出相关问题，并从适应性视角分析应急管理情报工程的需求问题。总结了应急管理情报工作现状的"十个有待"，包括各主体情报意识有待提高、情报资源建设有待规范化管理、情报分析能力有待进一步提升、情报人才队伍建设有待加强、情报协同共享机制有待完善、情报政策法规有待完善、基层组织和单位的情报工作有待关注、数据信息能力领先的商业机构、研究机构等有待充分利用、应急情报转化应用有待提升、应急管理情报工作评价有待建立等。从应急管理情报工程需求认知、需求动机、需求内容、需求方式等方面分析了应急管理情报工程服务在实践中的适应性问题，认为情报工程作为一种新思维、新范式、新业态在应急管理实践中可以得到有效拓展。

1.4.1.3　应急管理情报工程服务流程关键环节与服务机制

这部分主要剖析了应急管理情报工程的数据资源、工具方法、专家智慧等流程要素，并构建相关服务机制，分析相关服务机制的运行逻辑。在服务流程关键环节方面，具体分析了核心"三部曲"，包括数据资源以及情报资源保障能力建构问题、工具方法以及新一代信息技术应用问题、专家智慧以及专家协同会诊平台问题，并对应急管理情报工程产品与服务进行了分析。在服务机制方面，基于多元驱动环境，对应急情报综合集成研讨厅的搭建和关键内容进行了分析，从情报资源输入到情报资源输出整个过程的角度分析了相关运行机制，包括面向三元世界应急大数据的情报集成机制、深挖数智赋能技战力的情报智析机制、引入群体专家智慧的情报研判机制、打通供需对接通道的情报转化机制以及推动体系生态化发展的情报更新机制，并对其运作机理进行了详细分析。

1.4.1.4　应急管理情报工程服务机制的场景化应用

这部分主要从智慧应急业务创新情报工程、应急科研攻关情报工程、突发事件网络舆情情报工程、应急知识科普情报工程四大场景的具体问题与需求出发，分析情报工程服务机制在四个场景下的具体应用及其相关研究。

1）智慧应急业务创新情报工程

在梳理应急管理业务工作、应急管理信息化建设等基础上，本书指出智慧应急业务创新情报工程的重要性。对战"疫"中的应急业务信息工作进行了回顾和总结，并从情报工程视角提出若干启示。从机构视角和流程视角分别剖析了智慧应急业务创新情报工程的内容，其中，机构主要从顶层、中层和基层机构的应急业务角度具体剖析相关情报工程建设内容，流程从预防准备、监测预警、应急处置、恢复重建等应急业务角度具体剖析相关情报工程建设内容。最后，从智慧城市视角探索了应急管理业务创新情报工程体系框架及其相关内容。

2）应急科研攻关情报工程

对应急科研攻关基本概念、核心特点以及开放科学、开放数据环境与应急科研攻关的关系等进行了分析，本书提出情报工程对应急科研攻关具有重要支撑作用。梳理了新冠肺炎疫情下科技信息服务相关进展，并从制度规范、信息服务内容与方式、信息服务团队、信息服务联动机制等方面提出了若干启示。分析了面向应急科研攻关的情报工程服务基本定位，构建并剖析了面向应急科研攻关的情报工程服务逻辑框架，包括资源层、融合层、专家层、服务层等。

3）突发事件网络舆情情报工程

从新冠肺炎疫情催生的"信息疫情"出发，本书阐述了"信息疫情"与网络治理、"信息疫情"与信息科学家行动等内容。对疫情防控背景下政府、高校、企业等的网络舆情信息工作进行了概述并提出若干启示。分析了微博平台网络辟谣信息工作机制及启示，包括其在疫情期间的网络辟谣信息工作。提出情报工程应用于突发事件网络舆情领域的必要性，认为突发事件网络舆情情报工程建设从流程上涉及舆情情报发现、舆情情报预警、舆情情报分析、舆情情报报告等，从内容上包括网络辟谣情报工程、涉外突发事件网络舆情情报工程等。从示范研究视角探讨了突发事件情境下的辟谣信息特征与受众行为关系、基于用户行为与情绪特征的用户画像、舆情反转事件情感演化特征等关键内容。

4）应急知识科普情报工程

结合公众素养、新冠肺炎疫情与公众应急信息素养等问题与需求，本书分析了应急知识科普的重要性。介绍图书情报机构在应急知识科普中的作用和案例。对应急知识科普情报工程建设的内涵和内容进行了分析，认为公众在应急情境下需要一个系统性、及时可用的知识型情报服务平台作为支持。同时，立足情报工程思维，以示范视角对面向公众科普需求的应急救护知识库建设内容和运行机制进行了分析。

1.4.1.5 应急管理情报工程的综合推进

这部分结合应急管理情报工程基本问题分析、机制框架构建、应用场景分析等，对应急管理情报工程建设的若干挑战、推进策略、未来展望进行了探究。在挑战方面，认为情报工程对于应急管理而言仍然是一个"新兴事物"，应急管理情报工程建设仍然面临角色定位、情报动员、意义建构等方面的挑战。在推进策略方面，认为需要从政策层面的多重保障（如大类政策凸显情报信息元素、打造应急情报专项政策法规等）、实践层面的多措并举（如从资源建设、技术创新、业务人才、协同组织、决策融入、知识科普等方向着力）、学理层面的交流平台搭建与人才培养（如相关应急管理情报工程交流平台搭建、应急管理情报工程学科建设与人才培养）等方面综合推进。另外，在未来展望方面，结合人工智能时代的发展愿景，提出应急管理情报工程服务要积极利用人工智能发展契机，同时也应特别注意人工智能发展伴随而来的伦理道德、技术偏见等问题；在总体国家安全观影响下，认为应急管理情报工程建设也需要对接国家安全，确定总体情报工程服务发展规划，支持国家安全大情报体系建设，形成总体国家安全观视域下的应急管理情报工程格局。

1.4.2 研究方法

本书相关研究运用和集成了多种研究方法，包括文献调查法、规范分析法、深度访谈法、系统分析法、案例分析法、数据挖掘方法等。

1.4.2.1 文献调查法

文献调查法用于研究全程，通过文献检索、分析和总结，对国内外与本书研究有关的研究进行梳理、分类和评述，了解和掌握应急管理情报工程相关最新研究前沿和动态，为本书的相关研究提供文献资料支持。

1.4.2.2 规范分析法

规范分析法用于研究全程，搭建应急管理情报工程的基础理论框架，对应急管理情报工程服务的复杂适应性进行学理分析，并回答融合范式下的情报工程服务"应该是什么"的问题。

1.4.2.3 深度访谈法

深度访谈法通过对应急专家及相关应急机构业务人员，应急管理学、情报学、公共管理、新闻传播学等相关学科领域专家，以及相关智库专家等进行咨询调查和深度访谈，获取他们的意见和观点以及对相关具体问题的感知和评估，掌握应急管理情报工作基本情况以及情报工程服务相关需求。

1.4.2.4 系统分析法

系统分析法是在情报工程理论与中国本土应急管理实践相结合的基础上，结合调查等获得的资料和数据，针对不同类型的应急路径，对相应的应急管理机构情报服务流程和方法进行比较与分析，剖析相关机制构成及其各类复杂关系，构建应急管理情报工程服务机制，展开具体针对性研究。

1.4.2.5 案例分析法

案例分析法是对相关突发事件应急管理实践案例进行总结分析，以获得总体认知，进而进一步支持相关理论阐释、描述、建构和验证。如以突发公共卫生事件新冠肺炎疫情等为切入点，分析相关疫情防控的具体经验和启示等。另外，对相关突发事件情境下的应急信息服务案例进行分析，如以微博平台为例，分析其网络辟谣信息工作经验等。

1.4.2.6 数据挖掘方法

该方法是指从大量数据中挖掘相关信息的过程，在本书研究中，如以突发事件网络舆情信息分析作为切入点，利用社交媒体（如微博平台）突发事件舆情数据、用户数据、评论数据等，分析相关突发事件情境下的舆情生态，为相关突发事件舆情管理与舆情治理提供支持等。

1.4.3 研究思路

本书研究遵循"提出问题—分析问题—解决问题"的科学研究逻辑和规律，根据本书的研究对象进行解剖，按照"应急管理情报工程是什么—为何需要应急管理情报工程—应急管理情报工程如何开展—应急管理情报工程典型应用场景如何—应急管理情报工程未来发展路径怎样"的基本研究路径展开。本书的具体研究的技术路线如图 1-1 所示。

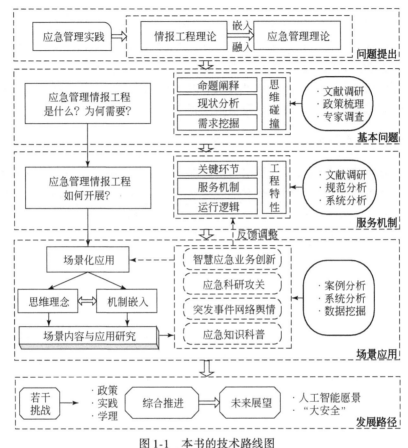

图 1-1　本书的技术路线图

1.5　研究目标与创新点

1.5.1　研究目标

本书的研究目标主要包括：对情报工程服务在应急管理中的地位、作用和价值进行深度认知和定位；对应急管理情报工作相关现状问题以及情报工程实践需求、情报工程服务机制框架、情报工程服务机制场景应用、情报工程服务机制建设综合推进等关键问题进行研究，以强化情报工程子工程——应急管理情报工程在应急管理工作中的战略重要性与战术指导性，为本土化应急管理情报支持建设思路和培育策略提供理论基础和实践参考。

1.5.2　研究创新点

本书的研究创新点可以从学术思想、学术观点、研究内容等方面概括。

在学术思想上，本书立足于新时代应急管理政策与理念导向的大背景，从情报工程的视角来研究大数据与智能化环境下的应急管理建设，在本土化情境下探寻应急管理情报工程服务机制，提出推进应急管理情报工程服务机制建设的价值意义，是推进应急管理体系建设与能力现代化的新视角、新切入点。

在学术观点上，我们认为：情报工程的理论与实践对应急管理建设有着重要的理论指导和实践支撑作用；同时，在大数据与智能化环境下，影响应急管理水平的并不仅仅是传统广义层面的管理体制等因素，更关键的是由情报工程服务机制培育转化而来的应急管理快速响应与协同联动的生态体系。这些观点从能力锻造的视角观察情报工程对于应急管理的附加值，具有一定的新颖性。

在研究内容上，本书一方面关注并分析了应急管理情报工程的关键科学问题，提出了诸如信息链视角上的应急情报内涵，构建了应急管理情报工程服务机制框架等，填补了相关领域研究的不足；另一方面首次创新性地提出和分析了应急管理情报工程服务机制的四大场景化应用，包括智慧应急业务创新情报工程、应急科研攻关情报工程、突发事件网络舆情情报工程、应急知识科普情报工程等，这个应用场景既是为应急管理情报工程服务量身打造，也可为大类情报工程建设的示范应用与具体落地提供可行性的参考与借鉴，具有一定的前沿性和前瞻性。

2 | 应急管理情报工程概述

2.1 信息链上的应急情报内涵体系

2.1.1 应急情报概说及不同学科的应急情报关切基本分析

首先，从术语的文字表征来看，应急情报可以理解为是近几年才出现的新兴术语，尤其是本土情报学已经将其作为一个全新的热门领域和研究方向。相关研究领域的兴起主要源于 2013 年国家社会科学基金立项的与应急决策情报体系相关的重大和重点项目，分别是南京大学信息管理学院苏新宁教授的"面向突发事件应急决策的快速响应情报体系研究"（重大项目）、武汉大学信息管理学院李纲教授的"智慧城市应急决策情报体系建设研究"（重大项目）、四川大学公共管理学院姚乐野教授的"突发事件应急决策的快速响应情报体系——跨学科综合集成与实证研究"（重点项目），在这三个课题的影响下，很多与应急情报相关的学术研究成果不断产生，进而在情报学界等掀起了一股"应急情报热"。而后受到总体国家安全观理念、《国家情报法》、新冠肺炎疫情防控等的影响，应急情报领域又逐渐与安全情报、疫情信息管理与数据治理等方向有效融合，进一步拓展了其研究空间和场景应用。例如，由中国人民大学书报资料中心等策划的"2019 年度中国图情档学界十大学术热点"中，"服务国家安全与发展的情报学新理论"就在列，而在"2020 年度中国图情档学界十大学术热点"中，"面向疫情防控的信息管理与数据治理"成为十大学术热点之一，可以说这些学术热点议题的产生与当时的政策、社会环境等密切相关。与此同时，相关国家社会科学基金重大项目也给予了持续关注，如 2020 年度，南开大学信息资源管理系的李月琳教授获批了"国家重大突发事件信息公开质量研究"，天津师范大学管理学院刘冰教授获批了"国家重大突发事件信息公开质量研究"，两位学者分别从不同侧重点对这一问题展开探索。吉林大学管理学院张海涛教授获批了"总体国家安全观下重大突发事件的智能决策情报体系研究"等①。这些都反映出应急情报领域在多个方向得到了延伸与纵深化发展，相关基础理论体系、知识体系等也逐渐清晰。

实际上，应急情报并非这个时间段才有的产物，早在20世纪八九十年代，公共危机信息管理领域就已经是国际学术界的研究焦点（沙勇忠，2020），加之应急信息的广泛性，实际上多个学科都对应急情报相关问题进行了探索，而应急情报这个专有术语更多是国内学术界为了强化"情报"与"信息"的差异、凸显情报学在应急管理领域的价值等而约定俗成的一个领域术语表达。

从更广义的角度看，应急情报应该是一个多学科交叉的领域和方向，包括公共危机信息管理、应急信息沟通、突发事件信息传播、突发事件网络舆情、应急信息系统、疫情数据治理、公共安全数据管理等在内的多个研究方向都与之密切相关。在此逻辑下，可以总结出不同学科在应急情报上的关切及认知：

1）情报学，主要是利用学科在信息组织、知识管理、数据分析、情报系统、数据治理等方面的优势和特色，因此特别关注应急信息（资源）需求、应急信息融合、应急情报流程改造、应急情报智能分析、应急管理情报体系、突发事件知识库、突发事件情境下的社交媒体信息行为与数据挖掘等方面的研究。可以总结为是"资源"和"内容"视角的应急情报关切。

2）公共管理学，主要是利用学科在管理学基础理论、风险管理、危机管理、应急管理等方面的基础，特别关注应急大数据、政府信息发布与信息公开、应急信息协同治理、公共安全数据管理等方面的研究。可以总结为是"管理"视角的应急情报关切。

3）新闻传播学，主要是利用学科在社会传播、大众传播、网络媒体、移动媒体等方面的研究基础，重点关注突发事件信息传播的机制、演化规律以及突发事件舆情管理等方面的内容。可以总结为是"传播"视角的应急情报关切。

4）计算机科学与技术，主要是利用学科在信息技术、信息系统等方面的优势和能力，重点关注面向突发事件的应急信息系统架构与模型、应急信息基础设施、应急信息平台、突发事件应急信息仿真推演等方面的内容（赵发珍，2020）。可以总结为是"技术"视角的应急情报关切。

还有地理科学、安全科学等多个学科在应急情报（信息）方向有特别的关注，但可以看出，相关研究成果虽然较为丰富，但主要还是以"信息（information）"为基本导向。从情报学的角度出发，学术界普遍认为，应对"应急"与"信息"的融合进行重新审视，强化"情报（intelligence）"导向在应急管理中的应用，充

---

① 资料来源：国家社科基金项目数据库. http://fz. people. com. cn/skygb/sk/index. php/Index/search.

分将情报学"耳目、尖兵、参谋"的初心有效融入应急管理领域的探索与实践之中,这也成为应急情报在情报学圈子被特定和专门关注的缘由。

2.1.2 信息链视角下应急情报内涵阐释

基于上述分析,我们大致可以得出以下结论:尽管应急情报在各个学科的关切与认知存在差异,其基本内涵、概念体系等也一直没有得到业界的普遍共识,但对于应急情报在应急管理实践中的支持和引领作用,各学科都给予了肯定和认可。归纳来看,目前关于应急情报内涵的主要有两种理解逻辑,一种理解逻辑是信息保障视角,即认为应急情报主要是指应急管理与决策活动与实践中的各类相关信息资源的集合,其关注点多在应急信息类型、应急信息特征等方面(雷志梅等,2014;Sommerfeldt,2015),并未触及基于应急信息的整合、加工等问题;另外一种理解逻辑就是情报服务视角,即主张强化情报的预警、监测、识别、决策支持等属性与功能,重视高价值情报产品的打造与服务能力提升(苏新宁等,2017;潘文文,2020),并以服务管理与决策者为最终考量,强调应急情报区分于应急信息,是激活了的应急信息或应急知识。

从情报服务视角出发,应急情报是一种狭义的理解,即更多指一种深层次、预见性、浓缩型的专用性情报,主要目的是针对特定应急场景和用户需求而打造。尽管这种理解认知强化了应急情报的"intelligence"视角,但我们发现在实践中,"intelligence"与"information"常常是"一船两夫"(Batty,2005),并不可分割。信息链是一个可以概括和解释从事实到数据到信息到知识到情报的过程,因此,从情报信息流的角度看,各类突发事件的应对和处置常常涉及信息链上的各个要素以及各个要素之间的传递与转化,也就是说,各要素应是一个交叉交互、迭代升级的动态演进过程。也就是说,尽管可以从理念和导向上认为情报是在价值的最高之处,但在内涵认知上,我们仍然不能完全割裂信息链上的应急情报各要素。因此,我们认为,从大情报观角度出发,应急情报既包括"朝上"的情报结果,即"intelligence"下的应急知识服务、应急情报产品等,这是其立足点和出发点;同时,应急情报还包括"朝下"的情报来源,即与突发事件应急管理相关的所有事实、数据、信息、知识等都应被纳入到应急情报的认知体系之中(李阳,2019a)。图 2-1 阐释了信息链视角下的应急情报内涵逻辑,基于这个认知,既可以凸显以情报为终端核心的价值实现,也考虑到了信息链各要素之间的关联关系。同时,相关概念模型还考虑到了当前新技术环境、大数据环境等下技术驱动、数据驱动带来的信息链要素转化关系,并在每一个层次的对应路径中加入了相关反馈流,以为情报服务的诊断、改善、提升等提供交互,保障情报服务的效果。在这样的认知逻辑下，应急情报的内涵空间可以得到很好地延展和丰富，有利于情报学进一步发挥"intelligence"导向的应急情报研究，并促进情报学与其他相关学科之间的跨学科合作与交流。信息链视角下的应急情报内涵如图2-1所示。

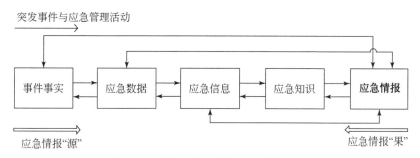

图2-1　信息链视角下的应急情报内涵

2.2　情报工程与应急管理的关系分析

2.2.1　情报工程成为情报服务的新引擎

如前所述，情报工程是近几年本土情报学提出的新思维、新理念、新范式，情报工程源于科技情报领域的探索，而后逐渐延伸到智库、金融、应急管理等多个领域。实际上，情报工程的历史缘起和提出逻辑要从情报服务的发展说起。

情报服务总体上经历了不同的发展阶段，有学者分别提出了情报服务3.0以及情报5.0等不同的说法和看法。如吴晨生等（2015）以科技情报服务作为切入点，认为情报服务经历了文献传递到信息服务（情报服务1.0）、信息服务到知识服务（情报服务2.0）以及知识服务到智能服务（情报服务3.0）的三个发展阶段，并认为情报服务3.0时代在数据、方法、技术、推送等方面都应凸显智能化、协同化等特征。王飞跃（2015）从更广义的情报科学与技术发展角度，认为情报科学与技术经历了人员情报、信号情报、图像情报、网络情报、平行情报5个发展阶段，构建了基于ACP方法的平行情报体系框架，特别提出情报5.0（即平行情报）时代需要重视实时、在线、交互的社会情报。无论是情报服务3.0还是情报5.0，情报服务的发展总体上都在向着数据化、融合化、智能化、协同化、计算化、情境化等方向发展，尤其在当前大数据、人工智能、用户需求崛起等新兴环境下，情报服务亟需变革，这也成为情报工程范式的基本立足点和任务目标。

从专业机构的情报服务工作来看，起初相关专业机构更多承担的是图书馆、信息资料等相关工作和职责；在建立了一定的情报组织或情报信息网络后，专业机构开始注重情报分析方法的运用，并提供多样化的情报服务产品；而后在相关情报组织或情报信息网络以及情报流程相对正规化后，专业机构开始不断提供标准化的情报服务产品；而到了成熟阶段，在制度化的情报工作流程下，专业机构在情报信息资源基础、情报网络、快速反应等能力方面得以大幅度提升，能够持续不断提供高质量的情报服务产品，满足各类用户的情报服务需求，这实际上就是我们所说的情报工程化发展阶段（朱礼军等，2016）。因此，情报工程是基于实践并高于实践而提出的创新性理论框架，是情报服务发展的必然趋势。

总体来看，情报工程是大数据与人工智能环境下情报服务模式的升级，作为新引擎，情报工程从思维、数据、技术、方法、工具、领域专家、协同模式等多个方面影响情报服务的发展。情报工程注重对数据资源、工具方法、专家智慧等服务流程要素的改造以及协同平台、运行机制、要素投入产出等方面的协调与优化。在网络化普及、数字化升级、智能化增强等趋势下，情报工程的内涵也在不断地丰富化、充实化，情报工程正在走向跨界融合，作为一种新引擎，情报工程将致力于复杂问题的解决和复杂场景的应对，通过架构起"智慧导航系统"，成为各类管理与决策主体的可靠帮手和智能助理。

2.2.2 情报工程应用于应急管理领域的必要性分析

目前来看，情报工程仍然集中于科技情报领域，因此目前很多情报工程知识体系、项目实践等都带有明显的科技情报色彩。情报工程在各个领域的应用应是共性和个性的统一，强调在普遍范式基础上的差异化发展和推进。从应急管理领域来看，情报工程思维在应急管理领域还缺少可推广或成熟的应用范式或示范应用。作为情报工程的重要领域子工程，应急管理情报工程具有比较强的特殊性。

应急管理是一个非常复杂的领域，一方面突发事件尤其是重大突发事件等本身就存在不确定性、危害性、演化性、连带性等特征，尤其是人类从未遇见的罕见突发事件，其破坏性往往难以预估，如2020年初发展至今的新冠肺炎疫情，至今在全世界范围内仍然没有得到很好的控制。此外，从现代管理科学的角度看，要求应急管理综合把控时间、资源、条件、信息、人力、资金等各要素，并促使它们形成有机联系和运转，以保障突发事件应急处置的科学性。换句话说，与其他领域相比，应急管理领域往往更强调决策的果断性、部署的快速化、组织的协同化，而与之对应的情报服务也指向了不同层次应急情境下的战略型情报、方案性知识、操作性指南等，并要求相关情报服务产品能够快速产出、精准匹配并有效转化。而从现有应急管理情报工作模式来看，"作坊式""单兵式"等应急情报服务仍然广泛存在，尤其是一些数字化不够、数据资源基础不好、信息技术缺失、人才队伍薄弱的基层应急机构和相关组织，很多应急情报工作名副其实，仍然停留在"信息工作"层面，决策等不到情报、等不来有效情报，"拍脑袋"应急决策仍然存在，这种工作逻辑难以保障应急管理的科学性、高效性等。从一些突发事件应对来看，应急处置更多靠"硬条件"保障与驱动，往往浪费了很多人力资源、物质资源、财力资源等，而数据驱动、情报赋能等优势没有得到很好的利用，这是一种极大的浪费。

情报工程就是要弥补和解决数据缺失、技术薄弱、决策困惑等各类问题，就是要将数据驱动和情报赋能深度贯彻起来，为此，将情报工程思维借鉴和引入到应急管理领域之中，通过搭建各类基础数据设施、集成各类高端工具方法与技术、协同各领域专家智慧以及大众知识，打造具有"工匠精神"的情报服务生产线，全面支持复杂情境下应急管理工作，对于应急管理范式变革具有重要意义。有鉴于应急管理领域的特殊性，将情报工程介入应急管理工作之中的适应性、可行性等仍然需要进一步摸索，唯有从顶层设计和实践固化角度进一步诠释应急管理情报工程建设，才能持续激发面向应急管理的工程化情报服务迭代升级，最终实现突发事件的极"智"守护（李阳，2019b）。

2.3 应急管理情报工程的内涵阐释

2.3.1 应急管理情报工程的基本内涵

借鉴情报工程的内涵定义，应急管理情报工程实际上将工程化、系统化等思维融入应急情报的开发与利用工作之中，通过集成各类应急大数据资源、各类应急情报分析技术、各类应急专家知识与智慧，并在一个协同化的运作平台上完成整个应急情报工作流程。具体来说，应急管理领域需要面临系列化的需求、信息爆炸巨量、临机决策、反馈及时紧迫、态势复杂多变等特殊情境，为此，需要利用情报工程思维、方法、流程、技术等，打造出"应急情报+"的情报服务模式，推动"应急情报+沟通""应急情报+研判""应急情报+防控""应急情报+救治"等的实现，来充分保障应急管理相关业务升级和持续在线（图2-2）（李阳和孙建军，2022）。

应急管理情报工程的内涵可以从本土现代性、多线汇聚性两个角度去深度理解。首先，应急管理情报工程应重视本土现代性。由于情报工程是本土情报学提

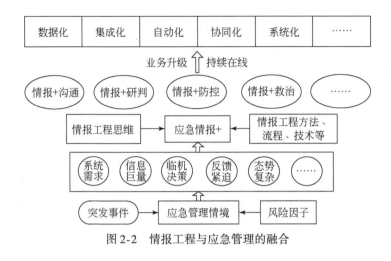

图 2-2　情报工程与应急管理的融合

出的新理念，因此打造应急管理情报工程也应带有浓厚的本土色彩和现代色彩，以建构应急情报的本土范式，拓展相关话语空间。一方面，我国应急管理系统建设主要是以体制驱动为主（徐松鹤等，2015），且呈现纵向层次化和横向职能化的基本特征。一直以来业界对这种模式的感知是"纵强横弱"，并形成了各种信息不对称和数据孤岛。近几年来，在政务信息系统、政务信息资源和政务数据资源共建共享的政策导向和实践推动下，各类数据资源、信息情报的打通相对有所缓解。例如，2016 年 9 月，国务院颁发了《政务信息资源共享管理办法》，提出加快政务信息系统互联、公共数据共享等，并提及应急维稳等主题信息资源应通过各级共享平台予以共享。2018 年 4 月，国务院安全生产委员会办公室等印发了《关于加强应急基础信息管理的通知》，提出要整合不同来源的应急信息资源，推进应急信息的共享共用，并强调做好大数据应用平台等工作。总体来看，国家在应急大数据、应急信息等方面的改革创新为应急管理情报工程建设打造了一条"快捷路径"，也掀开了应急情报领域新篇章。另外，情报服务本身具有"技术传统"，每一次新技术革命都会影响情报服务的变革。过去的应急管理主要以机构范式、经验范式、知识范式等为主导，在互联网、大数据、人工智能等新一代信息技术影响下，应急管理逐渐重视数智赋能带来的优势，以数据元素为标志性特征的现代应急管理模式催生而出。这种现代性也为应急管理情报工程带来了新机遇，使得应急情报工作趋向于工程化和系统化处理，相关情报服务变得更加标准化、规范化、精细化、智能化、精准化，进而更好支持应急管理与决策工作。

其次，应急管理情报工程应强调多线汇聚性。工程化情报服务应该从广义上去理解，即情报服务应是多线的，而不是单纯的应急业务线逻辑。换句话说，应急管理情报工程不能单一地理解为是政府综合机构、应急机构等单方面的任务和职责，因为情报服务系统不仅仅包括"政府情报系统"，还涉及"社会情报系统"等。也就是说，应急管理情报工程除了我们惯常意义上的以政府为主导的业务情报之外，还应将科技情报、网络情报、舆情情报、社会信号、公众需求等全部纳入进来。尤其是图书情报机构这样在信息情报、数据科学、战略咨询等领域长期耕耘的专业情报信息组织，更应该凸显自身在应急管理情报工程建设中的特殊贡献和独特价值。从这个意义上说，应急管理情报工程是基于多源情报融合驱动而来，应考虑多领域、多层次、跨组织的情报来源，从全情报角度实现工程化视角下的突发事件风险"一网打尽"。

2.3.2 应急管理情报工程的基本定位

面对新环境带来的各种契机，应急管理情报工程与传统的应急情报服务相比，需要其对自身的特殊能力和"附加价值"提出高要求，因此其目标定位应更高、更加明确。目前来看，应急管理情报工程应从鲜明的快速迅捷特性（基于速度的考量）、良性的协同共生格局（基于宽度的考量）、高效的价值转化效率（基于效能的考量）、灵动的弹性适变能力（基于弹性的考量）等4个方面打造，推动应急管理情报工程的高质量实现（李阳，2019b）。

2.3.2.1 应急管理情报工程要具有鲜明的快速迅捷特性

快速响应一直是应急管理情报体系的基本要求，在工程化视角下快速迅捷要求则成为应急管理情报工程的显著特点。尤其在复杂突发事件情境下，情报工程若想更好发挥功能价值，快速迅捷就是它的基本标尺。当前，各种社会风险矛盾、未知不确定因素等使得应急管理形势严峻，加之社交媒体、新媒体等的激化作用，突发事件演化、反转、"负面升级"等往往发生在短时间甚至是一瞬间，这就需要情报工程在架构起"快速通道"，保障情报服务在启动、快跑等上的优势，实现情报快速感知、态势及时预测。从具体内容上看，快速迅捷表现在多个方面，从情报内容角度出发，快速迅捷的前提就是有相关"参考系"，以保障在同类或相关类似突发事件的应对时有数据调用和知识体系参考，这就对应急大数据资源储备能力提出了要求。从战略角度看，储备更多的应急情报数据基础，是战时应急情报工作发挥的基本保障。具体而言，例如，在应急预案方面，如果对应急预案建设能够做到根据区域特点而专门设置并保持实时更新，那么这套预案在很多突发事件应对中就能发挥作为流程化的参考；如在突发事件知识库方面，多类型高质量的突发事件知识库对于应急情报分析具有重要意义，基于突发事件知识库的信号提示、数据抽取、情报计算、可视化呈现等对于情报的快速转化具有重要意义。从情报网络角度出发，只有充分解决数据孤岛、情报信息不对称等问题，应急情报的传达才能畅通无阻，而不是通过多节点的权限申请制度或复杂审批制度来阻碍关键情报的提交。目前来看，一方面需要强调扁平化的情报组织机构，以此提高跨机构的情报共享能力和效果；另一方面可以通过构建一体化全景式的大情报平台，这实际上就是打造一个专门的"快速通道"，以保障应急情报产品与服务能够快速达到管理与决策空间。总之，快速迅捷特性是应急管理情报工程主动性、超前性等的关键。

2.3.2.2　应急管理情报工程要具有良性的协同共生格局

突发事件应急管理场景的情报源往往是分散的，在物理空间、人类社会、信息空间等都广泛存在并可能交织在一起（王施运等，2021）。因此，应急情报工作实际上是一个全频域的特殊性工作，因为只有将不同主体的数据资源基础、关键信息情报等融合到一起，才能保障应急情报分析的完整性，这实际上是一种"大情报"格局的构建问题。从应急管理情报工程建设的角度出发，如何以应急情报流的控制为基本导向，将不同领域不同主体的情报信息基础集聚起来，从战略共识、知识固化、组织协同等方面形成良性的协同共生效应，是一个关键。一方面，这要求以应急业务处理为核心的政府部门在顶层设计上架构起大情报系统，并通过管理与治理的方式形成有机网络；另一方面还要求推动应急情报开发的社会化、市场化，即要将所有能够为应急情报工作贡献力量的组织、公众个人等都纳入到这个体系之中。如在现代信息传播愈加广泛性的新环境下，各类社交媒体平台、互联网公司等都能基于自身的数据资源开展相关独立的应急情报分析工作或相关支持性的应急情报分析工作。当然，正是由于情报来源的广泛性，其中就涉及到各种数据边界、知识产权、利益关系等各类现实问题。例如，在应急基础信息资源方面，一些大型企业的风险隐患数据如何进行合理接入并恰当使用？再比如，对拥有用户大数据的社交媒体平台，如何在充分利用大众情报的基础上又要保障用户的个人信息和数据隐私？因此，应急管理情报工程虽然强调情报协同和共享，但应具有一个基于共同契约的情报融合文化，只有各主体在不同需求和不同能力的基础上形成共识，并匹配多元治理机制和价值共创机制，才能形成生态化的应急管理情报工程。

2.3.2.3　应急管理情报工程要具有高效的价值转化效率

过去的情报服务往往以临机情报任务的接受与完成为基本导向，不注重整体价值转化效率的提升。这就导致很多临机情报任务的执行浪费了太多的时间资源、人力资源、财力资源等，总体执行效率也受到了影响。在情报工程导向下，情报产品的打造需要考虑产品线的高效性，即需要保障情报工作投入产出的综合平衡，如情报产品在质量、响应时间、成本等上的协调。对于应急管理情报工程而言，情报服务同样需要具备这种高效的价值转化效率，进而以一种适宜、精益、高阶等的形式来服务于应急管理与决策主体，保障情报系统的整体功能实现与长远发展。具体来说，如在适宜性方面，就需要针对特定应急决策主体的情报信息需求或者是围绕特定的突发事件的应急处置场景，输出匹配性的应急知识、决策方案、操作指南等，满足应急管理实践中的情报需要；在精益性方面，就需要将情报信息流充分嵌入到应急管理业务之中，并基于工程化情报服务模式来加快相关业务流程的运转并提炼出关键应急情报；在高阶性方面，针对应急处置常出现的各类"疑难杂症"，需要应急管理情报工程有并行处理、聚焦收敛、瞬时决策等能力，以实现多面向的智能打击。总体而言，应急管理情报工程不仅仅关注情报服务的内容锻造，还关注情报服务的整体效率，即需要综合考量质量、时间、成本等方面的因素，进一步提高应急管理情报工程的执行率和转化率。

2.3.2.4 应急管理情报工程要具有灵动的弹性适变能力

在突发事件尤其是重大突发事件情境下，信息有限、情报缺失、数据不准确等广泛存在，加之应急态势的不断变化，被动的情报服务应对往往存在情报支持力度不够不足等诸多缺陷，这使得整个应急情报工作要时刻保持灵动的弹性适变能力，才能适应复杂情境下智慧型应急管理的需要。换言之，如何根据突发事件的实际情报感知情况以及事态发展形势，基于应急处置实际需要与工作调整做出情报改变、情报变通、情报对比与定夺等，以保持情报工作的适应性与变化性，这实际上对于应急情报工作提出更高要求。可以从风险和发展两个不同的情境角度来加以考量：从风险情境角度看，由于数据孤岛、信息爆炸、信息迷雾等影响，应急情报工作常常面临信息失灵、情报失察、情报不可逆、情报不安全等问题，情报工作常常面临中断、停止、未有头绪等危机，这就要求情报工作强化自身的筹备性、适应性、自调整性，这种战略抗逆力要求实际上就是应急管理情报工程在逆境中的自我抵御与恢复能力，这对于保持应急管理以及应急情报服务的连续性至关重要。从发展情境来看，传统被动应对式的情报服务是一种静态模式，无法满足动态发展的突发事件演化态势，因此，应急管理情报工程要充分发挥自身的牵引能力，以学习型情报能力建设为目标，推动情报服务的自我激活、提升、切换与进化，推动应急情报与其他业务、其他场景的勾连与互动，同时还可以在情报智慧赋能下孕育或孵化出全新的应急管理增强型业务，充分发挥"应急情报+"的转化效能。

总体上看，应急管理情报工程就是要借鉴和引入工程化、系统化思维、方法、标准的优势，从各个方面对传统应急情报服务进行改造，推动应急情报服务在速度、宽度、效能、弹性等方面的创新和升级，支持智慧型应急管理的实现。

2.3.3 应急管理情报工程子工程分析

应急管理情报工程是情报工程大方向的子工程，因为情报工程包括科技创新、智库建设、国家安全、应急管理等多个领域的情报工程应用，其中涉及各类面向新业务的领域情报工程切分项目、模块化课题等。对于应急管理情报工程本身而言，也有相关子工程或分工程，如从情报管理流程来看，涉及应急管理情报需求工程、应急管理情报采集工程、应急管理情报分析工程、应急管理情报设计与行动工程等各类子工程。

2.3.3.1 应急管理情报需求工程

由于应急情境、大数据环境等的影响，应急管理情报需求的有效捕捉和识别变得尤为复杂和困难。过往的基于业务的应急管理情报需求分析或者基于社交媒体的用户应急情报需求分析等都不足以支撑情报需求的系统化要求，而目前关于应急管理情报需求也存在分散化现象，亟需构建应急管理情报需求工程，对相关情报需求进行建模和特征识别，从战略角度推动应急管理情报需求的自动化获取、模块化描述、清晰化表达、发散性启发、智能化推荐等。应急管理情报需求工程是应急管理情报工程的起点和首要工程（郭路生等，2017c），在整个情报工程系统和体系中起到情报指引作用。而如何结合多主体的情报需求情况，以相关任务情境和情报用户行为作为出发点，构建相关通用性情报需求模型和个性化情报需求模型，并将整个需求逻辑融入应急管理情报感知、分析与决策之中，是相关情报需求工程项目需要考虑的重点方向。

在应急管理情报需求工程建设中，领域分析驱动的情报需求识别方法能够起到重要的作用。基于集体认知的逻辑，领域需求知识实际上可以通过应急专家和大数据两个维度的领域分析来实现。比如，在应急专家领域，可结合相关历史情境进行挖掘，如应急专家对某个具体应急任务或活动的情报需求内容的回忆、再现、梳理、补充与建议；而在大数据领域，主要是从信息空间的应急"痕迹"去探寻，主要包括应急情境大数据以及行为大数据，前者是指诸如应急主体基本信息、灾情信息、GIS信息等数据，后者是指用户搜索行为数据、用户发布行为数据、用户交流行为数据等。通过这些大数据，可以反向推导出相关应急管理情报需求内容，同时也可以与基于应急专家的情报需求内容进行映射。同时，应急管理情报需求工程要注重"平时"的更新，如定期或不定期对相关情报需求内容进行刻画与描述修改，以在"战时"进行直接调用和转化。特别需要指出，为进一步推动应急管理情报需求工程的共享与应用，应注重相关需求知识的本体化组织与管理，开发相关情报需求知识库，以在应急情境下为应急决策主体自动生成相关需求内容，完成相关应急情境下的情报需求智能推荐任务（郭路生等，2019，2017b）。

2.3.3.2　应急管理情报采集工程

应急管理情报采集工程是情报工程的基础环节，主要针对应急大数据情报采集面临的广度不大、效率不高等问题，对突发事件情境下的情报采集能力进行整体性提升。过去的应急管理情报采集主要集中于政府系统的应急数据，而从更广义的角度来看，应急管理情报采集应涉及政府公共数据、各级应急机构的业务数据、网络空间舆情数据、文献空间知识数据、智库数据等各类对应急处置有支持和帮助的数据。因此，应急管理情报采集工程的任务之一就是打通各渠道的数据资源通道，自动化汇聚和集聚相关应急情报。从效率上看，受限制机制、技术等层面的影响，目前应急情报的协同和交流机制不畅，情报采集实时性、承载性等存在问题，因此，如何从采集技术、服务器、云平台（储节旺等，2019）、汇交机制等角度综合提升应急管理情报采集的效率，并保障相关情报采集的针对性，是未来需要考虑的重点方向。

特别指出，为何契合应急管理情报采集工程的实施，配套应急管理数据基础设施建设尤为必要，它是结合数字中国战略、国家数据基础设施建设需求等背景下提出的关键切分模块。当前，我国大数据理论与实践虽然发展势头不错，但数据基础设施层面仍然存在数据资源利用率不高（如领域间数据孤岛、数据传递速率不高、开放程度不佳等）、配套设施不完善（如城乡发展不平衡、网络运行速度低、高效化设施工具不足等）、平台运行设计不清晰（如主体责任落实不够、平台管理维护方式创新不足、平台监管欠缺等）、统一规范标准缺失（如数据处理技术标准未统一、数据交易规则不完善等）、规划保障措施不到位（如缺乏空间布局规划、安全保密考虑不足、数据资产关注不够等）等问题（马玥，2017）。对于应急管理领域而言，以上大部分问题都有不同表现，因此，推动应急管理数据基础设施建设，以整体性数据的存、流、用等为导向，强化应急管理领域各类大数据系统、数据存储平台、数据分析平台、多样性计算中心等构建，整合各类网络、软件资源，为应急管理情报采集工程奠定基础，具有重要意义。

2.3.3.3　应急管理情报分析工程

应急管理情报分析工程一般被视为应急管理情报工程的核心环节和模块，主要任务是强化大数据环境下的应急情报自动处理、分析、计算等能力，为应急情报产品与服务的输出提供关键支撑。过去的情报分析较多依赖过往处置经验和专家主观知识，数据和信息利用率不高（徐绪堪等，2017），导致应急管理情报分析的科学性不足。应急管理情报分析工程需要考虑应急管理领域情报分析范式的特殊性（如考虑政府与社会面不同的存在形式、数据结构和分析逻辑、考量数据分析与专家研判之间的融合性等），需要借助各类大数据挖掘、系统仿真与预测、知识图谱、可视化分析等方法与技术对多来源异构的突发事件信息进行更深层次更高层次的融合、挖掘与分析，并设计出面向决策服务的大数据情报分析引擎，构建集约化高效化的应急大数据情报研判平台，以此支撑应急管理实践的快速反应和精准行动。

在应急管理情报分析工程中，技术开发情报项目显得尤为关键。技术开发情报项目是保障情报工程项目顺利实施的关键，旨在充分利用互联网、大数据、人工智能等新一代信息技术，综合各类应急情报分析方法、工具与技术，推动其可组装配置，将其应用到应急情报开发工作之中，实现基于技术集成的情报应用。针对应急管理领域的情报技术，一方面要对过往相关数据分析技术、情报分析技术等进行系统性总结与梳理，构建面向特定任务的成熟技术体系。其中涉及不同领域的应急情报方法的"最优选择"问题，如针对特定的突发事件风险信号识别问题，哪一种技术分析在响应速度上更好？哪一种方法在分析效果上更加可靠和前沿？都是需要考量的对象。另一方面以面对复杂情境为考量，搭建集成化的情报技术框架，支持情报分析工作。应急管理常常是各类复杂问题的交织，因此，一套集成化的情报技术是推动情报分析高端化走向的关键。最后，开发面向新业务的技术分析体系和应用体系，支持应急管理多场景的情报技术应用。随着社会环境的变化，应急管理常常面对各类新业务，如何对新业务的技术分析进行提前预测、可靠性选择等，也是一个关键问题。

2.3.3.4　应急管理情报设计与行动工程

以上三个情报工程子工程主要从情报组织的认识过程角度出发去建构，应急管理情报设计与行动工程则是针对应急情报管理者与应急情报行动者的实践过程而设置。应急管理情报设计与行动工程涉及基于情报需求、情报采集、情报分析等情报内容的情报设计，以及基于相关情报设计成果的情报行动，其相关逻辑关系可见图 2-3（赵冰峰，2012，2018）。与应急管理情报分析工程旨在找出相关问题规律和特征的目标相比，应急管理情报设计工程的目标是将情报用户纳入到情报工作之中，在考量相关认知对抗行为的基础上，提出并制定可供应急决策主体参考的行动方案。因此，应急管理情报设计工程更注重战略、策略、实施细则、评估等层面的实现。应急管理情报行动工程则是指以基于情报设计的组织行动为主要方式的活动组合，与传统国家安全、企业竞争等领域的情报行动不同，应急管理领域的情报行动工程更多强调协同应急情报工作的分工与协调、基于情报结果的情报实践活动、情报活动与应急实践的融合、全球性重大突发事件情境下的情报竞合等内容。该情报循环模型如图 2-3 所示。

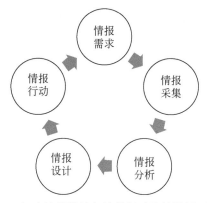

图 2-3　加入情报设计与情报行动的情报循环模型

3 | 应急管理情报工作现状及情报工程需求

3.1 相关现状与需求分析的实施方案及基本情况

3.1.1 实施方案介绍

为了更加系统、更加全面地刻画我国应急管理情报工作现状，进而了解领域实践中典型或潜在的应急管理情报工程需求，本书从研究文献、政策法规、访谈调查三个维度来综合探索和分析相关研究问题。其中，研究文献主要源于已有的文献数据库知识空间，如中国知网、万方数据库、百度学术等渠道，该角度主要反映的是学术界对相关问题的认知；政策法规主要源于相关政策法规数据库、官方通告、新闻资讯等，如北大法宝法律法规数据库、各应急机构通告信息等，该角度主要反映的是政府部门等对相关问题的导向；访谈调查主要是对具体从事相关应急业务的工作人员、相关应急情报研究的学者等进行深度访谈与调查，该角度综合反映相关实践人员、学理研究人员等相关问题的认知和看法。

具体来说，本书对应急管理情报工作现状调查与情报工程需求分析的实施方案的逻辑是：基于相关研究文献的阅读与综述，获取相关应急管理情报工作现状与情报工程需求的主要核心观点，一方面支持相关知识体系的建构，另一方面可更好凝练出相关问题与需求；基于政策法规相关文本的抽取，获取相关总体政策导向、与应急情报相关现存问题以及相关规划发展中与应急情报相关的内容；基于调查访谈的实施，获取业务人员、研究人员等对相关研究问题的看法与意见，业务人员侧重应急情境下的实践经验和反思，研究人员侧重相关课题项目的发现或对应急知识体系的把握。由于应急管理处于是一个不断发展的动态环境之中，加之2020年初以来新冠肺炎疫情的到来，一方面暴露了应急管理、应急情报等方向的问题，同时也催生了诸多与应急管理体制机制、情报信息机制等方面的新思考，因此本书的分析逻辑是以文献观点和政策资料为出发点，在保持实时的检索与更新的基础上，以访谈调查作为相关问题探索的主要落脚点。

3.1.2 相关研究文献情况

从研究文献看，目前国内关于应急管理情报工作相关现状的研究文献已经有一定的数量，如作者在中国知网以"主题"包括"应急信息"或"应急数据"或"应急情报"或"应急知识"并且词频包含"现状"为相关检索策略，就检索出相关中文文献517篇（更新时间：2021年11月30日）。尽管较多文献提及与应急管理情报工作现状相关的观点，但并未基于实证研究（案例研究）去考量，而相关实证研究更贴近于应急实践，其观点更能反映应急管理情报工作的业务实际。为此，笔者开展进一步的相关文献检索，梳理发现目前对我国应急管理情报工作专门性的实证研究比较少见。根据实际情况，主要列出以下几篇与本研究问题密切相关的研究文献的观点：

林曦和姚乐野（2014）结合四川省近几年发生"汶川地震""都江堰7·9特大暴雨灾害"等突发事件，对四川省内相关应急管理工作机构（如卫生局、地震局、疾病预防控制中心、矿山救护中队等）进行了访谈，凝练出应急情报工作的现状与问题。包括：应急管理政策法规中对情报工作保障的不明确（如应急情报定位不明确、应急情报制度不完善、相关法律法规更新缓慢等）、情报人才队伍建设不健全（如应急主体情报意识淡薄、缺乏必要的情报培训、应急情报利用能力参差不齐等）、情报资源体系不完善（如公共基础数据不完善、应急业务信息缺乏标准、应急情报资源精准度不高等）、情报网络不通畅［如应急管理信息系统互联互通不足、应急信息传递的时效性不佳、专业（图书）情报机构利用不足等］等。

郭骅（2017）以城市应急管理为背景，了解相关情报工作的适应性、情报体系现状等。通过问卷调查、实地调查等方法，试图揭示城市应急管理情报体系的工作现状及成因。发现：现有城市应急管理体系缺少情报和情报信息系统（如缺乏情报的困境、关注重点等）、应急情报缺乏体系化的应用（如覆盖面不大、业务立场等）、情报资源与应急管理与决策之间存在鸿沟（如情报本身对于决策结果的局限性、对情报业务和情报用户视角的关注等）等。

李善圆（2016）主要对安徽省合肥市政府办相关从事应急事务处理的工作人员进行访谈，并基于相关资料总结了合肥市政府应急情报工作的相关问题。包括：情报发布主体缺乏规范管理（如官方自媒体渠道参与不足、非官方发布主体管理不足等）、情报管理工作标准化程度低（如应急信息存储困难、应急情报融合困难等）、相关情报法律规范缺失（如相关政策的完善、更新、具体化等）、技术应用及基础设施建设不足（如情报采集基础设施不足、情报融合技术应用不足等）、情报管理专业人才匮乏（如情报人才缺失、缺乏专门培训等）、网络舆情管理被动（如网络上的谣言信息处理不足等）、与非政府机构合作不足（如非政府机构未纳入到体系之中等）、案例库构建缺失（如"重处理轻总结"原则下的案例库建设不够等）、应急情报管理评价体系缺乏（如未建立完整的情报管理评价体系等）。

田鲁涛（2019）从应急响应的主角基层政策角度出发，提出相关应急信息共享机制框架，并对 Z 市 J 区相关应急信息共享问题进行了案例分析。发现：应急信息共享缺乏有效的管理和监督、缺乏技术、人才、资金等方面的保障、应急信息共享的业务流程有待优化、应急信息共享过程安全性不高和质量参差不齐、缺乏各共享主体的利益协调机制等。

综合相关文献中基于调查（案例）视角的应急管理情报工作现状和问题的发现，可以初步了解应急管理领域情报工作的基本情况，为本书对相关问题的探讨提供基本认知支持和学术观点支持。

3.1.3 相关政策法规情况

目前来看，我国尚缺少专门的针对应急情报方向的政策法规，相关政策法规主要存在于大类的突发事件应对处置法规之中以及数据信息类的相关政策法规之中。围绕以上两个方向，根据实际情况，主要列出以下与本研究问题密切相关的政策法规及其相关应急情报观点，见表 3-1 和表 3-2。

表 3-1　应急管理大类政策法规中的相关观点

发布主体	文件名称	发布时间	相关应急情报观点
第十届全国人民代表大会常务委员会	《中华人民共和国突发事件应对法》	2007 年 8 月 30 日	"国务院建立全国统一的突发事件信息系统""加强跨部门、跨地区的信息交流与情报合作"等①
国务院办公厅	《突发事件应急预案管理办法》	2013 年 10 月 25 日	"国家层面专项和部门应急预案侧重明确突发事件的应对原则、组织指挥机制、预警分级和事件分级标准、信息报告要求"等②

---

① http://www.gov.cn/ziliao/flfg/2007-08/30/content_732593.htm.
② http://www.gov.cn/zwgk/2013-11/08/content_2524119.htm.

发布主体	文件名称	发布时间	相关应急情报观点
国务院办公厅	《国家突发公共事件总体应急预案》	2006 年 1 月 8 日	"预警信息包括突发公共事件的类别、预警级别、起始时间等""突发公共事件的信息发布应当及时、准确、客观、全面"等①
国务院办公厅	《突发公共卫生事件应急条例》	2003 年 5 月 9 日（2011 年 1 月 8 日修订）	"突发事件信息的收集、分析、报告、通报制度""建立重大、紧急疫情信息报告系统""信息发布应当及时、准确、全面"等②
国务院办公厅	《自然灾害救助条例》	2010 年 7 月 8 日（2019 年 3 月 2 日修订）	"自然灾害的预警预报和灾情信息的报告、处理""设立专职或者兼职的自然灾害信息员"等③
国务院办公厅	《生产安全事故应急条例》	2019 年 2 月 17 日	"建立生产安全事故应急救援信息系统""实现数据互联互通、信息共享""提供相关技术资料、信息和处置方法"等④
国务院办公厅	《国家综合防灾减灾规划（2016—2020年）的通知》	2016 年 12 月 29 日	"全国每个城乡社区确保有 1 名灾害信息员""健全防灾减灾救灾信息资源获取和共享机制""研发多源异构的灾害大数据融合、信息挖掘与智能化管理技术"等⑤
国务院办公厅	《国家突发事件应急体系建设"十三五"规划的通知》	2017 年 7 月 19 日	"建立完善重大风险隐患数据库""利用互联网、大数据、智能辅助决策等新技术""建设标准化应急知识科普库""国家突发事件预警信息发布能力提升工程"等⑥

① http://www.gov.cn/yjgl/2006-01/08/content_21048.htm.
② http://www.gov.cn/gongbao/content/2011/content_1860801.htm.
③ http://www.gov.cn/zhengce/2020-12/27/content_5574744.htm.
④ http://www.gov.cn/zhengce/content/2019-03/01/content_5369591.htm.
⑤ http://www.gov.cn/zhengce/content/2017-01/13/content_5159459.htm.
⑥ http://www.gov.cn/zhengce/content/2017-07/19/content_5211752.htm.

表 3-2   数据信息类政策法规中的相关观点

发布主体	文件名称	发布时间	相关应急情报观点
国务院安委会办公室等	《关于加强应急基础信息管理的通知》	2019 年 4 月 30 日	"推进信息共享共用""实现风险和隐患信息的动态监测管理""强化灾害事故信息的报送管理""深化应急基础信息的分析和应用"等①
国家卫生健康委办公厅	《关于做好信息化支撑常态化疫情防控工作的通知》	2020 年 6 月 28 日	"强化疫情信息监测预警""推动跨部门的信息共享和业务协同""建立基础数据库""开展大数据综合分析""切实保障个人信息与网络安全"等②
应急管理部	《关于推进应急管理信息化建设的意见》	2021 年 5 月 6 日	"补齐网络、数据、安全、标准等方面的短板弱项""统筹基础设施建设""建立信息服务体系""加强数据分析应用"等③
国务院办公厅	《促进大数据发展行动纲要的通知》	2015 年 9 月 5 日	"深化大数据在各行业创新应用""将大数据作为提升政府治理能力的重要手段""统筹规划大数据基础设施建设"等④
中共中央办公厅、国务院办公厅	《国家信息化发展战略纲要》	2016 年 7 月 27 日	"提升对我国资源环境、生态保护、应急减灾等服务保障能力""确保关键信息基础设施安全"等⑤
国务院办公厅	《政务信息系统整合共享实施方案的通知》	2017 年 5 月 3 日	"促进跨地区、跨部门、跨层级数据互认共享""完善基础信息资源库的覆盖范围和相关数据标准"(公安部等负责)等⑥

根据以上相关政策法规中涉及应急情报相关的政策规定或指示性内容,可知晓政府视角下应急管理情报工作相关现状及其总体发展方向。

3.1.4   相关访谈调查情况

结合上述相关实证研究文献、相关政策法规中反应出的应急管理情报工作现

---

① https://www.mem.gov.cn/gk/tzgg/tz/201904/t20190430_257106.shtml.
② http://www.scio.gov.cn/32344/32345/42294/43402/xgzc43408/Document/1684920/1684920.htm.
③ https://www.mem.gov.cn/gk/zfxxgkpt/fdzdgknr/202105/t20210513_385059.shtml.
④ http://www.gov.cn/zhengce/content/2015-09/05/content_10137.htm.
⑤ http://www.moe.gov.cn/s78/A16/s5886/xtp_left/s5895/201608/t20160801_273556.html.
⑥ http://www.gov.cn/zhengce/content/2017-05/18/content_5194971.htm.

状的观点、规划的信息内容等，我们通过开展相关深度访谈调查工作，以便进一步对研究问题进行凝练和发现。相关访谈调查主要聚焦于两个方面：一是应急管理情报工作相关现状；二是应急管理情报工程相关需求。整个访谈调查主要包括两个阶段：第一个阶段是 2019 年 5 月至 6 月，主要对 S 省应急管理培训基地、X 市应急办（原）、N 市急救中心、N 市公安局等相关业务人员或业务参与人员等进行了考察与专家访谈；第二个阶段主要是 2020 年 5 月至 7 月，主要针对新冠肺炎疫情防控相关应急管理情报工作情境，对 H 市疾病预防相关机构的相关业务人员或业务参与人员等进行了访谈和调查。所有访谈调查均向相关参与人员告知了调查的目的与意义，并获得知情同意，承诺相关信息和资料保密工作。同时，由于"情报"这一术语在应急实践不同情境中往往存在认知差异，为了契合前文所建构的信息链上的应急情报内涵，在每项调查前都向调查人员阐述清楚相关"情报"术语的内涵，以保障本研究中资料获取层面的相关性和有效性。

其中，现状调查部分主要关注当前应急管理情报工作存在的症结及其背后的原因、影响因素等。主要围绕以下问题进行半结构化地展开，结合调查人员具体阐述进行发散式询问和了解，具体执行流程如下：①了解调查人员对我国应急管理工作以及应急管理情报工作的基本认知情况；②了解调查人员所在机构或所了解机构的应急管理情报工作情况；③重点了解调查人员所在机构或所了解机构的应急管理情报工作现存问题有哪些；④了解调查人员对相关应急管理情报工作现状的成因看法等。

在需求分析部分，由于应急管理情报工程仍然是一个"新事物"，尽管过去有一些应急情报需求相关的探讨，但其与本书所要探索的工程化、系统化驱动的应急管理情报工作的需求有一定差异。本部分主要探讨的是情报工程作为一种新思维、新范式的需求分析。因为应急管理情报工程本质上就是运用更加流程化、协同化等运作逻辑去支撑应急情报工作，以改变过去应急管理情报工作效率不高、针对性不强等缺点和症结。因此，需求分析部分主要是在考量应急管理情报工作现状不足以及相关主体需求的基础上，对应急管理情报工程建设在现有应急管理实践中的适应性、延展性、潜在价值性等进行综合评估，以对未来应急管理情报工程建设的综合布局提供指导。本部分的调查访谈也是结合调查人员的具体阐述进行发散式询问和了解，具体执行流程如下：①讲述情报工程的思维与理念，了解调查人员对开展应急管理情报工程的需求认知情况；②了解调查人员对应急管理情报工程的需求动机情况；③了解调查人员对应急管理情报工程的需求内容情况，特别是服务流程关键要素（数据资源、工具方法、专家智慧）方面；④了解调查人员对应急管理情报工程的需求方式情况等。

3.2 应急管理情报工作相关现状分析

结合相关研究文献观点、政策法规中的应急情报相关内容以及调查访谈中获悉的基本情况，对我国当前应急管理情报工作的实践进展以及现存问题进行总结。

3.2.1 应急管理情报工作实践进展概述

总体上看，我国应急管理情报工作发展经历了信息化、网络化、大数据等不同时代的发展，也取得了显著的进展和成绩，主要可以从以下三个方面进行概括。

第一，应急管理体制机制创新成为应急管理情报工作变革升级的有力保障。在我国以体制驱动为主的应急管理模式下，体制机制创新可以说是应急管理情报工作有效运转的原动力。中华人民共和国成立后，我国的应急管理体制机制主要是单灾种应对模式，存在粗放化、无序化、分散化等问题。到 2003 年建立起"一案三制"体系后得到了明显改善。在 2012 年习近平总书记提出总体国家安全观后，系统性思维、底线思维等又在应急管理领域得到了强化，应急管理开始重视体系与能力现代化建设。在新时代背景下（主要是指十九大报告之后），应急管理体制机制又经历了新一轮的变革。如在 2018 年的党和国家机构改革方案中，对原应急管理相关职能机构以及相关协调机构等进行和整合，并组建了应急管理部，保障应急管理事业更好发展。另外，还组建了国家卫生健康委员会，为满足人民群众健康需求提供支持。在这样的机构改革下，我国应急管理体制机制得到了进一步的优化和完善，面对突发事件的快速反应能力、统筹协调能力等得到进一步提升。尤其是面对新冠肺炎疫情的侵袭，我国构建起了重大突发事件新型"举国体制"，在疫情防控的考验下，"举国体制"也证明了这种应急管理"拳头模式"是符合国情且科学可行的，具有"集中力量办大事"的显著优势。

从逻辑上来看，情报工作或者说相关数据信息工作实质是整个应急管理体制机制系统的一个重要子模块，上层体制机制如何运转，那么连带的下层的数据、信息等就会如何运转，这实际上涉及行政管理、数据权限、组织共享文化等问题。在新时代应急管理体制机制创新的探索下，很多原本不能协同、不能共享、标准规范不一的应急数据基础在"体制驱动"影响下得以流通和互联，为应急情报工作中的数据和信息协同铺设了"无障碍"路径。当然，从另一个层面看，社会对情报信息服务效能的认知也会反向影响上层体制机制的整体设计与布局。

第二，应急管理尤其是应急决策正在从经验驱动转为多元驱动，数据驱动为应急管理带来巨大影响和变革，情报信息的赋能作用不断凸显。传统的应急管理模式主要依赖于过去突发事件应对处置实践中遗留或总结下来的经验和流程，这的确在一定程度上能够满足典型突发事件、类似突发事件、小型突发事件等的应急处理，某些时候其效果还取决于决策者的个人能力。然而，随着风险社会环境下各种传统与非传统因素的相互交织，传统静态的经验驱动范式已经不能有效支撑现代应急管理的发展和创新。因此，现代应急管理与决策更加强调多元驱动的影响，即综合体制驱动、管理驱动、技术驱动、数据驱动等多元驱动思维和力量，有效支持突发事件的智慧应对和处置。尤其是在大数据环境下，与突发事件相关的各类数据信息呈多源异构多模态性特征，基于传统数据库的分析尚不能满足当前相关应急管理情报信息工作的需要。在此背景下，数据驱动在应急管理实践中得到大力推崇，并催生了"数据驱动热"下的应急管理新业态。在数据驱动范式影响下，很多应急管理机构正在跳出"信息汇总"职能的圈圈，重视数据分析、情报分析等能力的提升，推动智慧型应急管理实现。

例如，实践中，多个城市尤其是相关智慧城市建设，在大数据等影响下，建构起城市大脑应急系统，开发数据中台、知识中台等，通过汇聚横向部门、纵向部门、企业数据等，推动跨部门业务协同与数据共享，进而有效支撑城市应急管理场景化应用。受此影响，与数据驱动密切相关的情报信息问题受到了前所未有的关注，情报信息不断赋能应急管理，为实现突发事件的态势感知、快速响应、协同联动等提供情报视角的支持。换句话说，在目前的应急管理体系及相关实践活动中，基于数据驱动以及情报信息赋能的思维逐渐被认识和强化。

第三，应急信息化建设不断推进，政务信息系统整合共享逐渐落实，为应急管理领域的数据连通奠定了基础。从基础层面来看，我国信息化建设水平不断提高，应急管理信息化建设得到不断推进，支持应急管理情报工作的基础数据设施得到了很好的改善。我国自2006年起就开始着手应急平台体系建设，2009年国家应急平台顺利上线运行，而2011年就已经有多个城市在应急管理实践中使用应急联动系统。与此同时，如火如荼的智慧城市建设也为信息化建设持续"加码"。现如今，我国信息化建设水平总体"更上一层楼"。如国家互联网信息办公室在《数字中国发展报告（2020年）》中就特别指出，我国"信息基础设施建设规模全球领先"，其中"我国应急管理信息化建设取得积极进展"，如应急指挥"一张图"投入使用、自然灾害监测预警信息化工程加快实施、高危行业安全生产风险监测预警系统投入应用等①。

政务信息系统整合共享是信息化建设的重要领域和模块，从2002年的《关

---

① http://www.cac.gov.cn/2021-06/28/c_1626464503226700.htm.

于我国电子政务建设指导意见》，到 2016 年的《政务信息资源共享管理暂行办法》，我国政务信息系统整合共享工作得到了实质性发展。尤其是 2017 年《政务信息系统整合共享实施方案》的出台，进一步明确了各政务机构相关重点任务以及任务完成时间，可以看出相关领域正在经历从"摸索"到"指导"再到"落实"的转变。应急管理（公共安全）领域既是政务信息系统整合的重点系统工程，同时全局的政务信息系统整合共享也为应急管理工作提供了良好的条件支持。例如，为了推动智慧应急，一些城市通过信息化平台建设来整合各类防汛、地震等多个机构的信息系统，实现市、区相关平台之间的应急数据互联互通。总体来看，我国长达多年的信息化建设的投入和推进，尤其是近几年在政务数据资源互联互通方向的落实工作，为应急管理领域的数据信息汇聚工作提供了极大支持。

3.2.2 应急管理情报工作现状的"十个有待"：问题与症结

尽管应急管理情报工作已经取得了不错的进展，但离实现从"情报支持"到"情报引领"的要求还有较大的差距，应急情报服务在实践中尚存在不可知、不可流、不可控、不可用等各类问题和不足。结合文献、政策以及调研的综合分析，本研究针对应急管理情报工作的现存问题将其归纳为"十大有待"，并对其具体表现进行简要说明。

3.2.2.1 各主体情报意识有待提高

根据调研访谈我们发现，不同主体的情报意识存在差异。如对于公安部门而言，对情报术语的使用比较频繁、对情报工作的投入较多，因此情报意识也比较高。而其他一些主体的情报意识和情报观念相对薄弱，虽然很多主体承认情报工作尤其是大数据环境下的情报分析等对于应急管理工作而言具有重要意义，但在实际操作过程中，往往更多关注业务层面的完成度，而不是将情报工作作为一个单独的个体进行看待，经验导向仍然广泛存在，情报工作的主流业务着重于"信息的上传下达""信息发布"等。实际上，对不同层次的对象，其情报意识可以有不同的要求和表现。如针对顶层设计者，更强调战略情报意识；针对中层管理者，更强调战术层面的情报意识；而针对基层实践者等，多强调业务操作化层面的情报提示。就目前而言，应急管理领域的总体情报意识淡薄现象没有发生根本性的改变，不同层次对象的情报意识和表现没有形成很好的应急情报文化，在情报关注、情报投入、情报偏好、情报需求等方面都有待进一步提升。

3.2.2.2　情报资源建设有待规范化管理

情报资源是应急管理情报工作的基础，当前以大数据等为核心的大情报资源建设在应急管理领域逐渐受到重视。从认知上看，受访者等一方面认为情报资源建设既涉及到机构本身的业务数据资源、突发事件知识库等建设；另一方面还是一个全局性的概念，即机构本身做好是基础，但很多应急业务往往涉及到大类的公共数据资源以及其他机构的关键数据信息，因此，要从整体性进行把控才能发挥更好效能。目前来看，很多应急机构的内部信息系统和内部数据信息资源整体上质量不高，尚需要更多的储备、清洗、加工、可应用等工作；而多机构的各类数据、信息资源仍然存在"条块分割"的现象，各类"数据孤岛"仍然存在，数据资源标准化不一、粗糙化、不可计算化等问题没有得到很好解决。另外，一些受访者特别指出，目前的应急情报资源建设仍然比较单一，并没有系统考虑应急基础数据、预案库、案例数据库、方法数据库、策略数据库、专家库等多类型的情报资源整合与储备，应急大数据资源建设过于注重"量"的积累，不注重"质"，存在一定的"空架子"现象，也导致后期数据整理成本太高。总体来看，目前应急管理领域的整体性情报资源保障仍然有待规范化的管理，以从"情报基础"层面支持整个应急管理情报工作。

3.2.2.3　情报分析能力有待进一步提升

情报分析能力被誉为是应急管理情报工作的核心，情报分析往往直接决定应急情报产品的质量和结果。在对应急管理领域情报分析能力的看法上，受访者认为传统的人力分析在应急管理实践中仍然发挥着重要的作用，但过多的人工分析会存在不确定性，会导致管理与决策的失误，因此需要辩证看待。在大数据与智能化环境到来后，基于大数据的自动化情报监测、预警、分析、提示、可视化等能力逐渐受到重视，但目前应急机构在情报分析工具、方法、技术上的掌握以及各种风险信号的感知、处理、评估、推断等能力上仍然不足，优质应急情报产品比较缺失，典型成功具有示范性的应急情报分析案例不多。在实践中，很多应急机构建立了相关应急大数据平台，但面对庞大的数据量，数据分析和情报分析的精度以及时效性等难以得到保障，对不完全数据和信息条件下的应急情报分析把控不足，对多源异构数据的融合与深度开发能力有限，总体情报分析能力有待提高。

3.2.2.4　情报人才队伍建设有待加强

人才是"第一资源"，在应急情报领域亦是如此，情报人才队伍建设是应急管理情报工作的根本保证。目前来看，应急情报领域的情报人才队伍主要存在以下问题：第一，情报人才队伍的总体规模不高、结构布局不合理。现有应急机构缺乏专有化的应急情报人才，多是"信息人员""信息系统管理人员"为主。一些机构虽然设置了相关情报信息队伍，但是总体规模有限，也没有根据机构特点实施专门的规划和管理，选拔和招募机制不完善。第二，情报人才队伍的素质能力不高。目前相关应急情报人员的基本素质、知识、技能等尚有待提升。各类政策都提及了设置"信息员"等问题，但这个"信息员"在很多机构的任务比较单一，职责定位不清晰，没有从情报服务的视角去推动"信息员"培育。第三，对情报人才队伍的专门培训比较缺乏。目前对应急情报相关人员的培训多集中在大类的应急流程培训或应急信息报送方面的专题培训等，缺乏情报意识、数据分析、情报研判等与情报"intelligence"元素相关的培训工作，不利于情报人才队伍的长远培养等。

3.2.2.5 情报协同共享机制有待完善

情报协同共享是应急大数据情境下应急管理情报工作必然面临的问题。当前，在传统行政思维影响下，各应急机构的数据资源和情报资源主要是围绕内部业务建构而成，很多系统仍然是封闭状态，或者数据连通上存在标准化等问题，形成了一个分散化的应急情报网络，导致应急情境下的数据同步交互效果较差。从受访者的讲述看，当前应急情报方向的情报协同共享机制在思想、业务、权限等层面都受到了限制，各应急主体没有建立很好的共识，而在具体情报协同工作中信任问题、不完全参与问题等仍然存在。应急管理部成立后，虽然主体之间的协同联动得到一定改善，但在预警预防等层面仍然依赖于过去的条块职能机构，这样很多应急情报的协同与集成问题也相应出来了。同时，诸如新冠肺炎疫情这种重大突发事件的应急情报工作，实际上涉及更多部门机构的数据协同与共享，而不仅仅是该类型突发事件主管机构内部的相关工作，因此，全局性的情报协同共享机制有待进一步完善。

3.2.2.6 情报政策法规有待完善

情报政策法规是应急管理情报工作良性运转的行动准则和有效保障。受访者普遍认为，情报政策法规对于促进应急情报的数据资源建设与开发、情报协同与共享、情报监管等具有重要意义。在很多应急实践中，因为政策法规层面的不完善不明确，导致很多应急情报协同工作执行效果不佳。在目前的应急管理政策法规体系中，大类应急管理政策法规主要是局部或部分介绍和提及信息工作和数据分析工作，虽然近几年在大数据环境影响下，一些专门针对基础信息管理、大数据与应急管理等相关的政策法规也不断推出，但存在两个方面的问题：一是对数据信息的刻画度还不够，没有从完整的应急情报流程和情报分析内容角度去刻画政策内容，情报相关术语使用不规范，也缺少相关配套办法等；二是没有从大类突发事件角度说明相关应急情报的协同、共享、交互等问题。换句话说，目前缺乏专门针对情报信息层面的应急管理政策法规，情报工作未能纳入到法治化轨道，也就不能很好地引导应急情报工作创新。

3.2.2.7 基层组织和单位的情报工作有待关注

基层组织与单位是应急管理的责任主体，基层组织和单位若能做好相关情报信息工作，就能充分把握相关风险信号和危机信息源，就能动态监控、有效干预突发事件的发展甚至避免一些突发事件的发生。一些受访者提及，由于资金、人力以及信息化建设基础薄弱等方面的因素，基层组织和单位的应急情报水平比较有限，缺乏足够的关注和投入。实际上，早在 2007 年，国务院就专门发文《关于加强基层应急管理工作的意见》，提出要强化基层组织和单位的隐患排查、信息报告、预案体系完善等工作。目前来看，各类乡镇、社区以及企事业单位等在应急数据和信息工作上的推进尚且不够，这与很多智慧城市在应急大数据（平台）建设上的"如火如荼"形成了鲜明反差。因此，强化基层组织和单位的应急情报工作，从基层助力整体应急管理情报能力的提升尤为必要。

3.2.2.8 数据信息能力领先的商业机构、研究机构等有待充分利用

应急情报工作实际上不仅仅是政府部门的事情，政府部门主要掌控的是政务数据、业务数据，但现代突发事件的应急管理已经牵扯更多的数字空间，对社会信号、社会情报等的挖掘和使用成为现代应急管理的重要模块。从受访者的述说看，目前应急机构的情报信息工作有自己内部的一套运作系统，但政府对应急大数据的应用不如专业性的商业机构，如通信数据、行为数据、迁移数据、物流数据等方向都有对应实力雄厚的专业公司，而目前应急管理实践中对他们的"专长"的利用程度还不够。一位具有图书情报背景的受访者提出，文献情报也是应急情报工作的重要模块，科研机构能够基于科技文献、科技数据等分析，为应急管理工作提供相关支持，如针对新冠肺炎疫情就可以梳理国内外相关文献主题知识进而提出相关意见，或者基于相关专利文献对相关医疗技术前沿进行挖掘等。总体上看，数据信息能力领先的商业机构、研究机构等有待在应急管理体系中发挥更大作用。

3.2.2.9 应急情报转化应用有待提升

情报往往需要与实际行动与实践结合起来，才能发挥其真正价值。目前来

看，应急管理实践中情报信息的实际转化价值有待提升。一些受访者提出，很多应急情报信息工作往往停留在单纯情报视角的认知世界里，与决策主体、业务实践人员缺乏有效的沟通，不能很好地获悉和考虑他们实际的情报需求，其结果是情报分析工作不能很好地与具体的应急业务关联起来、联系起来，导致情报工作的指向性、指导性等存在不足。目前很多应急机构在尝试建构应急大数据平台，但对基于应急大数据的情报分析应用场景问题挖掘不够，而实际上情报分析必须依托于具体的应用场景才能提高数据分析的匹配度、精确度等。另外就是情报工作与决策空间的鸿沟问题，即如何避免情报分析的偏好性、注重情报分析的客观性，如何打造出让决策主体信得过、用得上的应急情报产品，并促使决策主体能够对情报产品进行有效评估、反馈与利用，都是当前应急管理实践中必须考虑的问题。

3.2.2.10 应急管理情报工作评价有待建立

在现有的应急管理工作评价、绩效评价等中，缺乏针对应急管理情报工作方向的评价内容和评价制度，因此也就难以凸显应急管理情报工作的成绩和重要性。虽然一些应急机构在应急管理大类指标体系中有所涉及，或者是有专门针对信息报告等工作的评估制度，但这些显然不足以覆盖整个应急情报系统。评价的目的是在于引导和促进应急管理情报工作的开展，有鉴于当前应急机构情报工作能力不足的情况，受访者认为，建构专门针对机构或者整个行业的应急管理情报工作评价制度，可以从意识、资源建设、人才建设等方面指导和强化应急机构的情报能力建设，也有利于机构找到自身不足点进而改善和优化相关情报工作情况。从整体上看，应急管理情报工作评价应涉及数据资源评价、情报业务评价、情报人员评价等多个方向，而现有应急管理情报工作对评价反馈问题等的重视度不够，不利于整个应急管理情报工作的迭代升级和长远发展。

3.3　应急管理情报工程需求分析

针对应急管理情报工作的各类现存问题，应急实践也就有了相应相关的情报改造需求。从本书的情报工程角度看，探索大数据、人工智能等新环境下的应急管理情报工程需求，对于创新应急管理情报工作、发展应急管理情报工程等具有重要意义。

3.3.1　应急管理情报工程的需求认知分析

情报工程与应急管理的融合在实践中虽然有一些进展和雏形，但相关理念和范式并未得到广泛的认知和共识。有鉴于此，本书结合研究问题，对应急管理情报工程的需求认知情况进行分析，结合访谈文本，主要调查发现以下三方面问题。

第一，从知晓度方面看，情报工程对于应急管理领域而言仍然是一个新事物。根据调查发现，大部分受访者并不了解情报工程相关思维与理念以及其在应急管理实践中的应用，更多是对大数据、数据工程、情报分析等有所了解。一些具有图书情报背景的相关学者对情报工程以及应急管理情报工程有一定的了解，但也表示并不是很熟悉。可见，应急管理情报工程的整体知晓度偏低，受访者对相关思维、理念以及应用等知之较少。

第二，从认可度方面看，情报工程与应急管理融合理念较为先进，但其实现有待实践的检验和观察。综合多位受访者的观点，大部分认为应急管理情报工程是一个不错的理念，但相关理念的实践转化以及建设需要经历一个长期的理念贯彻和发展过程，要考虑应急业务需求的急迫性、合理性、现实性等因素，要考虑与现实已存工作的契合性、冲突性等，尤其指出情报工程不能是玩概念、玩新词、玩虚拟，应是以实际贡献作为考量。

第三，从接受度方面看，情报工程与应急管理的融合呈现出较高的接受意愿和期待热情，但前提是情报工程能够发挥实际价值。总结发现，尽管情报工程对于应急管理业务人员等仍然比较陌生，但认为情报工程思维本质上与现有数据驱动的应急管理有相通之处，同时还考虑到了数据驱动范式未有涉及的一些因素。因此，受访者普遍认为，情报工程与应急管理的融合对于应急管理情报工作的升级具有重要意义，尤其是现代社会正步入风险高发期，各方面精力和条件有限的前提下，这样一个情报工程对于应急情报信息工作、应急管理实践等都是极具价值的。但也有受访者提出，应急管理情报工程是否能在应用中得到发展，实际上主要取决于其真实的价值发挥，由此才会有更高的接受度。

3.3.2 应急管理情报工程的需求动机分析

需求动机是促进应急管理情报工程建设的关键，由于访谈主要针对的是应急业务层面的情报工程需求，因此，相关需求动机调研主要与业务层面相关。通过对相关访谈内容的总结，发现解决数据缺失与数据协同、丰富情报服务内容、提高情报服务总体质量等是相关主体产生应急管理情报工程需求的主要动力因素。

在解决数据缺失与数据协同方面，受访者提出，数据是基础，数据越大越全，情报分析质量的可能性也就相对越高，但目前应急实践中很多数据分析都是局限于内部数据分析、小数据或小情报分析。在突发事件暴发时往往需要多源异构数据的整合分析，而当前社会有很多的情报信息渠道，政府业务情报、网络开源情报、企业用户大数据等，而目前缺少将各类应急大数据整合到一起的情报服务体系。基于情报工程的理念，情报工程建设在一定程度上若能成为解决应急大数据汇聚的途径，其价值就能充分发挥出来等。

在丰富情报服务内容方面，受访者认为传统情报服务总体上还处于稳扎稳打的节奏，情报服务内容主要是业务内部以及与业务直接相关的数据分析、研判分析等为主，情报服务产品总体比较单一。情报工程服务若能从全局的角度提供多样化的情报服务内容，如相关情报服务既包括情报报道类、情报汇总类、情报评估类，也包括决策咨询类、态势预测类等，那么就可以为用户提供更多的情报选择，这样一个情报工程必然会受到决策主体的青睐。同时，受访者提出，既然情报工程服务特别强调连接不同力量和主体，那么丰富情报服务内容就需要从多主体的数据资源合作开发与利用、情报产品交流与融合等方面着力，由此才能凸显出情报工程服务的特色。

在提高情报服务总体质量方面，受访者认为，过去受限于数据缺失、情报分析技术不足、数据互证缺乏、机构内人力智慧有限等因素，很多情报服务研究成果、产品等的质量存在一定不足，一方面效率不高，另一方面就是还会出现各种分析差错等问题。总体来看，受访者认为情报工程若能明显提高相关应急情报服务产品的质量、提升情报服务品质，如能在全面化的事件内容描述、细节化的事件内容挖掘、关联性的事件分析、可能结果或最坏结果的预测准确度等方面带来提升，那么相关主体对情报工程的需求也会比较强烈。

3.3.3 应急管理情报工程的需求内容分析

综合调查访谈的结果，对大数据与智能化环境下的应急管理情报工程具体需求内容进行概括，从而综合把握相关主体对应急管理情报工程的需求特点。情报工程涉及多方面的情报服务改造，基于情报工程服务核心环节，受访者从数据资源、技术方法、专家智慧等角度提出相关情报工程需求的具体内容。

受访者认为，数据资源、工具方法以及专家智慧对于应急管理情报工作而言都是不可或缺的。如在数据资源方面，目前来看，由于大数据在应急管理中的应用尚且处于起步和摸索阶段，因此，立足这个角度，数据资源应该是首先需要解决的问题，实践中很多业务也都是数据缺失导致的应急情报分析受限。受访者认为，情报工程需要将基础业务数据、事件基本数据、救援物资数据、预案参考信息、领域专家团队数据、救助知识等各类情报信息资源汇聚到工程化情报服务模式之下，要凸显出与过去单一情报支持的差异。

在工具方法层面，受访者认为技术、方法、工具、平台等对于应急管理情报工作非常重要，目前很多应急大数据平台主要还是与大型企业合作，集成化的分析技术有待开发。受访者认为情报工程应致力于提升应急业务人员的情报分析能力，强化新兴信息技术在应急大数据分析与情报分析中的应用。

在专家智慧方面，受访者认为目前应急决策很多局限于"小团队"，情报分析人才缺失导致"经验"式分析仍然广泛存在，因此，情报工程强调的这个专家智慧应该主张协同多专家知识，对重大突发事件应对协同决策具有重要意义。受访者认为情报工程需要更好发挥情报研判专家的作用，要特别凸显出情报专家与行政专家之间的差异，同时要考虑不同专家智慧的融合。

在综合性方面，受访者提出，情报工程的这套业务流程在应急管理实践中实际上已有雏形，若要从系统化、集成化角度考虑的话，的确还有较大发展空间，三者之间的融合和升级也是这个理念提出的意义所在。受访者提出一个良好的情报工程服务系统应能够为决策者解决实际问题，一方面将目前的数据异构、数据分析薄弱等问题优化好，另一方面考虑如何运用现代化信息技术将数据、技术、人、平台等融合到一起，为决策者提供快速、准确、可靠的情报产品。

3.3.4 应急管理情报工程的需求方式分析

情报工程致力于通过服务方式创新为用户提供多样化的情报产品与服务。在此逻辑下，受访者也提出了应急管理情报工程的服务方式需求。通过对访谈内容的梳理，相关指向性的服务方式可以划分为基础型情报服务方式、加工型情报服务方式、个性化情报服务方式、协同化情报服务方式等类型。

基础型情报服务方式主要是提供基础数据资源、公共数据资源等情报服务。如受访者认为在突发事件发生时，公共数据要做到随时、实时、适时地对接与协同，情报工程服务应致力于打通各类基础数据，用信息管理的思维推动应急基础信息基础数据的整合，在应急情境下提供基础数据的查询、核实、供给等服务。

加工型情报服务方式主要是提供基于深度分析的成型情报产品与服务，如受访者认为情报工程与应急管理的融合必然要向着高端模式前进，因此，自动化、智能化提供有深度的情报产品应是情报工程服务的追求。如有受访者提出，公安方向针对在逃人员的情报分析，就需要梳理出人员过往行动与行为习惯的情报、人案关联情报、相关线索情报、藏匿地点研判情报等，因此，情报服务需要在对其整合的基础上进行大数据研判与专家研判，为相关预警与行动支持。

个性化情报服务方式主要根据不同决策主体和用户提供不同类型的情报产品与服务。如受访者认为情报用户及其需求是第一要义，情报工程服务要有多面向性，要从多样化、个性化角度为决策主体提供合适、契合的情报产品，以"量身定制"作为情报工程服务追求的目标。

协同化情报服务方式主要是通过联合多个应急情报机构的资源和力量提供整合型情报分析场景与情报产品和服务。如受访者认为当前应急管理领域的情报信息合作比较缺失，情报工程建设可以朝着多机构协同方向努力，打造出协同作战模式的情报服务。一位具有文献情报学科背景而从事应急情报领域的学者提出，应急管理情报工程服务的理解应是囊括政府、社会、学术界等多个方面，比如文献情报或科技情报领域，就可以提供与突发事件科研方向的关键技术发展趋势、前沿知识挖掘等，因此，充分利用好多主体的情报服务应是应急管理情报工程重点关注的一个内容等。

综合以上对应急管理情报工程需求认知、需求动机、需求内容、需求方式等的调查分析与讨论，可以发现：尽管应急业务领域等对情报工程理念并不熟知，但情报工程作为一种新思维、新范式、新业态在应急管理实践中可以得到有效的拓展。当然，情报工程与应急管理的融合逻辑、融合机理、融合框架、融合场景等也有待进一步探讨，只有完善应急管理情报工程相关基础理论体系和服务机制研究，才能进一步拓展应急管理情报工程在现实应急管理体制机制中的应用。

4 | 面向应急管理的情报工程服务流程关键环节分析

4.1 应急管理情报工程服务流程 "三部曲" 基本介绍

应急管理情报工程服务的开展涉及资源建设、数据组织、数据加工、知识服务等多个环节，其核心 "三部曲" 是数据资源、工具方法和专家智慧（李阳，2019b），其逻辑关系如图 4-1 所示，下面对其服务流程 3 个关键环节进行基本介绍分析。

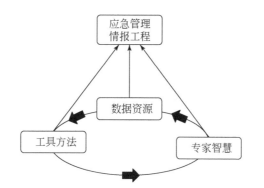

图 4-1 应急管理情报工程 "三部曲" 逻辑关系图

4.1.1 数据资源

数据资源主要是为应急管理情报工程建设提供海量的数据基础，它是应急管理情报工程顺利开展的基本和 "智慧之源"。可以从 "广" "动" "优" 3 个方面来理解应急管理情报工程的数据资源保障问题。

首先，就是 "广" 的问题，即全域性视角的数据资源保障。应急管理情报工程的数据资源问题应从 "大情报观" 的角度去理解，即涉及应急管理活动和实践的一切相关数据信息，这既包括我们惯常意义上理解的公共基础数据、应急业务数据、突发事件知识库，还包括各类监测数据、行为数据、舆情数据等。当前，应在大数据等逻辑和需求指引下，跳出过去单一、单向、单域式的数据资源建设与融合逻辑，推动各类突发事件应急管理大数据的汇聚与统筹，从一个更广义的视角对应急管理情报工程的数字空间、数据空间进行刻画、感知和获取，促进应急大数据情报资源池、应急情报数据湖等的建设，从"数据资源备战"的角度全面支持应急情报工作。

其次，就是"动"的问题，即动态性视角的数据资源保障。有鉴于当前应急情报工作相关数据资源的孤立静态、长期闲置、内容陈旧、实时更新等不足，应从情报过程的角度推动应急大数据的动态导入和导出。即不仅仅要在"建"的阶段注重"情报更新"，还要在"用"的阶段对数据资源进行不断优化、填充和反馈，清理各类"死数据"，盘活海量"僵尸数据"，立足情报处理链的全过程对数据资源基础进行不断刻画，强调数据资源的持续积累和更新，保障数据资源处于一个实时在线、随时可用的状态，提高数据资源的应用效率。

最后，就是"优"的问题，即优质性视角的数据资源保障。从情报工程角度看，标准化、流程化的情报服务依托的是能够深度聚合与组织的数据资源，即数据资源保障不能是"泛在化"的，应面对复杂的应急管理场景和多元主体需求，促进应急数据资源的标准化、规范化建设，凸显应急数据资源的可计算、语义关联、知识发现、情报推理等。同时，由于大类的应急数据资源往往较难保障特定业务场景下的工程化情报分析的精确度，因此，建构特色化、领域化、专题化的应急业务集成化数据库，应是情报工程关注的重点。如结合城市常见突发事件特点、结合区域结构特征等建立专门的应急数据库，形成区域情报工程、领域情报工程视域下的数据资源特色。

4.1.2　工具方法

工具方法从应急管理业务的角度看，实际上就是支撑工程化应急情报服务的技术体系问题。情报技术（方法、工具）是应急管理情报工程的第二个核心环节，其基本逻辑是在前面数据资源保障的基础上，通过专业化、集成化的情报技术体系架构来实现应急情报的深度聚合、挖掘、分析与应用。在情报工程思维下，应急情报问题的所有技术、方法、工具等都以构件的形式集成到统一的业务流中，强调情报要素的标准化、情报分析的自动化等。

从工程化思维看，支持应急管理情报工程的情报技术攻克问题实际上涉及多个维度，包括基础技术、核心技术、应用技术等。基础技术主要涉及一些针对应急事实和数据的数字化技术、数据标注技术、数据清洗技术、数据存储技术、数据安全技术等；核心技术则涉及底层多源数据感知与获取、数据抽取、批量处理、海量数据加工、关联分析、分类发现、时空分析等数据分析技术；应用技术则包括当前数据科学背景下基于机器学习、深度学习等的实体检测、动态预测、异常信号识别、态势感知、内容推荐、情报表达、精确匹配、用户互动等。

从情报流程看，支持应急管理情报工程的情报技术应是贯穿于整个应急情报采集、存储、分析、处理、利用等各个环节之中，也就是说，从"情报导入系统"到"情报输出系统"，应都有相关情报技术的支持，以摒除传统情报分析在某些环节断层的问题，支持应急管理情报工作全方位、全流程的技术改造。

从情报内容上看，应积极引入新一代信息技术，面对数字时代新机遇新问题，促进大数据、人工智能、云计算、区块链等新一代信息技术与应急业务的具体融合，依靠新一代信息技术的赋能效用，开发应急管理情报工程的新型技术应用范式，助力应急情报分析能力的提升。

从情报业务上看，考虑一线业务人员、基层应急管理人员等情报素质以及情报迅捷化分析等问题，应从技术加成和智能助理的角度出发，面向不同的业务场景和主体需求，打造技术工具包、技术技能组件、集成化自动分析软件、情报分析平台、可视化平台、一站式服务平台等，推动情报技术在应急管理工作中的可组配、可调用、可转化。

另外，各应急管理机构也可以开发自己内部的专用情报工具、方法、技术、手段，支持工程化应急情报服务的开展。恰当性、合适性、专有性等也是应急管理情报工程技术体系需要强调的内容，尤其针对不同类型的突发事件，其应对和处置的方法、方案等都存在差异，而专用情报技术的开发以及恰当分析方法和流程的选择，是保障应急情报分析结果准确性、合理性的有效保障。

4.1.3　专家智慧

一个优秀的应急情报产品的产出除了依托数据资源和情报分析技术以外，还需要依靠情报人员业务知识和相关专家团队的领域知识、智慧等的支持。专家智慧是应急管理情报工程的第三个关键环节，其逻辑是将高水平应急专家的经验、情报素养、知识智慧等融入整个应急情报分析的过程中，解决诸如数据驱动的应急大数据情报分析可能存在的"黑箱"问题、情境导向的偏差确认问题、复杂情境决策指向问题等，其目的是保障应急情报产品的有效性和总体质量，支持应急决策的民主化和科学化。

应急管理情报工程的专家智慧开发其目的是形成一个以解决应急任务为导向的"智库"团队和科学决策机制，其重心在于不同领域、不同机构的应急专家的选择以及相关应急咨询意见的融合问题。针对前者，需要考虑的是专家智慧研讨环境的打造问题。由于突发事件尤其是重大突发事件往往涉及跨领域、跨学科等问题，因此，面向多方向的专家遴选和意见听取进而规避风险和不确定性就变得尤为重要。从多元主体的角度出发，应急管理情报工程的专家智慧涉及领域专家、情报学家、数据科学家、智库专家等，如何搭建一个柔性弹性、快速配置、交互可控的专家智慧研讨环境，为应急专家的"智慧会诊"提供专门平台和空间，显得尤为重要。在其中，"情报召集人"的角色非常特殊且重要，"情报召集人"需要针对突发事件的特点和态势情况，充分发挥其综合协调作用，找到合适的应急专家进而召集各方共商"应急大计"。

针对后者，主要考虑的是专家意见的智慧融合问题，涉及专家意见获取与评估的自动化、不同决策取向的专家意见的排名融合等问题。专家意见获取与评估主要涉及专家态度、观点等的智能量化和转化技术和机制，以保障专家智慧的结构化表达；而排名融合方面则强调消解不同意见带来的冲突，保障应急决策的可靠性推荐（叶光辉和李纲，2016）。在其中，"情报召集人"也起到了核心的作用，对于不同决策方案的争议，"情报召集人"应秉承民主与客观的原则，综合考量安全性、成熟性、风险性等问题，在紧迫性的应急情报任务情境下对相关决策意见"一锤定音"，即最优方案推荐，并给出不同方案的优势与劣势对比。

此外，应急管理情报工程的专家智慧开发还涉及临机情境下的线上线下沟通、语音识别、自动记录、多语种协调、人机互动等各类细节问题。只有充分利用不同专家的领域知识和智慧，才能打造出应急情报的"智慧产品"。

4.2　数据资源之情报资源保障能力建构

4.2.1　情报资源保障能力的定位

能力是一个相对综合性的概念，作为应急管理情报工程的"第一部曲"，情报资源保障能力建构是相关工程化应急情报服务的"最先一公里"。情报资源保障能力不是单纯的应急数据仓储建构，而是要在情报工程的数字空间、数据空间里打造出一个资源导航系统，通过情报资源的生产、抽取、汇聚、展现、对接等来有效支持相关应急情报分析工作。在情报工程思维下，面向应急管理的情报资源保障能力是国家、地区、机构等以智慧应急为目标，基于信息化、数字化、智能化等对各类应急数据资源等进行整体化建设，建立的能够有效满足应急管理以及应急情报工作各方面的需求的情报资源保障和服务系统。

可以从两个角度来阐释情报资源保障能力的内涵（图4-2）：

第一，从能力关系来看，情报资源保障能力是应急管理能力的重要分支，是大数据、智能化环境下必须高度重视的新型能力系统。应急管理能力是一个大范畴，但过去的应急管理能力主要关注的是大类的体制改革、应急救援、培训演练等问题，应急信息化、应急信息系统等仅作为一个子模块被提及和关注，没有高度重视数据信息在应急管理能力中的重要性和特殊性。在数智环境下，智慧型应急管理愈加依赖于各类应急大数据情报的支持，情报资源保障能力是嵌入和融入应急管理能力系统之中的，成为整个现代应急管理能力提升的"催化剂"。

第二，从能力内容来看，情报资源保障能力是一个多层次复合型的能力。正如前文所阐释的信息链上的应急情报概念逻辑，情报资源保障能力不仅仅关注信息链下层的数据信息处理问题，也关注知识层面的创新问题，更关注高端的情报价值实现问题，即情报资源保障能力是以信息链为基础的全资源保障系统。正如上文所言，情报资源保障能力不是单纯的数据资源、信息资源等的积累、记录与保存，而是在"平战结合"理念下的情报资源适时、实时地建设与转化，即在"平时"主攻数据资源的获取、清洗、优化等数据治理问题，在"战时"相关情报资源会被激活并动态匹配相关决策需求，承担着资源导航系统的重要职责。

总之，情报资源保障能力是为契合现代应急管理能力提升而建构的一种专项能力，从基础性和战略性的综合视角成为智慧应急的"情报储备"，情报工程视域下情报资源保障能力的逻辑内涵如图4-2所示。

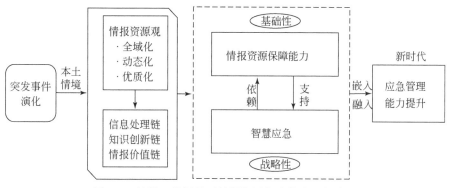

图4-2　情报工程视域下情报资源保障能力逻辑内涵

4.2.2　情报资源保障能力的主体内容

情报资源保障能力的主体内容具体包括哪些需要从科学的角度去考量和衡

量。从应急管理、情报能力等理论出发，情报资源保障能力结构主要有两种理解逻辑：一种是主体视角的理解。即将情报资源保障能力归结为是应急机构内部的事宜和主要任务，其落脚点是具体突发事件应对过程中的情报资源保障问题。这种以机构为导向的情报资源建构逻辑，强调了应急情报的场景和情境特征，但对情报资源协同问题关注度不够，难以适应当前突发事件数据覆盖面广、应急决策情报协同要求高等特征，同时也容易进一步催生"数据孤岛"，加大后期情报资源治理成本。另一种是阶段视角的理解。即从突发事件演化阶段来理解情报资源保障能力，主张从应急准备、应急预警、应急救援、应急恢复等不同应急管理生命周期阶段建构情报资源保障能力。这种逻辑虽然关注到了应急管理发展阶段对情报资源需求的不同，但对于情报资源的转化性、动态性、再生性等不好把控，而且诸如舆情管控能力等这种全局性的能力指向要求难以按照阶段论去对应。综合来看，情报资源保障能力不能单纯地从机构导向、阶段导向去认知和建构，应从综合性的视角将其视为一个多要素融合、动态交叉的复杂系统。

基于以上的分析，秉承情报工程对大数据化、系统化、集成化等的要求，我们将面向应急管理的情报资源保障能力划分为情报资源基础储备能力、情报资源深度开发能力、情报资源协同共享能力、情报资源持续发展能力这 4 个方面。

4.2.2.1 情报资源基础储备能力

情报资源基础储备能力是工程化应急情报服务开展的先决条件，反映的是相关机构、组织等的数据资源基础和情报资源积累的基本情况和水平。情报资源基础储备的完善性、标准性、规范性、专指性等会直接影响应急情报工作的数据调用等行为和行动。情报资源基础储备一般涉及公共基础数据、应急业务数据、其他应急情报产品等方面的内容。如针对公共基础数据，主要是指相关地理数据、人口数据、经济数据、气象数据、建筑数据等。当前，针对大数据环境下的公共数据开放与创新问题，一些省市推出了公共数据资源管理办法，这对于应急管理情报资源保障能力建构而言是有极大裨益的。针对应急业务数据，主要是指承担特定突发事件处置任务的对应应急机构，在相关领域积累和建设的各类应急预案库、救援物资数据库、突发事件案例知识库、应急专家库等资源。针对其他应急情报产品，主要是指一些具有一定典范性、参考性、应用性的经验情报、研究报告等，可作为"战时"状态下相关应急情报产品打造的模板，基于相关模板的情境性修改和优化可明显加快应急情报产品的打造。

4.2.2.2 情报资源深度开发能力

情报资源深度开发能力强调是情报资源质量层面的问题，即关注情报资源的自动感知、标准化、知识精度、可计算等各类技术密集型问题。在应急大数据导向下，情报资源深度开发能力主要涉及情报资源采集获取、情报资源加工组织、情报资源聚合开发等内容。针对情报资源采集获取能力，强调的是在自动化、智能化地采集业务网、物联网（Asensio et al.，2015）、互联网（Power et al.，2021）等不同渠道的异构多模态应急大数据资源。情报资源加工组织能力是情报资源结构有序的关键，强调是情报资源外部形态的组织以及深层次的知识组织，涉及到元数据描述、语义化表征、资源注册和发布、知识本体等内容。情报资源聚合开发能力则强调情报资源的转化和集成化处理问题，涉及元数据兼容转换、集成融汇、本体映射与集成、规则推理（范炜和胡康林，2016）、关联情景开发等关键内容。

4.2.2.3 情报资源协同共享能力

针对应急管理情报资源分散化建设等导致的数据孤岛以及应急机构导向下的情报资源共享机制障碍等问题，情报资源协同共享主要强调对体制机制层面的情报资源互联互通与合作共享进行突破。从这个角度出发，情报资源协同共享能力主要涉及协同保障体制、协同运行机制等内容。从协同保障体制来看，主要是要架构一个柔性的应急情报组织架构体系，促使各方应急情报资源能够有效汇聚和整合，缩短情报传递和交互的路径。如通过国家、区域、行业等应急数据信息中心的设立来统筹相关应急情报资源，同时在职能定位和权限管理上进行科学规划和设计。从协同运行机制来看，应探索在组织体制之下的情报信息资源具体协同运转问题，包括相关协同需求获取、协作模式、控制机制、安全保护机制、利益协调机制等。只有从上下互通、横向打通、专群结合等角度建构一个良性的情报资源协同运行机制，才能更好实现"大情报"资源保障能力的建构。

4.2.2.4 情报资源持续发展能力

从情报工程的角度看，应急管理情报资源保障能力应是一个具备长远性、继承性、发展性等特点的系统能力，应重视情报资源的累积效应、叠加性、再生性、实时性、生态性等，将情报资源的持续发展作为整个情报资源保障能力新的动力。情报资源持续发展能力主要涉及情报资源整体优化、情报资源专项投入等方面的内容。情报资源整体优化主要是从发展观的高度对应急管理各类数据资源等进行综合布局、定期维护和内容升级，具体包括情报资源建设系统规划、数据资源目录体系、信息资源配置、数据资源更新维护、数据资源质量评估、数据资源价值评估、数据监管、生命周期管理等。情报资源专项投入则主要是通过外部手段来支持情报资源保障能力的发展，如资金、人员、平台等方面的投入，包括各类情报资源项目、课题、工程等，以实现情报资源的专项管理和资产化管理，推动应急管理情报资源保障从管理到治理的改变。

4.2.3 情报资源保障能力的内在机理

情报资源保障能力的四个方面虽然指向了不同维度的能力内容，并在四个方向有所侧重，但它们实际上是一种相互关联、相互作用的关系，它们的逻辑关系如图 4-3 所示，具体解释如下。

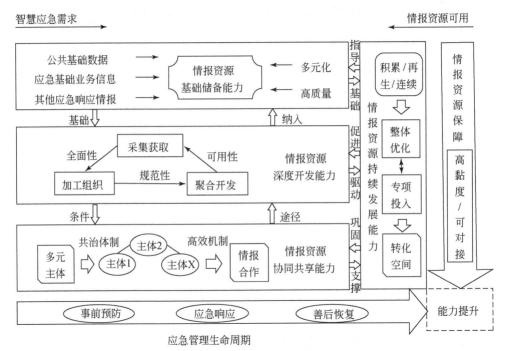

图 4-3 情报资源保障能力的内在机理

首先，从整体上看，面向应急管理的情报资源保障能力的四个方面能力构件与具体的智慧应急目标和任务相关联，并系统嵌入到应急管理不同的生命周期之中。无论是在事前预防，还是在应急响应或者善后恢复等阶段，情报资源保障能力都发挥着关键功能，且与"智慧应急需求"形成一种高黏度、可对接、动态交叉对应的关系。也就是说，只要有"智慧应急需求"，就会有"情报资源可用"。

其次，从能力单元的定位来看，情报资源基础储备能力是整个情报资源保障能力系统运转的"源能力"，为工程化应急情报服务开展提供基本切入点和参考系，发挥着最为基础的保障作用。情报资源深度开发能力是情报资源保障能力系统的核心命脉，是情报资源能够成为战略资源的关键，往往直接决定情报资源的价值高度。情报资源协同共享能力则反映不同渠道数据资源等快速流动和高效整合的保障，可以说是整个保障能力系统整体性发挥价值的激发力。情报资源持续发展能力则是一个以激活性为显著特征的能力单元，它从整体打造和创新发展的视角来确保应急管理情报资源的长远发展，在整个能力系统中起到规划、调节、优化等功能，是整个能力系统生态化发展的关键所在。

最后，从能力单元的关系来看，情报资源基础储备能力是其他能力单元的基础。情报资源深度开发能力则是基于情报资源基础储备能力来进行进一步的强化。同时，情报资源深度开发能力又是情报资源协同共享能力的重要条件，从技术视角保证多渠道应急大数据的供给。情报资源协同共享能力为情报资源的深度开发提供体制机制层面的途径和渠道，通过共治逻辑和高效机制保障情报资源的智慧供给与匹配。情报资源持续发展能力承担着指导、巩固、升级其他能力单元的核心任务，与其他能力单元形成互促关系，以提升情报资源保障能力的整体成熟度（李阳和孙建军，2019）。

4.3 工具方法之新一代信息技术融入

4.3.1 新一代信息技术对应急管理情报工程的赋能分析

以互联网、大数据、人工智能、云计算等为代表的新一代信息技术的兴起，正在改变和颠覆各个领域的情报工作范式。

如在军事情报领域，有学者就罗列出了数据科学、机器学习等相关方法和技术对于军事场景中情报分析的价值，包括：

第一，可对全动态视频（full motion video，FMV）进行实体检测，帮助情报分析人员更好监控屏幕；

第二，可将报告、图像等各类形式的信息描述成更易理解的格式，方便情报分析人员快速理解整体情报环境；

第三，可基于某些事件的关键指标进行分析，进而提供动态、持续的预测；

第四，可在信息空间、地理空间等描述可用信息的不确定性问题；

第五，可支持识别信息和目标行为的一些异常现象或活动；

第六，可提供内容推荐，为情报分析人员提供更多的情报选择等（Cruickshank，2021）。

新一代信息技术对应急管理领域的情报工作而言也具有类似的赋能优势。面对指数级增长的安全应急大数据，情报分析组织如何基于可用数据进行有效分析并转化为有见解的意见，是新环境下应急管理情报工作需要考量的问题。从实践看，新一代信息技术可以在自动化、智能化完成情报分析任务的关键部分上提供有效的帮助。从赋能情况来，在情报信息流层面，如利用人工智能、大数据等技术对应急情报信息流进行优化和丰富，对情报分析流程加以简化处理，让情报分析人员有更多的时间基于数据结果、运用专业知识做出科学判断，可以帮助情报分析在短时间内完成任务。另外，在情报筛选层面，新一代信息技术的加持可以自动化地对应急关键信息和情报进行锁定，并为情报分析人员提供数据组织和数据理解。在情报监测层面，诸如人工智能等工具还可以检测出应急大数据中的异常信号和风险变化，并给出相关预测预警。在情报产品层面，由大数据、云计算等技术支持的证据关联分析和知识融合分析与判断，能够提供系列的"机器生成产品"，而情报分析人员则可以基于"机器生成产品"来形成综合判断，有效加快了应急情报产品的输出等①。

尽管各类新兴技术能够从各个角度支持和支援工程化应急情报工作，其前景看上去也非常乐观，但不得不承认一个现实问题，那就是它们都无法替代情报分析的独特价值和作用力。由于突发事件的复杂演化性、数据算法的适用性和调整性、机构体制和文化等因素，以数据、算法、算力等为主打的固定式技术和数据驱动分析无法解决应急管理情境下的所有复杂性问题，也无法复刻情报人员的领域知识和批评性思维。而且退一步说，至少目前的情报分析人员对很多高端技术的理解还不够。因此，新一代信息技术在应急管理情报工程中的应用还有较长的路要走，但目前它已经在典型场景中昭显出巨大的应用价值，并在多个应急管理场景中表现出巨大潜力。

4.3.2 应急管理情报工程关键技术介绍

应急管理情报工程的开展依赖于集成化、多样化的技术体系以及基于技术开发的配套软件工具体系。基于上文所阐述的新一代信息技术对情报工作范式的影响，本部分简要介绍大数据、人工智能、云计算、物联网、区块链、移动互联网、地理信息系统（GIS）、虚拟现实/增强现实（VR/AR）等关键技术及其在应急管理情报工程中的应用。

---

① https://www.sohu.com/a/425030234_635792.

4.3.2.1　大数据技术

大数据自提出以来就引起了业界、学术界等的革命,大数据强调从体量大、多样化、动态性的数据集中挖掘有价值的信息,重视相关性分析,进而有效识别相关现象之间的关联机制。大数据实际上是思维、技术和应用的综合,它的提出是应急管理情报工程的重要驱动力,而偏重操作技术的大数据在应急管理情报工程各个环节都能够发挥巨大的价值。在新冠肺炎疫情防控中,国家卫生健康委员会就提出,要"利用大数据技术对疫情发展进行实时跟踪、重点筛查、有效预测,为科学防治、精准施策提供数据支撑"。总之,大数据技术对于应急情报工作中的监测预警、数据整合、集成分析、大数据可视化等具有重要意义。

4.3.2.2　人工智能技术

人工智能技术对人类社会的发展产生了巨大影响,它强调一种智能化、自动化的感知、学习、分析、推理以及解决问题的能力。目前,人工智能已经在语音识别、机器翻译、智能诊断、安全监控、智能家居、自动驾驶等领域得到了广泛应用。对应急管理情报工程而言,人工智能所拥有的数据资源、算法和算力、应用平台等能够为应急大数据的全面感知、实时传输、监测预警、分析处理、智能评估、内容推荐等提供强大支撑。基于人工智能技术构建数据和智能融合的应急数字世界,可以有效推动工程化思维下的应急情报服务实现。

4.3.2.3　云计算技术

云计算技术是一种分布式计算方法,具备动态资源池、可弹性扩展、计算资源等潜力和优势。云计算技术目前已经在网站托管、存储备份、高性能计算、语义分析、社交网络等领域得到广泛应用。对于应急管理情报工程而言,云计算技术所能提供的强大存储能力、分享能力、计算能力等能够拓展应急情报的数据空间、推动情报仓储构建、强化应急知识共享等,而基于云平台驱动的应急管理情报工程还能在聚合需求、挖掘情报、集成智慧、精准服务等方面综合提升应急管理情报工作效率(储节旺等,2019)。

4.3.2.4　物联网技术

物联网技术是在互联网的基础上实现的物与物之间的连接,并基于物与物之间的信息交换实现智能化的识别、定位、跟踪、监管等功能。物联网技术主要涉及传感器技术、电子标签(RFID)、嵌入式系统技术等,目前在物流管理、定位导航、智能交通、平安家居、食品溯源等领域得到了广泛应用。对于应急管理情报工程而言，物联网技术能够提供源源不断的应急数据来源，并在全面化风险监控、应急资源调配、应急事态监测、应急信息共享、应急情报平台系统扩展性（郭骅等，2018）等上提供巨大支持，是工程化应急情报服务开展的重要支撑条件。

4.3.2.5 区块链技术

区块链技术的提出为信任体系的升级奠定了基础，旨在建立安全、透明的信任共识机制。区块链具有去中心化、防篡改、强一致性等特征，从数据管理角度看其本质上是一种具有可信数据管理功能的数据库系统（钱卫宁等，2018）。目前来看，区块链技术已经在数字货币、征信系统、产权登记、数字资产、存证溯源、反洗钱等领域得到了广泛应用。对应急管理情报工程而言，区块链技术能够针对"数据孤岛"问题构建统一标准和相关数据协同共享机制，能对应急大数据进行数据溯源和智能脱敏以平衡公共安全与公民隐私，能够支持加密调度系统和公共平台建设等，而这些对于应急管理情报工程建设都是不可或缺的。

4.3.2.6 移动互联网技术

在移动互联网时代，各类用户手机终端数据、活动大数据等成为一种新的可开发数据资源。不仅仅如此，用户也可以通过移动互联网来传递和分享数据和信息。移动互联网技术是将移动通信和互联网结合起来，主要涉及传感、通信、计算机等技术，目前已经在搜索、移动音乐、移动支付、健康医疗等领域得到广泛应用。对于应急管理情报工程而言，移动互联网技术在突发事件信息传播、用户信息行为和数据画像等方面具有重要支持作用。同时，相关移动应用和推荐技术还可支持情报工程协同创新信息平台建设等（肖国华等，2020）。

4.3.2.7 GIS 技术

GIS 技术主要是由地理领域的相关学者提出，主要扎根于空间数据的获取、存储、分析与处理。GIS 技术所强调的空间属性对于现代社会而言具有重要意义，目前已经在城市规划、图书馆管理、环境监测与评价、救灾救援等领域得到了广泛应用。对于应急管理情报工程而言，GIS 技术提供了空间视角的情报分析新思维，对基于 GPS 的信息源定位、移动危险源监控、人员疏散、危险品扩散、最优路径调配等方面具有重要支持作用（陈於立和沙志友，2011），而这些是工程化应急情报服务面对空间维的重要建设内容。

4.3.2.8 VR/AR 技术

VR/AR 技术主要通过 3D 模型、感知交互、渲染处理等技术来模拟现实世界的物质、现象、发展状态等，并实现无原型事物的生成和创造，它是数字世界与现实世界融合的关键技术。随着 2021 年元宇宙概念成为人们关注的新热点，VR/AR 技术也得到了更广泛的重视和深化推进。目前，VR/AR 技术已经在现场展示、新媒体、网络游戏、购物、旅游等领域得到了广泛应用。对于应急管理情报工程而言，VR/AR 技术主要在情报感知信息表征、应急疏散模拟、应急知识学习、情报指挥控制、情报工程实验室打造等方面具有重要应用意义（马费成，2018）。

4.4 专家智慧之应急群体专家智慧的打造

4.4.1 应急情境下群体专家智慧的结构分析

随着社会环境的变化，应急管理与决策相关情报需求也日益复杂化，情报分析任务也逐渐由单部门的单一式情报攻克模式转为多组织的协同化情报攻克模式，更加依赖群体专家智慧的支持。这主要源于两个方面的因素：一是突发事件的复杂性以及应急决策的战略性必须要求应急管理情报工作由多个部门、跨学科知识背景的情报研究人员共同完成，才能保障应急情报产品的科学性。二是技术驱动或数据驱动的情报分析产品在现有条件下在精准性、深入性上仍然有欠缺，必须依靠专家智慧的深度理解来完成最后的情报梳理、情报校准、情报确认、情报验证、情报延展等工作。尤其是那些对量化、数据分析倚重较高的情报分析任务，往往更需要应急专家智慧的有效支持，以与数据分析形成互补，这是高质量决策必然的要求，也是科学决策的基本保障。应急管理情报工程的群体专家智慧发挥涉及情报工程师、领域专家、智库专家等的协同化合作，在实际情报工程项目中，他们会按照不同的比例遴选组成，下面将介绍不同主体的任务和定位。

4.4.1.1 情报工程师

情报工程师是在大数据环境、情报工程理念下催生的新兴职业方向，情报工程师的主要工作就是基于系统化、工程化思维，对数据的采集、存储、分析、处理、利用等进行系统化的管理（张家年，2016）。应急管理情报工程师是面向突发事件领域的专门性情报信息工作人员，应急管理情报工程师需要具备基本的数据意识、创新思维、数据分析技能、数据治理能力以及情报职业道德，以在应急情境下完成情报需求优先级的确定、情报需求转化、关键情报的锁定、核心情报的抽取、不确定情报的综合分析等复杂任务。情报工程师是整个应急管理情报工程群体专家智慧中的主体和主导部分，承担着应急情报前端数据分析和后端情报服务无缝连接的关键角色，情报工程师的业务水平往往直接决定了工程化情报服务能够高效有序地开展。

4.4.1.2 领域专家

受突发事件归属领域的特殊性以及数据信息不完全性等因素的影响，对同一情报任务或数据资源，不同机构、不同人员可能会得到不同的情报见解或情报意见。因此，应急管理情报工程的开展还需要依赖较高学术造诣、扎实业务能力的领域专家的支持。领域专家的战略思维、逻辑思维、特色理论、业务见识、情报信息洞察力、情报信息观察力等能够为突发事件应急决策中的各类问题提出独特的见解和观点，为应急管理提供深度型情报服务，对应急情报产品的智慧打造具有重要意义。领域专家在应急情报研判的过程中处于一个关键的地位，因此一个好的应急管理情报工程项目往往会对领域专家的专业素养提出高要求。领域专家与情报工程师形成有效互补，后者更侧重数据信息层面的梳理、分析、预估等工作，前者更注重知识情报层面的裁定、确认、优化等工作。

4.4.1.3 智库专家

随着智库建设的发展，智库越来越成为决策咨询系统中不可或缺的重要环节。由于智库的"知行合一"特点，智库专家在应急决策系统中也能提供强大的智力支持，与情报专家重视数据分析的"谋"不同，智库专家的任务核心是基于事实和数据的政策分析和咨询，更加重视"断"的过程（李刚，2017）。在应急管理情报工作中，智库专家与情报工程师、领域专家等也形成互补，在一些应急特定场景和问题上提供独到的见解和跨学科视角的多元化意见和观点，进而碰撞出思想的火花。而且，智库机构的一些特殊数据资源库也能为工程化的情报分析提供有效支持。在我国，受新型特色智库建设的政策影响，一些情报信息组织在积极建构智库功能或者转型智库，这为智库专家在应急情报系统中发挥更大作用奠定了良好基础。

4.4.1.4 其他人员

除了情报工程师、领域专家、智库专家之外，数据科学家、计算机系统专家、心理学家、网络舆情专家等也能为应急管理情报工作提供有效的支持。数据科学家的数据分析专业性可以与情报工程师的情报认知、领域专家的情报洞察等相结合；计算机系统专家能够在信息技术、信息系统方面的设计、改进、创新与实施等方面提供帮助；心理学家能够从应急情境下公众行为视角来进一步完善应急情报与应急行动之间的连接；网络舆情专家对于网络空间的突发事件网络舆情能够有自己独到的发现和见解。特别指出，在社交媒体环境下，"小众专家"的角色常常不被重视。"小众专家"一般是指网络上那些在特定领域、特定主题下有自己独到认知和见解的高活跃度用户，他们常常以草根群体的问题评论专家或问题解决专家的身份存在于各类知识社区平台中，如知乎、百度贴吧、健康社区、微博等（李纲和叶光辉，2015）。"小众专家"对于公众的应急经历、心理情感、应急需求等往往具有较强的感知，他们代表的实际上是群体意见，因此在现代决策咨询系统中，应高度重视来自虚拟知识社区的声音，为"小众专家"提供发声渠道。

4.4.2 应急情境下的专家协同会诊平台

群体专家智慧实际上来源于多个渠道，如何让处于不同地区、不同机构的应急情报相关工作人员聚集到一起，进而实现突发事件情境下的群体决策，专家协同研讨系统的构建成为其关键。正如上文所述，专家智慧协同要解决多领域专家的遴选以及不同专家意见的融合问题。从具体细节上来看，实际上是构建一套流程化、有序化、知识化的专家组织机制和研讨平台，实现群体专家智慧的充分开发。叶光辉等学者针对应急决策情境下的群体决策问题，基于信息融合视角尝试构建一套系统的专家应急会诊平台，涉及用户需求与意见表达模块（涉及召集人和会诊专家的不同需求表达）、咨询团队构建模块（包括专家的信息采集、特征表示、聚类、排名、团队构建等内容）、意见融合模块（包括意见表达与收集、方案属性指标设计、意见权重设计等内容）、系统管理模块（涉及用户管理与权限控制、平台管理等内容），相关原型平台的部分截图如图 4-4 所示（叶光辉等，2017）。

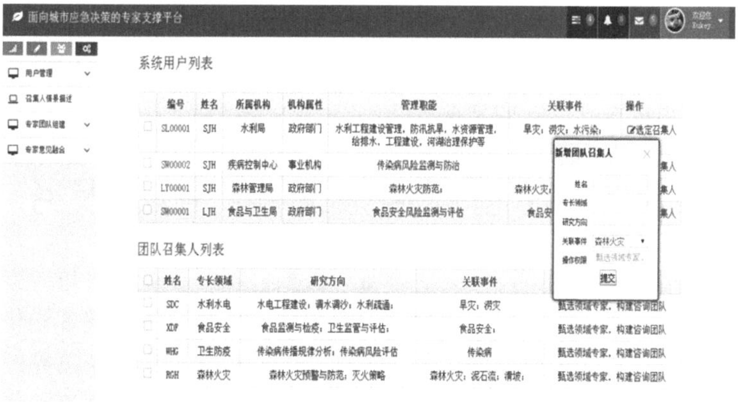

图 4-4 城市应急决策专家会诊原型平台

目前实践中也有一些相关的案例，如中国科学技术信息研究所针对突发事件信息质量评估问题，构建了一套融合数调人员和多个领域专家学者的专家协同研讨系统。基于该系统能够根据项目具体内容和任务快速组建相关情报小组或团队，通过战略问题的细分和证据链的构建，实现跨学科专家知识体系的有效组织和运用（图4-5）（袁伟等，2020）。

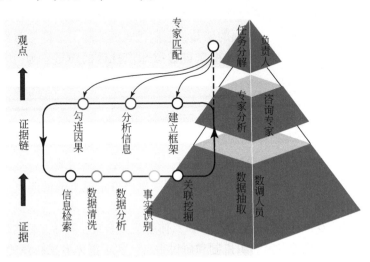

图4-5   中国科学技术信息研究所构建的服务应急决策目标的专家协同工具框架

以上相关平台架构以及示范案例实际上为应急管理情报工程的专家协同会诊平台设计提供了很好的参考。总体来看，专家协同会诊平台不是单纯的硬件信息系统、协同网络的搭建，它更加强调专家群体的结构合理化以及专家意见挖掘等的智能化。一方面，要注重专家的"广"和"适"，即要纳入更多的专家群体智慧，综合考虑传统专家群体、新兴专家群体、网络专家群体等，建构一个主次分明的决策参与机制。另一方面，专家协同会诊平台内部的数据智能导入和内容挖掘模块也是核心，而这需要完善的专家信息、知识库等作为数据支撑，才能综合在自动化能力和精准性上达到平衡。

4.5   应急管理情报工程产品及服务

应急管理情报工程的产品及服务是基于数据资源、工具方法与专家智慧综合而出的结晶。从内容上看，应急管理情报工程的产品及服务呈现多样化特点，不同领域、不同行业、不同机构的应急管理情报工程产品也会存在差异。本书结合前人对相关应急情报产品的分类体系（杜元清，2014；马费成和赵志耘，2019），考虑应急管理领域情报工程的特殊性，将其总结为系统资料类、动态报道类、情况反映类、预测类、决策支持类、决策反馈类、实用类等主要情报产品类型及服务。

4.5.1 系统资料类情报产品

系统资料类情报产品是情报研究人员以某一现象、技术等为主题，在长期数据资料积累和分析的基础上形成的一种情报产品，包括传统的手册、汇编、概览等。系统资料类情报产品的产出往往时间跨度较长，投资成本较高，且具有系统性、完整性、条理性等特征。

4.5.2 动态报道类情报产品

动态报道类情报产品主要是对特定领域、特定专题模块新进展、新动向的情报发现，并将它及时分享给决策用户。此类情报产品以定期和不定期的监测快报、监测评估为主要形式，特点是报道及时、针对性强、篇幅相对短小（微型）等。具体在应急实践中可表现为应急舆情快报、某事件情报信息快递、某应急核心技术的国内外前沿进展报道等。

4.5.3 情况反映类情报产品

情况反映类情报产品主要是针对风险管控对象或某一突发事件的基本情况、态势发展、特殊情况等进行综合分析，并及时向上级汇报。情况反映类情报产品具有专业性、时效性、综合性等特征。实践中表现为治安要情报告、工作情况交流报告、警情报告等具体类型。

4.5.4 预测类情报产品

预测类情报产品主要是针对一些重大突发事件发展态势、未来前景、下一步发展方向等问题展开的情报分析与研究，重视指导性、预警性、态势感知度等。在实践中，如新冠肺炎疫情趋势预测、扩散预测等就是典型的预测类情报产品。而且随着现代应急管理对关口前移的重视和新要求，预测类情报产品的重要性日益凸显。

4.5.5　决策支持类情报产品

决策支持类情报产品主要是根据决策主体的要求和需求开展的以决策方案为核心任务的情报分析，涉及决策路径选择、最坏情况估计等。此类情报产品由于直接关系到决策层的方案问题，因此具有研判性、论证型、专业性、精准性、科学性等特点，同时需要避免情报失误失察现象等。

4.5.6　决策反馈类情报产品

决策反馈类情报产品主要是针对某一应急决策的实施效果、激起的社会影响等做出的针对性情报研究。此类情报产品具有互动性、客观性等特点，且往往与具体的决策行动、执行政策等密切相关。

4.5.7　实用类情报产品

实用类情报产品是应急管理情报工作在具体数据采集、数据分析等过程中产生的一些具体化的数据产品，具有可再使用性、共享性、有限开放性等特征，可包括数据图表、数据集、数据库、情报分析工具包等。

总体来看，应急管理情报工程的各类情报产品没有高低贵贱之分，各类情报产品本身的质量也依赖于一个完善的质量控制体系和评估体系，同时还需要有相关情报产品推送机制，以更好促进情报产品与服务功能的匹配。

5 | 面向应急管理的情报工程服务机制建构

5.1 应急管理情报工程服务机制构建的基点

5.1.1 服务机制构建的总体思路与主要目标

应急管理情报工程的专门服务机制，是应急管理情报工程在实践中具体实施和顺利实施的基本参考。应急管理情报工程服务机制构建的总体思路是：面向国家应急管理治理体系与治理能力现代化，坚持和贯彻情报工程的工程化、系统化等理念，对应急管理数据资源、技术体系、模型方法、专家知识、协同平台等方面进行综合打造和协调，促进应急情报服务的智能化、集成化、精准化、协同化、生态化发展，从情报驱动视角推动智慧型应急管理的实现。

从实践导向看，应急管理情报工程服务机制构建的主要目标包括以下 5 个方面。

5.1.1.1 改变应急情报开发范式

通过服务机制的构建，促进应急机构和组织情报工作与情报服务理念的更新，促进应急情报开发范式从孤立型、被动型、单向型等向系统型、主动型、互动型等转变。

5.1.1.2 优化应急管理情报工作流程

通过服务机制构建，建立契合大数据、人工智能环境以及情报治理理念的应急管理情报工作流程，运用工程化理念完善情报组装流水线，推动应急管理情报工作流程再造，以进一步提升应急管理情报工作效率。

5.1.1.3 完善应急情报的数据空间

通过服务机制构建，进一步提高应急情报数据资源基础的广泛性，推动各类数据库、知识库建设，促进应急情报大数据资源观的形成，促进应急情报领域的数据资源资产化管理。

5.1.1.4　促进应急情报技术体系变革

通过服务机制构建，能够进一步发展应急情报工作各种基础技术、前沿性技术、新兴技术，促进新一代信息技术在应急管理情报工作中发挥更大效能，提高应急管理工程化情报能力。

5.1.1.5　推动应急情报专业人才队伍建设

通过服务机制构建，打造更多的应急情报专业人才，培育应急情报工程师和综合研判专家，完善相关应急情报人才队伍结构，进一步发挥人才作为"第一资源"在应急管理情报工作中的核心作用。

5.1.2　多元驱动环境影响下的服务机制分析

在一个服务机制框架搭建之前，需要对服务机制构建的所处环境、基本定位等进行界定与分析，才能更好地促进机制的落地。对于情报服务而言更是如此，一个好的情报服务机制，必须要考虑服务主体、服务空间等的实际情况和支持措施，才能发挥服务机制的实际作用。需要承认，在长期的实践中，情报服务思维或手段在传统的行政、市场、法律等正式组合拳中并没有太多话语。那么，想要搭建这样一条具有工程化属性的"情报高速公路"——情报工程服务机制，就必须考虑它的角色、定位以及融入嵌入模式。

从驱动模式上看，与美国法制驱动式的应急管理相比，我国应急管理主要是体制驱动为主，是一种自上而下的领导模式，具有集中力量办大事的显著优势。发展到大数据与智能化时代，技术驱动、数据驱动等又悄然而生，并在应急管理实践中逐渐站稳脚跟。情报工程服务机制的核心是数据驱动，但又不完全是数据驱动，因为它还强调了基于情境的因果分析、专家智慧分析、反事实分析等新的内容，以解决数据驱动的黑箱问题，这是一种情境驱动的逻辑，也是未来情报服务的发展方向。综合来看，情报工程服务机制是受多元驱动影响的。

5.1.3　服务机制构建的基本原则

基于多元驱动环境的影响，构建应急管理情报工程服务机制需要遵循一定的基本原则，才能更好发挥其效能效用。主要包括系统性原则、高效性原则、引导性原则、现代性原则、本土性原则等。

5.1.3.1 系统性原则

情报工程服务机制的构建应是全面、完整、有层次、系统化的，应将应急管理情报工作的各要素、各环节视为相互联系、相互关联的整体，将情报系统视为一个开放、连接并相互影响的复杂系统，进而以系统整体优化为目标，促进数据、技术、用户的生态化连接，促进应急管理情报工作的全面发展。

5.1.3.2 高效性原则

情报工程理念特别强调投入产出的综合平衡，高效性是其追求的核心目标之一。应急管理情报工程服务机制的设计需要综合考量各类情报要素、情报构件的现状、潜能等，包括情报流程设计中可能存在的冲突，基于灵活性充分考虑人力、物力、财力、时间等，以进一步提升应急管理情报工作的效率。

5.1.3.3 引导性原则

由于不同地区、不同应急机构主题的数据基础、技术条件、内部机制制度、组织文化等存在差异，面对不同突发事件类型的情报信息运转也存在一定的区别，因此，应急管理情报工程服务机制不可能也不应是完全的"模板式"框架，相关机制构建应坚持适宜性、合理性的原则，考虑共性与个性的统一，以引导具体地方、机构或者相关项目的应急管理情报工程服务发展。

5.1.3.4 现代性原则

作为大数据环境催生的情报工程，非常重视技术驱动、数据驱动等在情报服务中的应用。因此，应急管理情报工程服务机制的构建应重视数据、智能等现代性元素的利用，应充分认识到数智赋能对应急情报体制、机制等带来的新变化，激活数据要素，释放数据效能，促进大数据、人工智能等新一代技术与应急管理、应急管理情报工作的深度融合与创新。

5.1.3.5 本土性原则

情报工程是本土情报学提出的新理念，同时应急管理情报工程服务机制也应立足本土、立足中国情境体制机制特点来建构相关具体内容与模块。我国应急管理经历了不同的发展阶段，有其自身的独特性特点，其中的情报信息工作也经历了不同的发展阶段，因此，情报工程服务机制构建必须以我国应急管理总体体制机制环境为依托，进而契合大类应急管理发展规划与趋势。

5.2 应急管理情报工程服务的协同 工作环境打造

5.2.1 应急情报综合集成研讨厅的打造

如上文所述，目前应急管理领域的数据资源、数据主体、数据服务等仍然存在壁垒，因此，一个协同化的情报网络是连接所有要素的关键。过去的一些实践也证明了单一的情报系统往往会造成应急失败。尤其是要实现工程化、智能化的情报服务，就必须依托一个完善的协同工作环境，才能保障应急管理情报工程的有效开展。我们结合钱学森提出的综合集成研讨厅理念，融合情报工程相关思维，提出打造应急情报综合集成研讨厅，通过开拓工程化应急情报协同工作方式和开发环境来保障应急管理情报工程服务的开展。

综合集成研讨厅是20世纪90年代钱学森针对复杂巨系统而提出的一种创新性方案，主张利用信息技术将数据、知识、专家群体等有机地联系起来，进而构建出一个集信息处理、知识生产和专家智慧集于一体的高度智能化的人机结合巨型系统（钱学森等，1990；毕于慧等，2015）。钱学森的综合集成研讨厅设想可以借鉴到应急管理情报工程服务机制构建之中：第一，综合集成研讨厅体系是针对复杂巨系统的问题求解，而应急管理情报工程面对的应急任务也是具有复杂巨系统特征；第二，综合集成研讨厅所关注的数据信息、模型方法、专家经验等融合的方法论高度契合应急管理情报工程所强调的数据资源、工具方法、专家智慧等工程化运转；第三，综合集成研讨厅所强调的通用性和可扩充性能够支持应急管理情报工程的实现，综合集成研讨厅目前已经在军事、经济等领域得到了应用，而在应急管理领域，根据应急管理领域的问题和特点，融合综合集成研讨厅方法论和情报工程逻辑，通过更换相关数据知识、模型方法、专家群体来实现应急管理情报工程，具有可行性。因此，打造应急情报综合集成研讨厅，将各类应急复杂问题聚焦到这样一个协同环境和平台之下，进而通过相关分析、交流、互动来实现突发事件应对的"求解"，是应急管理情报工程服务机制运行的基础。与此同时，在本土情境下，应急管理体制改革创新、应急信息管理和数据治理的推进、应急信息技术的发展、决策剧场的兴起（赵志耘等，2018）等，都为应急情报综合集成研讨厅的打造提供了便利条件，它也成为应急管理情报工程服务开展的协同工作平台。

5.2.2　应急情报综合集成研讨厅的优势分析

基于情报工程思维的应急情报综合集成研讨厅实际上是一个集物理空间、硬件设备、软件系统、专家协同系统等于一体的虚拟结合的综合服务平台。应急情报综合集成研讨厅的构建具有特殊的优势，在突发事件情报资源管理、应急决策沟通与问题分析、应急决策方案设计与评估等方面发挥着重要作用（徐晓林，2015）。

第一，实现全面化的突发事件情报资源管理与治理。应急情报综合集成研讨厅立足于风险大数据、安全大数据、应急大数据的理念，在相关体制机制支持下，通过统一的数据标准规范以及相关数据交互模块的构建，实现异构信息系统之间的高度集成，实现多机构之间的信息资源和数据资源共享，进而对突发事件各类相关大数据、情报资源实施全面化的管理与治理，推动应急管理情报工程的"最先一公里"建设。

第二，提供直观可视化的应急决策环境。传统的应急决策环境下，专家一般看到的是文字、数字、图片等简单信息或静态信息，加之单向沟通的问题，可能导致专家在决策问题的理解上存在分歧或偏差。应急情报综合集成研讨厅通过打造电子化、交互式、立体化的决策可视化平台，能够利用三维影像、决策交互系统等提供更直观、更逼真、更动态化的应急决策环境，方便应急专家接收、理解和沟通相关情报信息，进而提高应急决策效率和质量。另外特别指出，在新冠肺炎疫情影响下，远程应急指挥成为一个新关注点，线上信息交流、线上知识交流等日趋增多（蔡思雨等，2021），而应急情报综合集成研讨厅恰恰可以为此提供交流空间的支持。

第三，有助于应急专家得出科学的决策方案。应急情报综合集成探讨厅借助相关数据集成、数据分析和数据可视化技术，在突发事件历史情况和发展态势情况把握、决策方案情况对比、决策方案预演仿真模拟与效果评估等方面发挥重要作用，应急专家可以借助应急情报综合集成研讨厅提供的全情报资源展示、数据驱动的决策方案生成、专家观点识别、决策方案评估与优化等功能，进一步洞察突发事件相关态势和应急决策目标对象，实现应急决策方案的排序、优先和裁定。

5.2.3　应急情报综合集成研讨厅的内容与定位

在情报工程思维逻辑下，应急情报综合集成研讨厅能够提供强大的情报资源支撑、应急问题智能化分解与分析以及专家研讨环境搭建等能力，在遵循全局数据动员、资源最优利用、技术理性与人文价值融合等原则的基础上，应急情报综合集成研讨厅考虑以下关键内容及定位。

第一，从全局性角度考虑不同层次的应急情报综合集成研讨厅构建。政府系统是应急管理的实施主体，因此，根据政府突发事件应急响应层级、应急管理归口机构、突发事件特征等，积极搭建层次化的应急情报综合集成研讨厅。目前我国应急管理呈现出"三驾马车"特点（王宏伟，2018），即自然灾害和事故灾难类突发事件由应急管理部、应急管理厅、应急管理局等负责，突发公共卫生事件由卫生健康委员会、卫生健康局等负责，社会安全事件由公安部、公安厅、公安局等负责。考虑目前很多重大突发事件的防控和应对常常需要多主体的共同参与，应急数据和情报信息就涉及多个机构的协调，因此，从国家层面打造一个统一性的应急情报综合集成研讨厅，指导突发事件尤其是重大突发事件的全国范围内数据动员、技术攻关、群体创见等尤为必要。这样一个应急情报综合集成研讨厅也可以视为整个国家应急管理情报工作的中央控制系统。而省市级等也应根据相关领域归属、基础条件、区域典型突发事件特征等来综合考虑具体的构建路径，并与国家应急情报综合集成研讨厅之间形成有机联系。此外需要指出，应急情报综合集成研讨厅的打造不应是另起炉灶、推倒重来的模式，这种费时费力、资源浪费甚至有可能进一步造成数据壁垒的方式不是专门情报工程研讨厅设置的初心。应急情报综合集成研讨厅的打造应是基于现有相关数据资源、数据体系、信息系统、数据平台、情报队伍等实现情报驱动导向下的整合与集成，通过数据、功能、结构、人等的综合布局与联结，实现情报引领的智慧应急。

第二，从硬软结合、虚实结合、内外结合的角度来构建应急情报综合集成研讨厅。应急情报综合集成研讨厅是一个集数据、技术、模型、专家群体等为一体的协同开发环境，它不仅仅是物理意义上的场所和厅，更是一个虚实结合、线上线下互通的协同交互和服务平台，还是一个能够自动化完成应急知识积累和价值再创造的知识管理和创新应用平台。也就是说，应急情报综合集成研讨厅是一个具备了业务高效组织、数据实时共享、群体智慧交融、应急方案智能生成、应急情报全过程监督、应急知识管理自动升级等功能于一体的巨型智能体系和智慧体系，其背后是体制机制的支撑，其前端是数智赋能的展现，能够为应急管理情报工作尤其是应急决策提供增强现实、便捷交互、桌面推演、个性化向导等新体验。

第三，从情报任务和情报需求的角度启动应急情报综合集成研讨厅。应急情报综合集成研讨厅及与之关联的应急机构组织、各类实体资源等，在整个应急管理情报工程服务中起到整体情报规划、情报设计、情报指导等中轴作用。从情报任务启动和情报需求满足的角度看，遵循资源最优利用、成本降低等原则，应急情报综合集成研讨厅主要定位并服务于特大、重大或非常规突发事件的应对与处置。而对于普通型的突发事件，由于相关属地或应急机构大多能够内部自行处理，没有必要动员过多资源，但对于一些特定的需求或者任务模块等，应急情报综合集成研讨厅也可以提供数据资源、情报分析工具、专家推荐等方面的支持。

第四，从技术理性与人文价值融合的角度诠释应急情报综合集成研讨厅。如上文所述，应急管理情报工程服务主张充分利用新一代信息技术，但它从来不以技术和数据驱动作为问题求解的最终落脚点。尤其面对突发事件这种一旦决策失误、情报失察就会带来严重风险或不确定性的特殊情境，应急情报综合集成研讨厅要打造出以人的智慧为中心的定性定量结合的运作系统，采用人机结合、以人为本、各取所长的实施理念，由此才能充分发挥"人的心智"和"机的机智"（姚乐野等，2019）。因此，在应急情报综合集成研讨厅的情报任务实践中，必须充分考虑人的智慧、群众需求、社会实际、机制障碍、潜在冲突关系等因素，使得应急情报分析不仅仅具有技术角度的智能性，还具备人文视域的合理性、思想性和创见性。

5.3 应急管理情报工程服务的运行机制设计与剖析

基于上文对应急管理情报工程服务内涵、关键环节等的分析，本部分主要对应急管理情报工程服务的具体运行机制进行剖析。运行机制是应急管理情报工程服务高效运转的作用过程和途径方法，是在一定制度安排下情报工程服务系统各要素、各环节相互影响、相互联系的具体形式和功能表现。从情报资源输入到情报资源输出整个过程的角度来看，应急管理情报工程服务的运行机制主要包括面向三元世界应急大数据的情报集成机制、深挖数智赋能技战力的情报智析机制、引入群体专家智慧的情报研判机制、打通供需对接通道的情报转化机制以及推动体系生态化发展的情报更新机制。

5.3.1 情报集成机制

一个优质情报工程服务的开展往往都依赖于一个大容量、规范化、高质量、实时更新的数据资源库。数据资源也是应急管理情报工程服务有效开展的基础，因此，如何实现应急数据资源的高度聚合和快速集成，是推动应急管理情报工程服务的伊始。目前来看，各类与突发事件相关的数据信息资源分散在不同渠道、不同机构、不同平台之中，过去孤立式的数据资源保障存在一定的不确定性和风险，虽然其在一定程度上往往也能支持突发事件的应对处置任务，但多是普通类的突发事件。而对于重大突发事件而言，这种应急管理实践中的数据不对称、数据缺失等现象和问题就会被无限放大，并严重影响到相关应急决策的及时性、准确性和科学性。尤其是在现代社交媒体环境下，数以亿计的移动终端数据的实时生产正在改变传统情报采集的观念（夏一雪，2019）。而在应急管理实践活动中，基于移动终端的行动大数据、用户行为大数据等在突发事件防控、风险感知与扫描、应急救援等中能够起到重要的作用。因此，在大数据与智能化环境下，基于应急大数据理念构建应急管理相关情报集成机制，将海量、高频、多源、异构、线上线下的应急大数据有效统筹和整合起来，进而形成情报工程服务的"数据资源储备"或者"数据即用平台"（李阳和孙建军，2019），是应急管理情报工程服务的基础。

当前，三元世界大数据的逻辑、理论和方法可以有效支持应急管理情报工程服务的情报集成机制建设。三元世界大数据理念认为大数据是连接物理世界、人类社会和信息空间的纽带，认为物理世界通过物联网、互联网等在信息空间有了大数据反映，而人类社会通过人机互动、移动互联等也在信息空间产生了大数据映像。因此，以三元世界所构成的应急大数据作为对象，探究应急大数据的资源类型、分布空间、表现形式等特征，进而实现大数据情报资源的协同感知和获取（巴志超等，2018a，2018b），同时推动数据管理与业务逻辑的分离（李纲等，2018），既可以拓展情报工程服务情报集成机制的数据基础，也能更好地实现相关数据资源的串联、共享与开发利用。当然，面向三元世界应急大数据的情报集成机制建设仍然依托于政府、行业组织、互联网企业、社会公众等的广泛参与，如此一个应急情报的大数据盘子才能有效建构起来，成为整个应急管理情报工程服务开展的"数字底座"。

5.3.2　情报智析机制

情报集成机制为整个应急管理情报工程服务的开展提供了源源不断的数据信息素材，而应急情报产品的打造则需要对这些数据信息素材进行进一步的加工处理和分析，在新技术环境下，这依赖于一个智能化、自动化的情报分析机制，即情报智析机制。情报智析机制可以理解为是一个智能化打造应急情报产品的"情报工厂"，其核心任务就是将数据资源、知识存量等自动化加工为情报生产力，通过基础设施和新兴技术的支持来提高情报服务的效率。在大数据、人工智能等环境下，数据驱动、智能驱动的应急情报分析逐渐显现出生命力，并广泛应用于各类突发事件应对和处置场景，成为现代情报分析的有效支撑。应急管理情报工程服务就是在这样一个数据定义、软件定义等环节下对应急业务进行封装化、流程化、规范化，通过各类新技术、新模型、新方法、新模型等的集成与组合，以及各类算力、算速、算能的强化与加成，对情报集成机制中可计算、可交互、可控制的应急大数据资源进行深度处理和智能分析，进而实现初级应急情报产品的自动化输出。

基于情报智析机制打造的应急情报产品需要注意两个方面的内容：一是简约化问题，二是高级化问题。从简约化的角度看，为了提高应急响应的速度，尤其是在那种争分夺秒的应急决策情境下，情报工程服务必须将目标首先定位于超短时间限定下的简约化情报产品打造，这种简约化是一种针对应急繁琐任务抽离式的简约，即不是单纯为了速度而加快智能情报分析，而是基于应急情报需求紧迫性的需要，聚焦应急管理中的关键任务、关键信号、关键情报等，对相关应急问题进行抽取、连接、解剖、梳理等，打造出一种可信赖的快速简约式情报产品。而从高级化的角度看，为了提升应急决策的质量并考虑全面性问题，情报智析机制又需要从"一网打尽"的角度对应急各类问题进行系统性的梳理和分析，做出尽可能多的模拟、建模和决策方案，这定然会牺牲一部分时间但对于处于不断发展变化的突发事件而言却必不可少。在实际应急情报工作实践中，简约化情报产品与高级化情报产品往往都不可或缺并形成互补，在应急决策情境中，工程化情报分析需要根据决策主体的具体需求，布局、切换和安排不同的情报智能分析模式，在综合考量时间、成本、准确率等因素下为应急决策主体输送实时、适时的情报产品。总体来看，情报智析机制就是要利用现代数智赋能的技战力，克服人工数据分析和信息分析的弊端，打造"机器人"式的应急情报产品加工和制造模式，为下一步的应急情报研判环节提供多样化的"智能情报产品"准备。

5.3.3 情报研判机制

情报智析机制更多打造的一种初级化的应急情报产品，主要依赖技术驱动和数据驱动而出，其内容往往是针对应急某类问题和现象的数据分析结果呈现和情报提示，因此相关智能情报产品的可信性、科学性、系统性等仍然有待检验和验证。从实践导向来看，一个真正值得信赖的应急情报产品必须依赖于人的智慧的干预，在应急决策情境下就表现为各类应急专家们的隐性知识和真知灼见。换句话说，应急情报产品的最后裁定不是靠情报智析机制就可以定夺的，而是要充分发挥各类应急情报分析人员、应急信息管理专家、突发事件领域专家等的一锤定音本领，实现应急情报产品的智慧升级。尤其是突发事件应急管理过程和活动中涉及的很多隐性需求、复杂机制、利益关系等问题，需要过人的智慧来保障其适应性和科学性，这依赖于一个完善的情报研判机制的构建，这也是工程化应急情报分析对情报产品后端改造的要求。

从情报工程思维看，情报研判机制就是将拥有不同专业知识、创新思维和应急经验的专家们集结起来，通过协同决策系统等实现不同领域、异质专家的协作决策和创新，进而实现应急决策层面的集思广益，最终得出科学的应急处置方法或解决方案。从能力要求上看，情报研判机制非常依赖那些"精业务、懂数据、善研判"的应急专家们，因为情报研判环节实际上是情报管理能力与业务专业知识的融合。从专家队伍上看，情报研判环节的专家组构建需要秉承"专兼结合、以专为主"的基本理念，专家组需要自于不同的领域、岗位和渠道。例如，针对社会安全类的突发事件，情报研判既需要公安专家，还需要有法学、社会学等领域的专家（曾庆华和陈成鑫，2018）。除此之外，由于网络空间的重要性日益凸显，网络舆情专家也能够从互联网情报信息发现、互联网舆论引导等方面提供支持。随着社交媒体的迅猛发展，一些网络知识社区、网络问答社区上也出现了很多"小众专家"，他们常常与民众、老百姓打成一片，能够从社会视角了解民众的应急需求和情感需求，因此，通过合适的方式纳入"小众专家"的意见（叶光辉，2016），既是了解民众真实需求的一种途径，也是充分尊重群众意见、发挥民主管理的重要体现。需要指出的是，基于应急情报综合集成研讨厅，以事件为导向的情报研判往往需要一个有权威有号召力的"情报召集人"，"情报召集人"主要负责整个情报研判环节的组织规划、专家邀请、业务协作布局、情报讨论与最终决议等相关工作。由于不同领域和渠道的专家意见往往存在不一致性和倾向性差异等问题，因此，"情报召集人"需要在综合考虑民主与效率的基础上，基于突发事件态势发展情况和应急决策科学性促成多专家协商下的情报洞察、决策与预测。

5.3.4 情报转化机制

前文我们已经分析了情报工程服务除了重视情报组织的认识过程之外，还需要重视情报实践和情报用户，因此，以工程化、系统化思维打造的应急情报产品仍然要落脚到应急管理与决策域空间，这就依赖于情报转化机制的构建，以保障情报产品与情报用户之间的供需对接。应急管理情报工程服务的情报转化机制主要涉及两个方面的内容：一是情报表达问题，二是情报对接问题。

从情报表达的角度看，尽管与突发事件相关的应急情报研究成果、服务产品等已经通过应急数据资源、应急工具方法、应急专家智慧等工程化运作方式得以形成，但在以"何种形式"呈现给决策者问题上仍然需要注意。换句话说，应急管理情报工程服务不仅仅重视情报产品的内容打造，也需要关注情报产品的表现形式和灵活性。前文已经介绍了应急管理情报工程产品的形式，无论是系统资料、动态报道、情况反映类情报产品，还是预测、决策支持、决策反馈、实用等情报产品，都应根据应急管理与决策主体的需求进行适时、实时的打造。而在这个产品多样化逻辑下，其中还涉及很多细节问题，如情报语言的组织与表达问题、情报结果的可视化呈现与解读问题、情报产品智能推送形式等。

情报表达是具体的情报对接的基础，因为往往不同的情报产品形式适用于不同的应急主体和行动人员。情报对接是情报转化机制的第二个关键问题，应急管理情报工程产品不是"大锅饭"，而应根据不同层级的决策主体需求和实际情况进行统筹安排。例如，针对顶层应急管理与决策主体，他们往往需要的是战略性应急情报产品或者是应急态势预测与研判类的情报产品；针对中层的应急管理与决策主体，他们更需要那些与其职能相关的态势描绘情报信息与突发事件应对处置策略等；而对于基层的应急管理人员或者应急实践人员，操作性的应急知识、应急行动提示性情报信息等则显得更加重要。例如，在火灾救援过程中，如果能够通过知识抽取形成具体情境下的科学救灾操作流程，或是通过数据关联发现可能的引爆风险，对于消防人员而言都是至关重要的。当然，应急情报还有"公域"方向的服务功能，对于应急管理情报工程而言，利用自身掌握的全面情报信息，将其以适当的形式转化为能够公开、共享给用户大众的知识，进而更好协助社会大众应对突发事件，也是情报转化机制可以拓展的方向。

总体来看，应急管理情报工程服务的情报转化机制本质上就是要将"情报"以一种合适的"形式"传递给合适的"用户"。有鉴于目前应急管理领域情报转化的局限性和单一性，构建一个系统化、立体化的情报分类通道和情报（知识）对接网络，对各主体的情报产品需求进行摸底与细化考量，进而在"战时"实现情报产品的可理解和可应用，显得非常紧迫。

5.3.5 情报更新机制

当前，我们正处于一个 VUCA 时代，以易变性、不确定性、复杂性、模糊性等为典型特征的 VUCA 环境正在形成，在此背景下，应急管理领域也面临着新的压力和挑战。尤其是新冠肺炎疫情的到来，使得传统静态的应急管理模式遭受了极大考验。而反映到情报信息工作领域，实际上就对应急情报服务的动态创稳和实时应变能力提出了高要求，即情报信息工作必须保持高活力性，才能有效应对不断变化的突发事件应急管理形势。因此，应急情报系统需要始终处于与社会环境共融共生的逻辑之下，通过情报信息资源的积累与不断丰富化以及场景应对实践中情报知识的不断更新改进，形成可多向打击、可复制可推广的智慧型情报，来保障整个应急情报系统的实时对接力、综合调整力和战略抗逆力。由此来看，一个完整的应急管理情报工程服务机制需要通过情报更新机制来强化自身的可持续发展，包括快速反馈能力、重现验证能力、自我诊断能力、优化改进能力等。

从内容上看，情报更新机制涉及应急情报系统的设计与运行、应急情报工作综合评估与反馈、应急数据资源的规范化推进、情报分析模型方法的集成化程度、应急专家队伍组建的合理性等内容。从总与分的角度看，应急管理情报工程服务的情报更新机制既涉及大类的情报工程运作机制的整体检视、应急情报工作的问题诊断与发现，还涉及相关子工程、分工程的优化工作，如情报需求工程的更新、情报采集工程的升级等。需要指出的是，面对更加复杂的应急管理新形势，强化情报对冲能力是情报更新机制需要关注的新方向、新内容。情报对冲能力就是突发事件演化过程中的 If not（如果不）问题、失误容错问题、多方博弈问题等进行综合考量，提高应急情报服务的在线深度学习与推演能力和风险抗压能力等（刘琦岩，2020b）。而这种情报对冲能力融入、嵌入到应急管理情报工程服务机制之中，对于整个情报工程服务系统的"全天候""快反馈""无差错"运行具有重要意义，也是推进应急管理情报工程服务生态化发展的必然要求。

5.4 服务机制的整体运行逻辑解析

上文介绍了应急管理情报工程服务的基础平台搭建——应急情报综合集成研讨厅，以及情报工程服务相关运行机制，包括情报集成机制、情报智析机制、情报研判机制、情报转化机制、情报更新机制 5 个方面。从整个大系统运行的角度看，它们之间的具体逻辑如图 5-1 所示。

具体来说，第一，应急情报综合集成研讨厅作为整个服务机制的中轴核心，起到全局的情报指导、情报组织、情报串联等作用。在 VUCA 环境下，除了我们已知的风险隐患意外，还存在大量的未知风险因子，与过去相比，突发事件的应对处置往往面临更加复杂的情境，如事件属性新颖、数据信息缺失、应急时间紧迫、情绪压力高涨等。应急管理情报工程正是在这种种复杂压力因素下启动，进而触发一系列预定的或实时布局的工程化情报信息工作。在此触发机制下，应急情报综合集成研讨厅根据突发事件态势由"平时状态"转为"战时状态"。对一个复杂应急问题的求解，应急情报综合集成研讨厅会根据应急管理与决策主体的需要，对相关情报任务进行有效地分解、组织和重构，并基于需求驱动将情报需求显化为具体的、分类化、结构化、可执行的情报事项，进而开展相关工程化情报信息工作。其中，情报动员是应急情报综合集成研讨厅的核心任务，应急情报

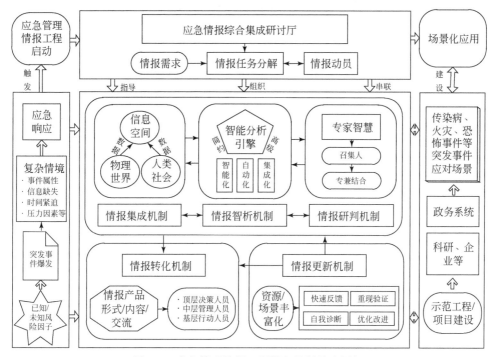

图 5-1 应急管理情报工程服务机制基本框架

综合集成研讨厅就是要在极端条件下建立起有组织、有核心、多主体参与的情报工程服务体系，这涉及数据动员、专家动员等相关内容。

第二，应急管理情报工程服务的五大运行机制之间是相互联系、相互影响、相互作用的整体，各运行机制承担不同的角色和功能，缺一不可。其中，情报集成机制、情报智析机制、情报研判机制是对应急管理情报工程核心流程环节的机制化阐释，即数据资源、工具方法、专家智慧三大核心要素在情报工程服务逻辑下的机制路径。三大运行机制中，情报集成机制处于前端，承担着"数字底座"的基本角色，主要是解决应急管理情报资源保障中的数据源、信息源问题；情报智析机制处于中端，扮演着"智能情报助理"的角色，主要通过数据、平台、算力、算法等集成化开发，解决应急情报产品或研究成果的自动化智能化产出问题；情报研判机制则处于后端，充当着"情报把关人"的关键角色，主要通过群体专家智慧的集思广益来保障应急情报产品的科学化、系统化。另外，情报转化机制和情报更新机制是三大核心运行机制的有效支撑。其中情报转化机制充当着"价值增值"的角色，主要通过重视用户体验、连接用户需求等来牵引应急情报产品的落地，使情报工程服务可对接、可应用的保障。情报更新机制则充当着"生态治理"的角色，主要从情报工程服务体系与系统的全局出发，通过构件更新、效率检测、能力诊断等来保障整个应急管理情报工程服务的持续在线与智慧改造，促进应急管理情报工程服务的生态化建构与发展。

第三，应急管理情报工程服务机制框架总体上是一个反映工程化应急情报工作共性特征的逻辑框架，对于总体性的应急管理情报工程工作开展具有指导意义，但在不同的突发事件情境和情报支持路径下，其场景化应用也存在典型差异，并会表现出不同的特征、价值和效果。例如，针对传染病、火灾、恐怖事件等不同突发事件应对场景，情报工程服务的内容和细节流程都会存在一定差异，仍然需要根据归属机构等进行统筹和布局。同时，基于情报工程服务广泛性的特点，不同情报支持路径下的情报工程服务机制场景化应用也存在典型差异，由于政府情报、科研情报、企业情报、网络情报等的差异，情报工程思维的运用也体现出不同差异，但显然他们都可以在各自的领域范畴内发挥着关键作用。因此，需要从不同系统的现状和特征出发，打造各种示范工程或项目，建构多维视角的应急管理情报工程服务，支持大情报驱动的智慧型应急管理实现。

5.5 应急管理情报工程服务机制的场景化应用

如上文所言，应急管理情报工程服务机制既可以是全局层面的打造与应用，但从细分视角来看，不同领域的情报驱动模式的改造与创新升级是目前的重点，它涉及政府系统、科研系统、网络系统等。结合情报研究与情报服务前沿，本书介绍 4 个典型领域或方向的应急管理情报工程服务机制场景化应用，分别是智慧应急业务创新情报工程建设、应急科研攻关情报工程建设、突发事件网络舆情情报工程建设、应急知识科普情报工程建设。

5.5.1 智慧应急业务创新情报工程建设

政府是突发事件应对和处置的主体，政府应急业务的创新也成为整个应急管理体系和能力的关键和直接表征。随着大数据、人工智能环境的到来，政府作为最大的数据拥有者也迫切需要通过数智思维和技术来强化突发事件应急管理能力。为此，如何从政府应急业务机构的角度出发，立足情报信息工作特点，为其提供全面、快捷、可靠的情报服务，进而有效支持政府应急管理工作，是情报工程需要考虑的重点。智慧应急业务创新情报工程，本质上就是立足当前智慧型应急管理的目标追求，通过打造工程化情报服务流程，将其嵌入到政府突发事件应对全流程之中，通过基于应急情报的需求捕捉、协同处理、智能引导、决策辅助等能力的提升来有效支持政府应急管理工作。

实际上，过去政府应急业务层面也多次强调数据、信息的作用。如《关于加强应急基础信息管理的通知》就提出构建"构建一体化全覆盖的全国应急管理大数据应用平台"。在此影响下，各应急管理厅、应急管理局等也不断推进数据资源积累、建设、聚合与开发工作。在公安信息化建设方向，各类智慧警务大数据情报服务平台不断建构，并开发了数据采集、情报线索管理、智能算法集成、用户画像等各类情报服务功能。在新冠肺炎疫情防控期间，国家卫健委也针对医疗、健康等领域的数据孤岛、信息缺失等问题，大力推动各类公共卫生数据库、监测信息系统、大数据平台等建设等。尽管实践层面的情报服务已经有了一些进展，也体现出部分工程化情报服务的特点。但从现状来看，政府应急情报系统的条块分割、数据资源垄断、情报分析能力不足等弊病仍然广泛存在，应急情报信息工作的覆盖度、预警性、流程化、谱系化等存在缺陷。而打造情报工程视域下的应急管理情报工作范式，将情报工程思维与具体的应急业务绑定和连接起来，促进智慧应急业务创新，具有很大的价值创造空间。如三元世界应急大数据理念可以拓展现有应急情报工作的数据源逻辑，并能够在对政府内部应急业务影响最小的情况下实现应急大数据的协同感知与泛在采集。如针对危化品安全管控问题，基于情报工程思维可以建立相关风险管控大数据信息库，开发出各类"天眼""地眼"系统，支持危化品的全网追踪、危机预警与分析。而从情报分析的角度看，基于情报工程的应急情报工作，能够有效应对应急业务事项中的非常规、巨量化、及时反馈等情况，进而提高应急业务处理的效率。另外，让决策主体获得最佳体验也是情报工程追求的目标，针对过去应急情报信息工作不关注用户需求等问题，智慧应急业务创新情报工程建设注重情报与用户的连接，为应急业务提供最快速、最有效、最直接、最显化的情报产品体验。如上面的危化品安全管控问题，情报工程建设还可以通过重视情报信息与政府监督、企业自查、公民投诉等的连接，以保障应急情报产品能够反映用户的真实需求。

总体来看，情报工程在突发事件应对情境下的第一落脚点就是业务赋能工程，智慧应急业务创新情报工程对于整个政府应急管理工作将具有加大裨益，也是应急管理情报工程服务生态体系的核心部分。

5.5.2 应急科研攻关情报工程建设

突发事件尤其是重大突发事件的发生，往往伴随着很多科学问题、技术难题、操作"硬骨头"等，需要科研工作者等跨学科团队去集中力量攻克，进而催生了应急科研攻关这一重要内容。如在新冠肺炎疫情防控战中，关于病毒机理、药物筛选、药物研制、疫苗研发、核酸检测等技术的攻克，离不开多领域、多学科力量的紧密配合和合作。应急科研攻关离不开情报信息资源和情报信息服务的支持，如针对新冠肺炎疫情，传染病相关研究文献、病毒基因组数据、疫情科技相关专利、疫情产品数据等对于科研工作者在疫情防控科研攻关工作能够发挥重要的作用。与日常情境下的文献情报服务不同，重大突发事件由于破坏性大、连带性强、危害性广等特点，往往需要科学家们在较短的时间内群智攻关，在此背景下科研工作者的相关科研情报需求也非常强烈。因此，基于重大突发事件的特点和机构信息资源建设基础，建构专题化、系统化、前沿性的文献信息资源、科学数据资源等，是应急科研攻关的重要组成部分，这同时也成为应急科研攻关情报工程建设的驱动力。因此，应急科研攻关情报工程建设实际上就是面向重大突发事件情境下的科研情报需求，利用相关机构文献情报、科技情报等基础和优势，以大数据资源建设、知识组织、数据开放、智能服务等为参考，实现重大突发事件相关科研信息资源的专题化汇聚、整合、分析、可视化、开放、推送等。

在新冠肺炎疫情防控实践中，很多科技情报机构、图书馆等搭建了针对疫情的各类专题数据库，并提供相关服务。如中国知网构建了"抗击新冠肺炎疫情知识服务平台"，集成了临床研究、医学研究、疫苗研究等文献信息资源；中国专利信息中心等机构开发"新型冠状病毒感染肺炎防疫专利信息共享平台"，汇聚了中外专利信息近万条，同时还配以智能检索、在线翻译、交流反馈等功能；中国科学院武汉文献情报中心构建了"COVID-19"科研动态监测平台，提供相关疫情研究文献的摘编内容，供读者甄别与使用等。以上这些案例是重大突发事件情境下应急科研攻关情报信息服务的典型，也可以看出文献情报等领域在应急实践中的价值创造路径。然而，从情报工程的角度看，应急科研攻关情报工程不是单纯地强调应急情境下科研信息资源的积累、采集与开放，而是融入工程化情报服务逻辑，将数据资源汇聚作为基础，借用数据平台搭建应急科研攻关的专家沟通与协同环境，注重相关科研信息资源的开发利用工作。换句话说，我们这里阐释的应急科研攻关情报工程是集"特殊资源建设"与"深度开发利用"为一体。例如，通过建构相关文献情报工程，快速识别科研人员在应急科研攻关情境下的多样化数据需求，进而构建响应的数据服务机制，更好推动科研人员展开科研攻关活动（胡媛和艾文华，2019）。因此，这里的应急科研攻关情报工程实际上对文献情报信息服务提出了更高要求，需要情报服务以实时、专题、特色、精品、深度、开放等为准绳，既能开放数据资源，又能提供分析工具模型，还能促进科学家们之间的沟通交流与协作。当然，这样的应急科研攻关情报工程仍然有待进一步建构，也存在诸多问题需要进一步梳理。例如，在重大事件情境下，以图书馆等代表的文献信息资源提供商与数据库商之间的合作与博弈就是特备需要关注的内容。总之，通过应急科研攻关情报工程建设，可以更好为重大突发事件重点难点科学问题的集中攻克提供支持。

5.5.3 突发事件网络舆情情报工程建设

突发事件的应对与处置除了现实世界以外，网络世界与突发事件相关的舆情引导与处置也是其关键的一环。在移动互联网、自媒体等快速发展环境下，突发事件尤其重大突发事件往往会引起互联网空间的广泛讨论，进而催生了突发事件网络舆情。与新闻传播学、公共管理学等不同，情报学重点关注基于突发事件舆情信息的监测、挖掘与利用，并在舆情监测预警、舆情主题分析、舆情情感演化、网络谣言识别、突发事件用户信息行为等方面有所专长。随着舆情大数据的发展，突发事件网络舆情研究正在朝着以大数据、智能化、快速化、细粒化等为特征的网络舆情信息治理模式发展，由此催生了应急管理情报工程在互联网空间的应用——突发事件网络舆情情报工程。突发事件网络舆情情报工程就是通过数据驱动、数据与用户连接等思维，实现舆情大数据采集自动化、舆情情报分析智能化、舆情研判科学化，进而实现情报驱动的网络舆情智慧引流与截流。例如，新冠肺炎疫情就引发了严重的"信息疫情"（infodemic）问题（Xie et al., 2020），"信息疫情"难以想象的传播力和破坏力也一直呼唤一个能够阻击"网络病毒战"的情报信息服务体系，在这个背景下，面向突发事件的网络舆情情报工程成为一个重要的实践命题。

从内容上看，突发事件网络舆情情报工程建设涉及很多方向。例如，新冠肺炎疫情背景下，一些高校或者智库就通过舆情数据采集和情报研判分析开展了新冠肺炎疫情防控网络舆情信息分析等研究工作，为相关宣传部门、网信办等提供决策咨询服务。在情报工程逻辑下，需要打造一条完整系统化的网络舆情情报分析产品线，通过相关社交媒体平台的合作，汇聚舆情大数据，集成多个分析主体的研究资源和专家智慧特点，打造层次化、领域化的突发事件网络舆情情报产品供给网络。通过全局的安排，既可以对接决策咨询系统的需求，也可以充分利用和融合各方的数据资源和专家知识，实现网络舆情情报信息服务的主动化提供、深层次挖掘、实时性对接。特别指出，由于重大突发事件演化过程中往往伴随着大量的虚假信息、不实信息、谣言信息等，因此，开发专门针对网络谣言的情报工程服务尤为重要。尽管目前学术界、业务界等在网络谣言检测、内容分析等方面已经有了一些进展，新冠肺炎疫情防控期间，微博、腾讯等社交媒体平台还专门开辟了相关辟谣平台和渠道，但整体性、协同性还不够，网络谣言问题没能得到有效遏制。从更广义的角度看，若能建构一个网络辟谣情报工程实验室，从整个网域视角打造"信息诊室"，进而在网络谣言信息特征、信息甄别与预警、可信度检测、网络辟谣信息传播与用户行为等方面积极攻克，可以为网络谣言综合治理提供有效的支持，这也成为网络辟谣情报工程的独特价值和意义所在。

5.5.4 应急知识科普情报工程建设

情报与科普之间具有密切的相关性，这主要源于情报本身具有知识属性，而知识又是科普的核心内涵。实际上，一些数字科技馆等专业科普组织常常在获取科普讯息和行业知识时运用到了情报相关思维和资源。而另一方面，很多图情机构或组织也在积极利用自身的优势开展相关科普工作，如中国科技情报协会除了开展经济、科技等领域的决策咨询与研讨外，也一直将科技知识的普及作为一个重要任务；国家图书馆在重症急性呼吸综合征（"非典"）、汶川地震以及本次的新冠肺炎疫情中都在积极开发相关应急知识科普资源，提供相关应急科学传播专题信息服务。以上这些情报与科普的内在关联为应急知识科普情报工程建设奠定了基础。

在复杂的应急管理情境下，构建快速成型、群策群力的知识组织是应急情报信息工作的重要任务，而社会和公众也同样需要这样的信息和知识平台来提供及时可用的知识型情报服务（刘琦岩，2020a）。正如前面所提及的"信息疫情"问题，公众在重大突发事件情境下基本处于信息过载和"知识盲区"状态，但基于公众在应急救护、紧急避险、健康管理等方面的知识需求，如何为公众提供专业化、可信度高的应急科普知识就显得尤为关键。这意味着，在突发事件复杂演化过程中，不仅仅要考虑情报层面的汇聚与分析问题，还需要主动、负责任、人性化地将相关应急知识分享和传递到那些有需要的用户大众。这实际上是应急情报的一种公域思维——应急知识科普，同时它也是应急情报人文价值的充分体现，即强调将服务于管理与决策主体的情报产品转化为服务于社会大众的知识产品。由此，应急知识科普情报工程就是要充分利用情报研究的基础，借鉴情报工程知识融合、场景多样、用户广泛等之上的独有优势，面向社会公众提供专业性、及时性、准确性、全面性的应急知识，进而从知识服务、智慧服务的视角提高社会大众的应急意识和应急救护能力。

应急知识科普情报工程建设涉及到多方面的内容。例如，相关组织在各类特色化、专题化应急科普知识库资源上的投入与建设是基础性工作。如图书情报类机构就可以利用自身在信息资源、知识组织、公共服务上的优势，打造具有标志性意义的权威性应急知识科普平台。另外，在具体运行机制与模式上，关于应急科普知识流动机制、面向公共卫生的健康知识服务模式、应急科普知识专家认定机制、网络社区应急知识科普专业性建设等,都是值得关注的方向。从应急知识科普的表达上看,常常涉及从决策情报到大众情报的转化问题,因为大众视角的应急情报应侧重简约化、知识化,因此如何自动化、智能化地打造出用户"一看就懂、一用就灵"的应急导航知识,成为应急知识科普情报工程的重要方向(李阳等,2020)。另外,在应急知识科普的形式上,可积极利用情报工程协同化网络的优势,加大离线、数字化的应急知识的打造,同时注重多种形式、多个平台的推广,以更好发挥应急知识科普情报工程的效应(李阳和孙建军,2022)。

| **6** | 智慧应急业务创新情报工程建设

6.1 智慧应急业务创新与情报工程

6.1.1 应急管理业务工作基本介绍

6.1.1.1 我国应急管理事业发展概述

在不同的历史阶段，我国应急管理工作的发展呈现出不同的特点。根据现有文献观点，我国应急管理事业主要分为1949年中华人民共和国成立至2003年、2003年至2012年党的十八大以前、2012年党的十八大以来三个阶段。各阶段呈现出典型的时代特点，应急管理业务工作也处在不断变化的状态中（钟开斌，2020）。

第一个阶段为1949年中华人民共和国成立至2003年，这一个阶段主要以单灾种应对为主，国家成立了中央救灾委员会和各个专业性部门，如地震、水利、气象等。不同的灾害事故由不同的专业性部门解决，解决方式主要依靠"人海战术"，技术性的科技手段投入较少，部门间的协同工作尚不突出。遇到综合型突发事件或单一严重性突发事件时，依靠国家制度和意识形态的优势，虽然最后也能妥善解决，但是付出的代价相对较大。

第二个阶段为2003年至2012年党的十八大以前，这一阶段国家首次提出了"应急管理体系"的概念，并主要以"一案三制"为核心。所谓"一案"，指的是应急管理总体预案，而"三制"，指的是应急管理的体制、机制和法制。根据"一案三制"的总体要求，全国范围内制定各级各类应急预案，逐步构建起相对完善的应急管理体制机制，逐步提升自然灾害、事故灾难、公共卫生、社会安全等公共事件的应急管理能力。

第三个阶段为2012年党的十八大以来，应急管理体系以总体国家安全观为指导，构建了以应急管理部等下属应急管理部门（整合事故灾难类和自然灾害类）、公安部等下属公安管理部门（社会治安类）、卫健委等下属卫生健康部门（公共卫生类）为核心的管理体系。这一阶段，我国应急管理整体以综合性、整体性、系统性等导向，不断推进应急管理治理体系和治理能力建设，提高国家风险应对和综合治理水平（张海波，2019）。

6.1.1.2 基于四大类事件的应急管理业务工作介绍

根据《中华人民共和国突发事件应对法》[①] 以及《国家突发公共事件总体应急预案》[②] 等相关政策，突发公共事件分为四类：自然灾害、事故灾难、公共卫、社会安全。根据不同管理机构负责事件类型的不同，下文分别对各类型事件的应急管理业务进行简要的介绍。

针对自然灾害和事故灾难两类突发事件，前者主要包括地震灾害、水旱灾害、气象灾害等，后者包括各类工矿商贸企业的安全事故、交通运输事故等，目前这两类突发事件由 2018 年 3 月新获批设立的应急管理部主要负责，并由各省级应急管理厅、各市级应急管理局以及下属应急管理部门配合落实。从具体业务来看，例如，在自然灾害类事件方面，根据《国家自然灾害救助应急预案》[③] 等相关规定，在遇到气象灾害和地质灾害等自然灾害时，各级地方人民政府可以视具体情况，启动相应应急预案。同时，国家减灾委员会主要负责、领导全国自然灾害救助，并设立专家委员会，提供政策咨询、灾情评估、灾后重建建议等服务。根据自然灾害造成危害程度的不同，国家减灾委员会一般设定Ⅰ级响应、Ⅱ级响应、Ⅲ级响应、Ⅳ级响应四个应急响应等级，不同等级的应急响应措施有所不同，但总体上遵循一定流程，开展以下业务工作：国家减灾委主持各成员单位协商会议，对灾区形势进行分析，研究救灾措施；派出救灾团队，协助指导地方政府开展救灾工作；灾区及时上报信息，国家减灾委员会及时会商，落实信息公开、灾害监测等工作；召集专家团队，进行实时评估，根据灾情具体情况，发放相应物资资源；各减灾委成员部门，各司其职，做好相关保障工作；灾情稳定后，开展灾后救助及心理援助工作。在具体业务工作过程中，需要开展以下措施：营救被困人员，救治受害公民；疏散、撤离受到生命威胁的公众；提供紧急安置场所；划定警戒区域和危险区域，封锁危险场所；抢修公共设施，保障生活必需品的供应；组织具有特定专长的公众适度参加救灾工作等。

在事故灾难类事件方面，根据《国家安全生产事故灾难应急预案》[④] 的相关规定，各级地方人民政府视灾难的严重程度，启动各级应急处置预案，成立相应安全生产事故灾难应急管理机构。若超出本级单位应急救援能力时，及时向上一

---

① http://www.gov.cn/ziliao/flfg/2007-08/30/content_732593.htm.

② http://www.gov.cn/yjgl/2006-01/08/content_21048.htm.

③ http://www.gov.cn/yjgl/2011-11/01/content_1983551.htm.

④ http://www.gov.cn/zhuanti/2006-01/23/content_2615965.htm.

级应急管理机构申请救援。若事故灾难或险情出现重大人员伤亡、跨省市生产事故灾难或需要国务院安全生产委员会处置的安全生产事故灾难，国务院安全生产委员会将协调各部门，开展有关应急管理工作。依照应急预案指示，主要包括以下应急处置业务工作：国务院有关部门组织开展救援工作，并将现场情况及时向国务院及国务院安全生产委员会办公室报告；建立受灾地应急救援指挥机构、现场应急救援指挥部，及时掌握事故发生地具体情况；做好信息公开、灾情监测等工作；召集专家团队，为应急救援指挥机构提供相应支持，指导现场救援工作的顺利展开；对可能或已经造成其他突发事件的，及时上报国务院，搭建其他相关领域应急救援指挥机构；联络相关部门，做好保障工作；待灾情稳定后，做好后期善后处置工作。在具体事故现场，还需要控制危险事故源；实行区域控制，对危害区域实行交通管制，维护社会治安；救助现场受灾人员，疏散危害区域群众；咨询专家建议，开展灾后重建及事故排查工作等。

国家卫生健康委员会、各省市级卫生健康委员会、卫生健康局以及其他卫生健康部门，主要负责突发公共卫生事件，主要包括传染病疫情、各种群体性不明原因的疾病，以及其他严重影响公众健康和生命安全的事件。根据《国家突发公共卫生事件应急预案》[1] 等的相关规定，各级政府需要根据实际情况，成立突发公共卫生事件临时指挥部或专家咨询委员会。同时，各级政府也需要采取以下应急反应措施：组织协调各有关部门参与突发公共卫生事件的应急响应；调节区域内人员、物资、设备等资源，参与应急处理工作；确认疫情范围，进行控制区域管控工作；做好信息公开、灾情监测等工作；基层机构开展群防群治工作，控制区域内流动人员的登记管理工作；实施交通卫生检疫，减少跨区域传递疫情的风险。此外，各级卫生行政部门需要负责以下相关工作：调查突发公共卫生事件产生的原因，找到公共卫生事件的源头；评估突发公共卫生事件的级别，采取相应的应急预案，尽早施行应急控制措施；结合具体情况和专家咨询建议，公开疫情最新信息，进行卫生医疗知识宣传，减少公众恐慌心理；开展事件综合评估工作，接受上层机构的督导检查；做好后期疫情控制工作，减少疫情复发可能等。

公安部、各省级公安厅、各市级公安局及其他下属公安管理部门，主要负责社会安全事件，包括恐怖袭击事件、经济安全事件和涉外突发事件等对政府管理和社会秩序造成影响的突发事件。根据公安部、各级公安厅等官方网站的业务介绍以及地方各级人民政府的社会安全事件应急预案[2][3]，相关部门主要负责以下

---

① http://www.gov.cn/gzdt/2006-02/28/content_213129.htm.

② https://www.bengbu.gov.cn/public/24941/46299081.html.

③ https://www.huainan.gov.cn/public/118323418/1258387151.html.

应急业务工作：加强辖区内日常宣传教育工作；提高区域管理部门危机意识、控制管理能力以及有效处理矛盾的能力；成立突发社会安全事件领导机构，组织协调相关应急事件处置工作顺利开展；收集相关预警信息，包括但不限于非法组织活动、预谋施行爆炸等危害公众的情况、对重大热点事件的不良反应、构成群体性治安事件或经济安全事件等突发事件的线索；及时发现，并做出迅速反应，控制局势发展；隔离冲突事件当事人，控制区域范围；疏散围观群众，切断事件主体与其他无关人员的联系；封锁特定区域场所，限制有关公共区域内的活动；做好相应取证工作，及时理清事件真相；对本次事件进行总结，改进处理工作方法；做好本次社会安全事件的恢复重建工作；做好善后处置工作，对违反治安管理者，依法给予治安行政处罚，若触犯刑法的，依法惩处；消除不良影响，恢复正常秩序政策等。

6.1.2 应急管理信息化建设发展介绍

6.1.2.1 应急管理总体信息化发展概述

我国一直重视应急管理信息化建设，自 2018 年应急管理部成立之后，国家对于应急管理信息化的建设重视程度更加强烈。在 2018 年底和 2019 年初相继出台了《应急管理信息化发展战略规划框架（2018-2022 年）》[①]、《2019 年地方应急管理信息化实施指南》[②] 和《应急管理信息化 2019 年第一批地方建设任务书》[③] 等应急信息化建设实施文件，构建起了"两网络""四体系""两机制"等体系架构，形成了"四横四纵"应急管理信息化平台总体架构（袁宏永，2020）。2021 年 5 月，应急管理部颁发了《关于推进应急管理信息化建设的意见》，提出推进"十四五"应急管理信息化建设，推动应急管理高质量发展[④]。在相关战略规划的要求下，我国已初步形成应急管理信息化体系，基本落实三级应急指挥系统，强调国家、省、地市三级协同应对突发事件。

根据相关政策的总体要求部署，我国各级应急管理部门逐步提高应急管理的信息化、智能化（宋元涛等，2021）。例如，在自然灾害防治领域，各地区加快建设了对地质、气象、水文等信息的监控，并连接至自然灾害综合检测预警系

---

① http://yjglt. jiangxi. gov. cn/art/2020/6/19/art_37823_1917424. html.

② http://szxxgk. shuozhou. gov. cn/szfgzbm/szsaqscjdglj/zfxxgkml_11354/gzdt/201904/t20190425_239747. html.

③ http://yjt. hunan. gov. cn/xxgk/tzgg/sajj/201905/t20190513_5332309. html.

④ https://www. mem. gov. cn/gk/zfxxgkpt/fdzdgknr/202105/t20210513_385059. shtml.

统，形成了多类型监测系统联动机制，实现全域范围内自然灾害综合风险监测，提高自然灾害的预警预报能力。在事故灾难预防领域，针对重大危险源生产、处理、存储等地区，构建起了传感器监测矩阵，并实时上传监测数据，实现全国联网监测，推动安全生产信息化。在社会安全领域，各地区尤其是经济发达地区，通过整合消防安全、交通安全、特种设备、舆情预警等监控信息，结合云计算、应急物联网、应急大数据等技术，搭建起了社会安全综合预警系统，加快了社会安全突发事件的响应速度（王晨和徐同德，2021）。在公共卫生领域，一方面运用大数据等信息化技术，构建起了应急防控信息化平台；另一方面建设起了卫生科普宣教系统，发布具有地区特色、时效性强的卫生健康信息，大力推动科普与信息化的深度融合。特别指出，根据四大突发事件应急管理流程的信息化需要，应急管理部将现有地理信息系统进行整合，建立了环境地理信息系统。在遇到突发事件时，环境地理信息系统为有关部门提供了空间信息服务，并同时为资源调配服务提供信息支撑等。

6.1.2.2 典型地区应急管理信息化发展概述

根据国家政策要求，各个地级人民政府也开始加速应急管理信息化建设工作，形成了典型示范。例如，湖南省应急管理厅将应急管理信息化建设分为若干项，负责处室涵盖科信处、监测减灾处、指挥中心等十余个处室，根据具体单位的职责进行分工，各自落实相关任务，共同提高省内应急管理信息化建设程度，提升湖南省总体应急管理信息化水平[①]。例如，湖南省应急管理厅强调要进一步加强日常数据采集和监测预警工作，一方面需要各市级政府做好信息化系统的推广工作，针对城市基础设施施行综合感知监测，成立数据采集和管理信息化中心；另一方面也需要各基层组织加强监测预警信息化系统的日常应用工作，针对自然灾害事件，联合各相关部门进行数据监控；针对事故灾难事件，完成风险监测评估和模型算法构建等。而在应急通信网络建设方面，湖南省通过搭建应急指挥信息网、卫星通信网以及做好各级单位电子政务外网的接入工作，保障了突发事件发生后，信息传递工作的正常运转。未来，湖南省计划统一开展 VAST 和天通卫星通信网建设，进一步保障通信安全。在应急管理应用平台建设方面，湖南省不仅构建起应急管理综合平台，还搭建出应急指挥信息化系统平台，不仅有利于协调突发事件的人员调度，还有利于规划突发事件的资源调配，更有利于进行突发事件的汇报总结。未来，各应急管理平台将持续开展数据治理和系统整合工作，优化平台建设，提升数据利用价值和数据共享建设。

---

① http://yjt. hunan. gov. cn/xxgk/tzgg/sajj/201907/t20190704_5386352. html.

江西省应急管理厅针对基础设施、基础服务系统、业务系统进行了信息化建设工作①。在基础设施方面，江西省建设了管理云平台，提供信息化系统，并存放相关数据；建设了省内三级信息化网络，协同指挥互联互通；建设了卫星通信系统，保障信号传输；构建了安全防护系统。在基础服务系统方面，江西省应急管理厅实现了应急管理一张图建设，将数据可视化。同时，提供相关大数据平台和数据治理平台，提升数据容量和数据质量。在具体业务系统方面，江西省提供了应急管理指挥系统、应急资源管理平台、应急无线电调配系统、卫星检测系统等符合省内实际情况的应急管理业务系统。同时，江西省在互联网中公示相关网址联系人信息，及时解决工作人员在操作信息化系统时的问题。总体而言，江西省高度重视信息化建设，在应急管理现代化建设上取得了有效的进展，整体的应急管理信息化水平大幅提高。未来江西省将加强应急管理通信网络的高度集成，努力实现全国系统的联网互通、加强应急管理大数据平台的全覆盖以及各应急业务系统的全面智能化②。

深圳市人民政府在应急管理信息化的发展过程中，构建起了"一库四中心"的应急管理框架③。该框架以应急管理大数据库为基础，以监测预警中心、应急指挥中心、宣传教育中心、执法监察中心为四大智能中枢，完成了应急管理领域信息化的全覆盖。在风险预警方面，深圳市人民政府构建起风险监测预警信息化体系，实时监测城市管线信息、地铁运行信息、工矿空间信息等，并监控相关自然数据信息。深圳市政府也积极运用相关信息技术，将收集数据信息可视化，"一图"感知风险隐患并发出预警信号。例如，深圳市气象局通过建立深度学习雷达外推模型，可以在五至十分钟内有效地预测未来零至六小时的降水等。同时，深圳市也在市级应急管理指挥中心的统一协调下，在 11 个区级和多个行业领域，各自构建起应急管理指挥分部，实现了应急管理工作的细分。下一步，深圳市将进一步完善全市监测预警指挥中心的信息化运作，夯实"一库四中心"的建设内容，从而提升城市应急管理水平。

6.1.3 智慧应急业务创新情报工程的提出

6.1.3.1 面向应急业务流的情报工作内容剖析

由于突发事件发生后，时间紧、任务重，很多应对处置活动需要掌握足够的

---

① http://yjglt.jiangxi.gov.cn/art/2020/7/17/art_37823_2619499.html.

② http://yjglt.jiangxi.gov.cn/art/2020/6/19/art_37823_1917424.html.

③ http://www.aqsc.cn/zhuanti/202109/28/c149418.html.

现场情况和信息才能更加科学有效地应对，而应急情报能够为应急管理与决策主体提供有效的帮助。要想更好推动应急管理工作的顺利开展，就需要针对突发事件特点，根据其相关应急业务工作的情况以及应急信息化建设基础，规划好相应的情报信息工作。但不同的突发事件，应急业务的工作内容重点有所不同，下文将依据四大类突发公共事件，具体展开情报工作内容的剖析。

1）自然灾害事件

自然灾害事件是由自然现象给人类带来生命危险或财产损失，其种类繁多且变化较快。因此，自然灾害的应急业务工作需要以案例为基础，按照事件的发展阶段，根据不同的事件特点，开展情报收集和分析工作（刘浏和苏新宁，2020）。如以地震等地质灾害为例，2019 年 6 月 17 日，四川宜宾发生 6.0 级地震，在此次地震中，宜宾提前 10 秒发布预警信号，周边 13 个区县均有地震预警提示，相继提前发出预警。尽管我们尚不能阻止地震，预测地震的时间也很有限，但我们可以发挥应急情报搜集和分析工作，减少地质灾害带来的损失。

在自然灾害发生前，应急业务工作关注于应急预案的制定和相关数据库的构建。在应急预案制定的过程中，需要对当地市政规划设计图、市政建筑物承受能力等情况开展信息收集工作，并掌握应急避难场所等信息，以便于应急预案中救灾安置工作的提前部署。同时，需要对地区以往自然灾害事件的各类数据信息进行收集整理，形成结构化信息，从而构建起案例数据库，进一步为后续应急管理工作提供一定的参考。在自然灾害发生后，需要返回现场数据，实时更新受灾信息，通过召集相关专家团队，根据灾害信息研究救灾措施、派出救援团队，进而协助开展救灾工作。如以地震灾害为例，需要利用好地理信息公共服务平台，实现现代化地质数据采集和更新，并利用平台功能，实现可视化呈现区域地理信息。此时，应急业务工作关注于情报分析和合理决策两个方面。前者重视持续关注受灾地区的地质特点、建筑规划等多个方面的变化，根据上述信息，开展情报分析工作。通过对受灾区域信息的情报分析，给出情报服务建议，例如：对地质情况情报分析，开展合适的救援工作，防止在地质松软的区域进行强行挖掘，造成对受灾人员的二次损伤。此外，情报分析还需要加强对信息技术的全面利用，借助信息化手段，提升情报分析的效率。在合理决策方面，不仅需要听取专家团队的合理建议，也需要根据情报分析的结果，制定合理的应急措施。在灾后重建阶段，由于应急业务工作对区域内受灾范围、受灾程度等恢复重建问题提出相关情报需求，因此需要掌握相关情报信息，对总体重建工作做出全面的评估；另外需要对本次突发事件的数据需要全面记录，并加入相关突发事件案例库中，从而更好地展开未来预防准备工作。相关情报工作内容示例见表 6-1。

表6-1 自然灾害事件情报工作内容示例

阶段	目标	情报需求内容
事前准备	制定应急预案	市政规划、建筑标准等设计信息 人口数量、物资储备等基础信息 逃生路线、避难场所等应急信息
事前准备	提供案例参考	自然灾害事件案例库 自然灾害事件知识库
事中处置	开展情报分析	现场实际的受灾情况 信息技术的全面应用
事中处置	做出合理决策	专家对于应急方案的建议 相关应急措施反馈信息
事后完善	受灾区域重建	受灾恢复重建情况 本次事件的全阶段数据

2）事故灾难事件

事故灾难事件是由人为疏忽或违反规定操作导致的突发事件，其突发性强、救援难度大且应急处置专业性强。例如，近年来，各种安全生产事故时有发生，如2018年四川宜宾"7·12"重大爆炸事故、2020年山西"10·15"泄漏中毒事故①、2021年贵州贵阳"6·12"化学品泄漏事故②等。在事故灾难事件的应急业务工作中，需要了解是何物质导致灾祸发生、灾祸发生的破坏强度、灾祸的波及范围等情景要素，以支持情报分析工作（杨峰和姚乐野，2019）。总之，事故灾难类事件依赖于对各类风险数据、安全大数据、生产大数据等的情报分析工作，从而掌握事件的总体态势，帮助决策者做出合理的应急决策，以精准实施最佳救灾手段。

一般而言，在事故灾难事件发生前，需要对建筑结构、周边环境等基础信息做好考察工作，并掌握区域内应急物资储备、应急场所规划等信息，建立起合适的应急预案。同时，利用好传感器、物联网等信息技术搭建的事故安全管理信息平台，实时监测区域内数据信息，与事故灾难事件案例库的信息进行对比，一旦发现异常，及时发出预警信号，减少事故灾难事件带来的人员伤亡。在事故灾难事件发生后，在事故本身和事故所处环境两个方面都有情报需求。在事故环境方面，由于应急救援人员开展救援工作时，需要根据事故环境的具体情况，制定相关救援路线和措施。因此，需要掌握事故灾难事件所处的设施或建筑物情况。若

---

① https://www.mem.gov.cn/fw/jsxx/202009/t20200930_366922.shtml.

② https://www.mem.gov.cn/fw/jsxx/202106/t20210630_390326.shtml.

事故发生在室外环境，则还需要关注附近水环境、土壤环境、生态环境和大气环境等情报。而在事故本身方面，应急业务工作的核心是控制致灾物质，但不同的物质对应有不同的救灾方式，若采取错误的救灾方式，很有可能会加重灾害造成的后果。同时，也需要关注事故致灾方式、致灾行为等要素，为选择合适的救灾途径提供足够的情报支撑。充分掌握事故灾难事件的相关情报，能更好地开展应急业务处置工作，从而选取最合适的救援方式，将人员伤亡、财产损失和环境污染降至最低。此外，在事故灾难事件发生后，还需要借助信息技术等手段，结合当前事故情况预测灾害的未来走势，做好针对的应急救援工作，减少救援人员的伤亡。在事故灾难事件处置完毕后，需要对本次事件的全阶段数据进行整理，并存入系统中，一方面，有利于发现监测预警系统的不足，从而更好地改善应急管理情报系统，做好未来的监测预警工作；另一方面，有利于对本次事件做出全面的评估，评价情报工作在整个应急管理全流程中的不足，从而完善应急预案、做好数据整理和情报治理，更好服务未来的应急管理工作。总之，掌握足够多的事故灾难情报并具备相关情报分析与服务能力，不仅能更好地开展应急救援工作，也能更好地保护救灾人员的人身安全，防止产生不必要的伤亡。相关情报工作内容示例见表6-2。

表6-2 事故灾难事件情报工作内容示例

阶段	目标	情报需求内容
事前准备	制定应急预案	周边环境、建筑标准等基础信息 应急物资、应急场所等应急信息
事前准备	发布异常预警	事故灾难事件案例库信息 区域内实时动态数据
事中处置	开展救援工作	致灾物质、致灾行为 救灾途径、事故环境 灾害未来走势的预测
事后完善	总结经验学习	监测预警系统中的不足 本次事件的全阶段数据

3) 公共卫生事件

公共卫生事件是由病毒或细菌影响的危害公共健康的一类事件。公共卫生事件涉及的人口多，影响范围广，因此公共卫生事件应急业务工作需要重视事前准备、事中处置、事后完善等不同阶段的情报信息工作（沈思等，2020；郭勇和张海涛，2020）。

在事前准备阶段，如需要对区域内人口分布情况、医疗物资储备情况、医疗机构数量等信息开展数据收集工作；运用好传染病监测系统，对区域内实时动态数据进行监测，及时发现区域内异常信息，做好突发事件处置准备；需要搜集突发公共卫生事件各类案例信息，构建出案例数据库，结合机器学习、语义分析等信息技术，提供有效的案例参考等。在事中处置阶段，一方面，针对本次公共卫生事件，通过大数据分析、情报分析等，寻找灾害发生的源头，寻求是何种病毒导致了突发事件的发生等。另一方面，要针对目前获取的病例信息等数据，预测公共卫生事件未来的走势，提前计划物资调配和医疗队伍支援。由于传染病等具有扩散、蔓延等特征，相关事中阶段大数据和情报分析的结果，需要为如何开展应急处置工作提供可靠的情报支撑，有利于做出合理的应急决策。在事后完善阶段，不仅需要对突发事件全阶段的数据进行整理，归档进入案例数据库中，为后续突发事件提供参考；也需要对本次突发事件中情报工作出现的问题进行总结，为未来应对突发公共卫生事件积累经验和知识。相关情报工作内容示例见表6-3。

表6-3 公共卫生事件情报工作内容示例

阶段	目标	情报需求内容
事前准备	制定应急预案	人口数量、物资储备等基础信息 医疗机构数量和分布情况
事前准备	做好处置准备	区域内实时动态数据 过往案例的数据信息
事中处置	做出合理决策	寻求致病物质 事件未来走势的预测
事后完善	总结经验学习	本次事件的全阶段数据 情报支持过程中出现的问题

4）社会安全事件

社会安全事件往往是由社会个体或群体主动引起，危害或可能危害社会安全，威胁或破坏社会和谐稳定的突发事件（夏一雪，2019）。随着信息化、网络化的高速发展，个人或群体不仅可能在线下开展袭击活动，造成人员伤亡、财产损失；也可能在网络中发表不实言论，或者控制社会舆论，危害社会安定；更可能控制生活必需品、粮食、能源等物价，造成社会恐慌，影响社会和谐发展。因此，社会安全事件根据所处事件的不同阶段，其情报工作的内容存在差异，情报需求也有些许不同。

在事前准备阶段，不仅需要掌握城市基本信息，例如人口数量、市政规划图等信息，寻求出区域内人口密集、人流量大的地区，对这类地区进行重点监测，做好风险预警，减少突发事件带来的恶劣影响；还需要掌握历史案例和历史数据信息，通过与当前数据的比对，开展风险监测工作。另外，还需要加强对互联网的动态数据进行实时监控，通过语义分析等手段，及时发现社会安全风险源，实施舆情预警和干预。而在事中处置阶段，情报工作的内容主要聚焦现场局势的情况，从实际信息出发，开展情报分析，掌握突发事件发生的原因、状况等。同时，结合警务人员等可调配资源信息，综合考虑，制定出针对性强的应急决策意见。另外，还需要关注非法活动参与者的相关人员信息、非法活动的周边建筑、市政环境等设计信息，根据此类信息展开情报分析工作，预测突发事件未来的发展趋势，从而提前部署相关人员，减少突发事件带来的经济损失、人员伤亡等。在事后完善阶段，情报工作主要聚焦于信息公开与情报总结工作，一方面，将事件真相及时取证，并进行信息公开，同时对网络舆论进行引导和控制，保障社会安定；另一方面，做好社会安全事件的情报总结工作，保存和更新事件全阶段数据，诊断和完善相关情报流程，为未来应急管理工作开展提供参考。相关情报工作内容示例见表6-4。

表6-4　社会安全事件情报工作内容示例

阶段	目标	情报需求内容
事前准备	预防监测预警	人口数量、市政规划等基础信息 历史案例数据信息 互联网监控动态数据
事中处置	制定合理决策	现场局势情况 警务人员等可调配资源情况
事中处置	未来走势预测	非法活动参与者 非法活动聚集地区
事后完善	区域持续监管	社会舆论现状 本次事件的全阶段数据

6.1.3.2　面向智慧应急业务创新的情报工程提出

随着突发事件呈现复杂性、交叉性等特征，传统应急业务工作模式已经无法快速有效地实施应急响应。在大数据、物联网等影响下，以资源整合、数据共享、协同作战等为典型特征的智慧应急思维被逐渐推广。我们认为，要积极利用智慧应急思维代替传统应急思维和方法，进而实现突发事件的实时化、全面化应对。智慧应急的应用，对情报信息工作提出了更高的要求，而情报工程的运用可以有效地满足复杂环境下的应急管理情报需求，从而更好地辅助智慧应急工作的开展。

在传统应急业务模式下，面对突发事件的发生，应急业务往往是按照既定的应急预案的设定开展。但在具体应急管理实践中，由于突发事件具有不确定性，因此突发事件的发展趋势有时会超出应急预案的设定范围，而现场应急人员并不能窥探突发事件的全貌，因此在开展应急工作时可能出现偏颇。同时，应急实践中的快速响应、协同联动等也存在效率不高、响应不足等问题。针对传统应急管理业务出现的种种问题，应急管理业务工作需要进行深化改革。智慧应急符合相关改革的需求，是未来应急管理的发展方向。智慧应急是近年来兴起的新理念，是一种多维度、智能化、复杂化的应急管理模式，主要是通过新一代信息技术的应用以及相关人文理念的贯彻来推动突发事件应对和处置的智慧化管理，它是应急业务创新的未来发展路径（李纲和李阳，2015）。在大数据时代，以数智赋能牵引而出的智慧应急对情报信息的收集、存储、利用等方面提出了新的要求。在数据信息收集方面，需要相关主体建立、管理和维护应急管理数据库，及时更新动态信息。一方面，数据库为应急业务提供了数据支撑，有利于合理制定风险预案；另一方面，数据库有助于应急状态下更快获得全面、及时、精准的数据信息，从而更好地提供全方位、多样化的情报信息服务。智慧应急的核心，是对收集到的数据开展有效的分析工作。在收集到相关数据后，需要对各类异构数据信息进行综合的分析和处理，判断当前突发事件的影响程度、当前突发事件的影响范围、应急救援物资调度情况、人口分布情况等信息。智慧应急在完成信息收集工作和数据分析工作后，最终的目的是开展应急处置工作，减少由灾害带来的经济损失和人员伤亡。因此，需要在数据信息的基础上开展智慧处置实践，如通过构建一体化应急管理信息平台，保障应急资源调配和应急处置救援工作的顺利开展（姚建义等，2021）。

在智慧应急的智慧感知、智慧分析、智慧处置等阶段中引入情报工程服务，通过情报工程在"数据资源"、"工具方法"及"专家智慧"三个要素的强作用逻辑，可以更好满足智慧应急业务工作的情报需求，辅助智慧应急工作顺利开展（李阳，2019b）。例如，在智慧感知方面，情报工程以"数据资源"为基础，通过对区域基础信息以及对地质、气象、生产等各类传感器的持续性收集，掌握多元的数据资源信息，提前感知异常信息，实现突发事件的预测和预防；其次，在智慧分析方面，情报工程注重"工具方法"的使用，利用大数据、物联网、人工智能等新一代信息技术，为应急管理的数据分析提供了强有力的工具。大数据技术有利于从蛛丝马迹中感知出潜在的风险，从而提前预报预警信号；物联网技术有利于实现区域内监控信息的互联互通，从而掌握海量的数据资源，一旦有异常可以做出及时的预报；人工智能技术有利于建设"天–地–人"三网协同工程，并对情报推理、智能决策、发展预测、科学评估等方面做出贡献。最后，在智慧处置方面，情报工程重视"专家智慧"，将专家尤其是情报专家的经验、智慧融入应急处置方面，提高决策的科学性。同时，积极开发运用专家智慧，还可以为监控感知、数据分析、工具方法的使用等提供指导，有效提高情报的利用率和转化率。总之，通过运用情报工程的思想，可以有效地支持智慧应急业务的不断创新，也就是说，打造面向智慧应急业务创新的情报工程服务，具有极强的现实意义和实践意义。

6.2 战"疫"中的应急业务信息工作及启示

在新冠肺炎疫情防控中，应急业务信息工作围绕数据资源收集、数据共享平台、信息技术应用、专家智慧参考等方面开展，本部分介绍战"疫"中的应急业务信息工作，并基于相关实践总结情报服务尤其是情报工程方面的若干启示。

6.2.1 战"疫"中的应急业务信息工作

6.2.1.1 数据资源管理

1）数据收集网格化

数据收集网格化意味着将城市按照社区、街道等方式进行划分，各区域形成网格单元，实行网格化管理（罗航和杨卓昇，2020）。同时，建立起网格化片区数据库，将网格单元内的数据进行收集整理并上传，定期汇总上报至上级数据库。疫情期间有很多类似的案例实践，例如，在南京市江北新区沿江街道，施行小区封闭式管理，社区办理"通行证"控制居民出入①。若有社区居民需要防控隔离的，由社区工作人员进行日常体温测量，并及时上传隔离人员的相关情况与数据。此外，网格化也可以按照组织形式进行区分，各机关单位、学校也组织日常健康打卡等形式收集相关数据，并建立数据库等。

2）数据共享形式多样化

政府作为社会管理的主体，掌握的数据资源相对较多。在疫情期间，政府不同部门之间、不同政府层级之间、政府与企业之间建立起了良好的数据共享机制（周林兴等，2020）。例如，在政府不同部门方面，医院确诊病例后，将患者相关数据上报至上级卫生管理机构，上级管理机构将数据信息与公安机构进行共享，共同排查密切接触者信息，从而开展人员隔离工作，如有公共交通工具乘坐史的，还将与交通部门合作，共同开展疫情防治工作。在不同政府层级方面，深圳市曾向江西省大余县共享确诊病例的相关数据信息，助力大余县的确诊病例排查和病例数据的及时公开，推动新冠肺炎疫情防控工作的顺利进行。在政府与企业

---

① http://njna.nanjing.gov.cn/jd/yjjd/jddt/202002/t20200207_1787782.html.

方面，京津冀卫健委、重庆发改委等部门，与阿里合作，构建出"数字防疫系统"①；美亚柏科帮助北京、云南、广东等省份，构建起城市公共安全管理平台，将疫情期间病例的交通、住宿、接触人员数据信息进行上传，为疫情防控工作提供数据支撑②。此外，政府也将数据与科研机构进行共享，为新冠疫苗研发工作提供数据支持，助力疫苗研究工作的平稳运行等③。

3）信息公开与数据开放

自 2019 年 12 月新型冠状病毒肺炎疫情暴发以来，我国政府着力加快疫情信息的及时公开和数据开放（刘瑾，2020）。信息公开和数据开放二者之间，形式相近、内容相关，但二者并非简单的升级替代关系，而是兼容并存，共同形成了一种二元并立的开放体制（王万华，2020）。总体来看，数据开放可以理解为大数据、数字政府等新环境下的"信息公开"升级版，在细粒度、服务社会、价值挖掘等方面都有明显更高的要求。在战"疫"中，疫情信息的及时公开，有利于各级政府、企事业单位、社会组织等积极参与疫情防控，进一步落实精准防控；有利于缓解社会恐慌情绪，让公众掌握疫情现状，从而做好自身防护工作。疫情数据的及时开放，有利于科研人员基于数据进行分析，支持疫情管理和决策制定；有利于加强政府与公众之间的互动，提升国家公信力；有利于利用数据提供增值服务，进而提高数据本身的价值。

疫情防控期间，政府信息公开主要借助于政府部门官网。例如中央人民政府网站，推出新冠肺炎疫情防控服务专区，发布最新政策、防控指南等信息（图6-1）；国家卫生健康委员会网站，每日会进行新冠肺炎疫情现状通报，包括每日新增确诊案例、累计确诊案例等最新疫情数据信息（图6-2）。而在数据开放方面，各地区搭建相关数据开放网等模块，如图6-3、图6-4所示，四川省、浙江省、山东省等在疫情防控战期间均上线了政府数据开放平台，及时公布区域内疫情信息情况。与政府部门官网的信息公开不同，各省市数据开放平台更关注于基础的数据开放，例如区域内新冠检测机构、病例流动路线、医疗救治机构等信息，是公民获取疫情数据的重要来源。通过各类新冠肺炎疫情数据开放平台，对政府部门的防疫工作起到了明显的推动作用。具体表现为，新增病例情况将影响当地卫生管理部门，开展有关医疗资源的调配工作，合理配置地区资源；疑似病例情况将影响基层卫生部门，对区域内人员进行监测工作，传递相关数据信息；其他有关机构组织也可以通过数据平台，实时了解辖区范围内疫情信息，基于公开数据信息，开展预测工作，提前制定应急方案等。

---

① https://www.afzhan.com/news/detail/80244.html.

② http://www.sasac.gov.cn/n2588020/n2877938/n2879597/n2879599/c13746709/content.html.

③ http://www.gov.cn/xinwen/2020-06/15/content_5519446.htm.

图 6-1　全国新冠肺炎疫情防控服务专区

图 6-2　国家卫生健康委员会信息公开专区

图 6-3　四川省新冠肺炎疫情数据开放平台

图6-4　浙江省新冠肺炎疫情数据开放平台

6.2.1.2　信息技术应用

1）大数据监测与情报分析

中央领导层鼓励充分发挥大数据技术对本次疫情防控的支持作用，不仅保障公共卫生事件中的监测预警工作，也为医疗救治工作以及物资调配工作的精准实施，提供了信息资源保障服务①。实践中，大数据技术在疫情防控过程中得到了充分应用，一方面，大数据技术可以追踪公民感染情况，根据筛选关键词，建立相关计算模型，提前预测感染走势情况，如中国联通建立的"区域人口流动"大数据分析模型，通过电信大数据，分析人口流动情况，提前发出风险预报（李传军，2020）；另一方面，大数据技术可以追踪互联网信息，实时监控物资流动情况，如厦门市利用网络交易大数据监管平台，对各类医疗物资进行动态感知和检测，及时调配相关医疗物资②。在疫情防控过程中，合理运用大数据技术，发挥出大数据响应速度快和数据量大的优势，提供相对快速且精准的信息，能有效为应急管理监测预警和情报分析工作提供支持。

2）人工智能数据处理

人工智能可以挖掘和处理大量非结构化的数据，因此有能力在突发事件应急管理过程中发挥作用（周慎等，2020）。如针对疫情防控相关数据信息处理，人工智能可以实现内容生成、语言翻译、数据分析等信息功能，实现多语种一图化疫情信息汇报；网络信息的识别可以运用人工智能手段，将虚假信息和真实预警进行良好的区分。实践中，滴滴通过车载录像，运用计算机视觉技术的辅助，判断司机及乘客是否佩戴口罩；武汉大学人民医院运用确诊病例进行机器学习，有

---

① https://www.ccps.gov.cn/xtt/202002/t20200214_138040.shtml.

② https://baijiahao.baidu.com/s? id=1659022370003134255&wfr=spider&for=pc.

效提高诊断准确率（Chen et al.，2020）；清华大学运用人工智能技术，成功开发了疾病问答式估测软件，实现跨区域调动医疗资源。此外，人工智能技术在疫苗研制方面也提供了一定的支持作用，通过深度学习、特征学习、表征抽取等方式，提高了研究人员对化合物筛选、临床实验试剂、病理检验等方面的效率（赵建新，2020）。

6.2.1.3 专家智慧辅助

1）工业和信息化部专家支持

在疫情攻坚战中，需要运用电信大数据分析，统计人员流动情报，以实现疫情防控政策的精准落实。因此，工业和信息化部成立了疫情防控领导小组，统筹协调领域内相关工作。同时，成立疫情防控电信大数据分析专家组，并邀请两院院士担任专家顾问，实时协商沟通，助力疫情防控大数据分析[1]。疫情防控电信大数据分析专家组工作中，一方面专家组对如何利用我国 16 亿手机用户的电信大数据，开展跨网分析工作，提出了相关建议意见；另一方面专家指出，在信息公开过程中，需要做好数据脱敏处理，保护具体用户的电信隐私。此外，工业和信息化部针对大数据统筹工作，组织院士团队及三大运营商，一同研究电信大数据分析模型、跨网联通系统、数据联动分析系统、数据联防联控支撑机制等问题，持续提升疫情防控过程中的科学性，为应急管理决策提供科学的参考建议。

2）公安研判专家团队

在抗击新冠肺炎疫情的过程中，浙江省公安厅情报指挥中心的"东方剑"情报信息团队，连续多月持续开展情报分析工作。作为情报指挥中心的研判专家团队，运用公安大数据的优势，坚守岗位，发挥智慧，为全省疫情防控工作作出了巨大贡献[2]。石家庄市的"疫情大数据专班"，将公安情报和大数据信息有机结合，充分发挥公安情报人员的研判智慧，最终判断出石家庄疫情病毒的来源，从而精确指挥辖区内其他民警"人""物"同查、双向推进，追查病毒传播的路径，为辖区内精准防控做出贡献[3]。

3）国家图书馆专家服务

在新型冠状病毒肺炎疫情暴发后，在保障疫情防控到位的前提下，国家图书馆组建了专家团队，为新冠肺炎疫情控制工作提供信息知识服务和文化保障（魏大威等，2020）。此次新冠肺炎疫情发生后，由于时间紧张，且国家整体形势严

---

[1] http://dsj. guizhou. gov. cn/xwzx/gnyw/202002/t20200217_49670661. html.

[2] https://www. thepaper. cn/newsDetail_forward_10746453.

[3] https://www. 163. com/dy/article/GDJB80Q20550FRAZ. html.

峻，决策者需要做出科学性决策。因此，国家图书馆根据政府需求，构建了信息收集专家团队，及时、全面地搜集相关历史资料、预备知识库、事件发展动态、科研更新动态等信息，形成相关综述和报告，为决策者的决策提供案例支撑。同时，国家图书馆专家团队也开展了文献、网络资源数据、现场数据的整理和梳理工作，通过相关数据分析工作为国家疫情防控决策提供科学保障。另外，相关数据信息记录工作的顺利开展，可为后人提供经验教训，提高未来应急治理能力。在疫情防控背景下，国家图书馆相关专家团队强化图书馆应急服务意识，组织相关专家学者进行探索和交流，充分发挥图书馆领域专家对于突发事件的支持作用。

6.2.1.4 情报信息工作的整体应用

1）上海市"一网统管"治理体系

"一网统管"指的是将城市日常运行管理和突发事件应急处置相结合的城市管理系统，通过对海量数据的收集、整理、组织、分析和应用，实现城市"一屏观天下，一网管全城"的治理目标（董幼鸿和叶岚，2020）。上海市"一网统管"以智慧城市运行平台为基础，构建风险采集数据库，打造风险数据池。风险数据池中，具体包括三大类、十七小类、五十一子类的数据信息，累计编制数据70余万条，通过对数据进行清洗、比对、入库，提高了信息的可靠度，并为疫情精准防控提供了数据保障。同时，风险数据库也注重信息共享和数据流通，实时更新变化数据，保障信息资源的新颖性和全面性。在构建数据库的基础上，充分发挥可视化技术优势，配合大屏实时动态呈现，确保智慧城市运行平台的合理运转，为后续决策提供参考价值。在疫情管理阶段，"一网统管"系统借助信息技术，根据数据库内容及信息的动态更新，构建了"疫情动态分析模型"，对各小区进行风险评估，根据不同风险实施不同的防控决策，实现对小区的精准管控，降低全市范围内疫情传播风险；"一网统管"系统注重情报分析，结合前期数据收集，快速排查输入市内的可疑人员、精准识别密切接触者、科学预测辖区内变化情况，全方位控制疫情形势恶化；"一网统管"系统利用大数据、人工智能等信息技术，结合预测信息，及时调度应急物资，提前做好疫情防控准备。此外，"一网统管"系统，也注重决策的科学性。面对不确定的传播风险，联通医疗卫生、公共管理等领域专家，参考专家提出的相关建议，推出合理的疫情管控政策，减少新冠肺炎疫情造成的不良影响，保障人民群众的生命健康。

2）浙江省"即兴治理"应急网络

浙江省的"即兴治理"应急网络强调，治理主体通过直觉、经验等主观判断，快速反应构建合作治理应急网络，利用一切资源，开展应急处置工作（朱丽燕等，2021）。首先，浙江省"即兴治理"应急网络注重决策和行为的同时性，通过借助数字技术，及时召开政府内部会议，传达最新决策指示。其次，在浙江省新冠肺炎疫情发生的初期，浙江省运用大数据分析的方式，预测了未来疫情发展的形势，初步掌控疫情的风险，推出了"一图一码一指数"的技术工具。运用该工具，一方面，动态地更新人员的流动情况，及时掌握相关数据信息，从而落实精准防控工作；另一方面，动态地呈现出区域内疫情的发展情况，有利于应急物资和医疗人员的调配支援。同时，"一图一码"取代了传统数据收集方式，加快了信息资源的收集速度，保障了数据的真实性和有效性。此外，浙江省的"即兴治理"应急网络还积极做好多元联通工作，完善数据共享体制。联通上级政府部门，做好汇报及传递工作；联通政府内各部门，完善信息共享及人员配合工作；联通专家团队，参考智库风险评估和专家建议做出科学决策工作；联通各基层组织做好网格化管理。总之，浙江省"即兴治理"应急网络，运用数字会议、"一图一码一指数"技术工具、多元数据共享等方式，提高了浙江省的疫情防控能力。

6.2.2 相关问题及对情报工程服务变革的若干启示

此次疫情防控过程中，尽管出现了很多优秀的应急业务信息工作典范，但也暴露出应急业务信息工作在数据资源管理、信息技术应用、专家智慧参考等方面的不足。本部分从情报工程角度出发，提出相关若干启示。

6.2.2.1 数据资源保障的若干启示

在突发事件发生后，数据收集、数据存储和数据共享工作，是开展后续应急业务工作的基石，也是情报工程服务建设的前提和基础。

由于我国地区之间经济发展的不平衡，因此部分基层地区信息化基础设施相对落后，数据信息收集速度慢、数据内容丢失概率高、数据内容上传不全面、数据信息更新不及时等现象时有发生。例如，疫情防控期间，四川省宜宾市高县，三人武汉旅居史更新滞后；河南省濮阳市清丰县，人员核查信息上报不全面等。此外，在疫情初期，我国尚未能做好妥善的数据管理和服务工作，从而在某些疫区造成了物资过饱和现象，产生了一定程度上的资源浪费。例如，疫情暴发期间大量医疗物资等涌入武汉，由于相关主体缺乏有效的信息化手段，因此出现物资分配不合理的情况（杜丽敬等，2020）。在数据共享方面，由于我国各级政府、政府各部门、各社会组织，大多采用各自独立的信息系统，致使各信息系统之间存在信息壁垒，数据共享的通道尚未打开，同时由于没有相关法律政策的约束，且部门间存在利害关系，因此共享难度相对较大（曹振祥等，2020）。

从情报工程建设的角度来看，针对突发事件的数据收集工作，需要及时更新基层地区信息化基础设施，网格化收集基层的各类信息，推动各类型、各层级应急数据信息汇聚；针对突发事件的数据整理工作，需要建立标准化的数据格式、构建数据资源管理系统，动态管理应急数据，提升数据资源的时效性；针对突发事件的数据共享工作，需要健全数据信息共享法律法规、制定数据信息共享标准、打造融合数据库，凸显应急管理数据资源的统筹融合，形成大数据资源池，全方位支持后续应急处置工作。也就是说，从情报工程服务建设角度强化相关数据资源保障，能为后续应急管理业务工作的开展提供坚实的底层数据支持。

6.2.2.2 信息技术支持的若干启示

信息技术支持是情报工程服务的核心环节，其在数据资源保障的基础上，通过运用信息技术开发各类工具方法，加强对应急情报的分析，提升情报资源的利用效率，提高整体应急处置能力。

在本次新冠肺炎疫情防控的过程中，虽然政府近年来大力提倡新兴数字技术的研发和应用，但在实际运用过程中还存在一些问题（李阳等，2020）。比如，在新兴技术应用支持方面，面向风险管控的疫情大数据分析的准度仍然有待提高；人工智能和大数据算法的融合在监测系统上的关注度不够，导致相关预警工作存在不足；过去研发的谣言算法模型、智能技术支持没能得到有效的利用，网络谣言治理仍然有待完善。在信息技术整合方面，由于情报体量和情报质量上的不足，因此类似"数据一图化"呈现的想法仅能在一些沿海发达城市实现等。

情报工程思维就是要对各类信息技术进行集成化打造，强化新技术的赋能作用。从疫情实践和情报工程角度来看，需要强化新一代信息技术在应急管理中的应用，并从实用角度扩大技术驱动的操作空间、推进新兴技术的集成性服务，解决过往单一技术分析不足、组合技术分析力度不够等问题。总体来看，打造情报工程服务就需要立足技术集成化、自动化等思维，整合大数据、人工智能、云计算等一系列新兴信息技术，并将其合理嵌入运用到应急情报分析工作当中，构建一个具有集成化功能的应急管理情报平台，为应急决策提供情报服务。

6.2.2.3 专家智慧辅助的若干启示

在情报工程服务中，每个环节都离不开专家智慧的辅助。在数据资源保障和信息技术支持的基础上，需要将专家智慧融入应急管理的过程中，助力应急情报分析，辅助应急决策制定，提高整体应急管理过程的科学性。

应急情报对应急管理业务工作起到了重要的支撑作用，而专家智慧往往能更好地发挥应急情报的作用。在疫情防控阶段，政府和公众都比往常任何时刻都更相信专家建议，专家的建议意见对如何科学防控新冠肺炎疫情提供了可靠的智慧保障，总体上对疫情防控的意义重大①。但在疫情防控过程中，应急情报涉及的业务范围十分广阔，情报内容涵盖医疗、交通、通信、科研、舆情等方面，仅有单一方面的专家无法满足疫情多元情报分析需求。此外，在专家辅助决策中，专家团队由于是临时组建，即很多都是直到疫情发生后才搭建完成，并且缺乏专业的情报分析和研判人员，对信息的处理能力相对较弱，而当时疫情造成的影响范围正在逐渐扩大，影响程度也在逐渐加深，因此"临机组建"模式存在一定缺陷。

从疫情实践和情报工程的思想出发，目前的专家智慧辅助需要从两个方面进行提升：其一是专家团队的储备。从应急管理事件本身出发，需要召集多学科、多领域的专家学者，共同开发应急情报，增强总体性的情报分析能力，提升应急队伍对于情报的利用率，运用专家智慧对突发事件进行研究和判断。同时，搭建长久的专家智库，定期组织情报分析工作，针对突发事件的早期风险信号及时开展相关工作，控制突发事件带来的影响；其二是专家团队建议的利用。需要对不同方向的专家团队意见进行智慧融合，并对突发事件不同决策情况下的专家建议进行评估，如充分尊重和协调多方向专家的决策建议，同时开展基于相关专家意见的仿真模拟工作，实现对应急决策的精准化和科学化推荐。

6.2.2.4 对整体性情报工程服务开展的若干启示

基于疫情相关实践，我们认为，在情报工程视角下，数据资源保障、信息技术支持、专家智慧辅助等需要共同形成一个整体的运作逻辑，并从工程化情报服务视角支持应急管理实践，这也是提升应急管理现代化能力的重要途径。

为了串联起相关服务环节并从情报视角进行有效干预，在整体情报工程服务当中，需要构建起综合性的应急管理情报平台。该平台集数据资源库、运算模型、视频连线、协调指挥等为一体，具备事件监测识别、事件情报分析、应急响应处理、应急工作评估等功能。构建综合性应急管理情报平台，首先，需要在"数据采集"上下功夫。不论突发事件处于事前、事中还是事后阶段，数据采集工作一直是应急业务工作开展的基础。信息化时代，数据采集不仅需要利用物联网、传感网等技术，对相关区域开展常态化数据采集和监测预警工作，并构建相关区域各类型数据库；也需要利用可视化、地理信息系统等信息技术，构建出"一图化"信息显示，实现对数据的指挥管理。其次，综合应急管理情报平台，

---

① https://www.shupl.edu.cn/2020/0317/c1170a75603/page.htm.

需要关注"情报处理"模块。一方面,情报处理需要将收集的数据进行模块化处理,借助专家智慧,筛选出对本次突发事件有用的信息;另一方面,情报处理通过运用大数据、云计算等信息技术,对各类数据进行分析,从数据中分析出可用的情报,为应急决策提供重要参考。最后,综合应急管理情报平台也需要注重"情报利用"。借助专家的智慧,对情报能不能用、情报如何用等方面做出科学的评价。由于在应急环境下,每一步决策都十分重要,因此更需要采用情报工程的思想,采取标准化、自动化等方式,一方面评估情报,提升应急情报的可靠性和有效性;另一方面评估专家智慧,使专家建议能和应急实践紧密结合。综合应急管理情报平台的建设,有利于实现相关区域中各类数据、用于数据分析的各类工具方法、参与分析的专家三要素协同工作,更有效推动整体性应急管理情报工程服务落地实施。

6.3　智慧应急业务创新情报工程的主要内容

基于新冠肺炎疫情防控中应急业务信息工作的启示,我们认为,智慧应急业务创新情报工程的建构能够发挥极大的作用和效用。在工程化视角下,各机构层级和各流程阶段的智慧应急业务创新情报信息工作的侧重点有所不同。因此,下文将分别基于机构视角和基于流程视角对智慧应急业务创新情报工程的主要内容进行简要介绍。

6.3.1　基于机构视角的情报工程主要内容

从应急管理机构的角度,根据管理层次的不同,将应急管理机构分成顶层、中层和基层,不同层次的应急管理活动对应的情报工程建设侧重点也有所不同。下文将按照层级结构,展开说明相关情报工程建设的主要内容。

6.3.1.1　顶层机构

顶层机构一般是指统筹应急管理工作的相关部门,如以市级及以上政府为代表的顶层应急协调机构。顶层机构一般需要加强整体信息化建设和情报工程规划,提升管辖范围内的数据协同治理能力和情报服务保障能力。具体来说,从规划角度看,顶层机构需要做好各类突发事件应对的总体情报规划,做好区域内各类应急数据的摸底摸查工作,做到数据和情报源的"心中有数"。同时,进一步明确和刻画应急业务数据需求和情报需求,制定出综合性的公共数据管理办法以及应急状态下的数据获取与数据交互方案、情报采集标准、数据权益保护法规、数据安全标准等。同时，顶层机构也需要运用大数据、可视化、人工智能等信息技术手段，搭建出应急管理一体化信息平台和数据平台，提升跨领域、跨机构的信息共享和数据交互能力，加强政府部门以及社会面等的协同治理等。

6.3.1.2　中层机构

中层机构主要是指管辖具体突发事件的各个业务部门，作为顶层机构和基层机构的中间人，需要做好相关协调和内部统筹工作。从情报工程的角度看，中层机构需要对顶层机构提出的情报规划和情报任务进行进一步分解，根据自身所负责突发事件的特点，明确自身以及下属基层机构的具体情报任务和情报工作内容，部署相关情报任务目标。例如，做好顶层机构规定的情报规划落实工作，制定行业内数据标准和规范，对各类基层机构上传的数据进行标准化管理，不仅有助于将数据信息进行统一汇总，也有助于减少数据质量方面的问题。中层机构在掌握相关应急数据信息资源的基础上，可以运用大数据、机器学习、云计算等信息技术，搭建内部数据信息平台，通过对接顶层机构和基层机构，开展标准化的情报信息服务。同时，中层机构还需要对情报能力不足的基层机构进行资金、人员等方面的指导和支持，保障基层机构工程化情报服务的开展。

6.3.1.3　基层机构

基层机构主要是指具体的应急业务行动单位，并关联到很多具体的业务工作人员。在基层机构中，主要从数据治理、专项数据分析、数据与行动连接等方面入手。在数据治理方面，不仅需要针对中层机构安排的具体数据治理内容开展相关工作，也需要加强细节化业务数据的模块化管理，将基层机构管理的具体辖区分割为网络，保障网格内部的数据资源的动态更新。同时，基层机构也需要构建各类专项数据库，加强对数据资源的分类治理，实现数据资源精细化管理。在专项数据分析方面，根据已经掌握的数据资源情况，通过开发专用数据分析和情报分析技术、工具与方法，支持特定任务场景的情报分析工作。另外，由于基层机构往往是具体应急行动的执行者，因此，需要积极推动数据与行动的连接，如打造专门化的数据与行动融合工具，为应急业务人员匹配智能终端，从操作化角度指导具体的应急业务与行动实践等。

综上所述，从应急管理机构角度看，智慧应急业务创新情报工程的核心工作内容主要是战略情报规划、数据资源保障、数据处理与分析等，不同机构的情报工程建设以及服务开展的重点存在差异，不同机构要根据自身的定位以及资源基础综合把控情报工程项目与实践，并形成协同化的情报作战模式。

6.3.2 基于流程视角的情报工程主要内容

从应急管理的流程来看，在预防准备、监测预警、应急处置、恢复重建等各个阶段，智慧应急业务创新情报工程的关键点和侧重点也会有所不同。下文将具体阐述各阶段情报工程的主要内容。

6.3.2.1 预防准备

在突发事件尚未发生的阶段，智慧应急业务工作需要对计划制定、通信保障、应急资源储备做好辅助工作。从情报工程出发，需要贯彻"预防为主"的方针政策，提前为各级机构配置信息化设备，建设相关信息系统，提高可视化程度，加强全域的信息化协同能力，构建标准化数据存储和上传格式，完善相关的前期准备工作。在预防准备阶段，也需要参考相关案例，借助专家智慧，制定不同情况下的应急预案，构建各类突发事件知识库，加强各地区的应急情报准备工作。总而言之，该阶段的情报输入，包括业务数据、案例数据、专家建议等数据储备，重视数据资源的广泛性；该阶段的情报输出，以信息系统、应急预案、专题数据库等为主，重视应急管理事前的情报准备，防范应急状态下的情报缺失现象（苏新宁和蒋勋，2020）。

6.3.2.2 监测预警

此阶段虽也处于突发事件尚未发生阶段，但与预防准备阶段有所不同，本阶段的侧重点主要在于监控监测、风险评估、预警响应方向。对于减少人员伤亡和财产损失，监测和预警可以起到关键作用，即在突发事件暴发前就发送异常预警信息，提前做好疏散和安置工作。政府各部门需要对各个社会组织及企事业单位进行实时监测和监控，通过大数据技术全面监测相关数据信息，从细节化角度对各种可能对公众生命和财产安全产生威胁的风险因子进行情报分析和评估，若发现有异常情况，结合之前突发事件发生的特点和规律，召集专家进行科学判断，及时发布预警信号和信息。在收到相关预警报告后，相关主体需要将数据进行整合或可视化呈现，做出全面的分析和科学的判断，并向平行单位或更上层有关部门进行报告。总之，本阶段的情报输入，以各类传感数据信息、各部门汇总数据信息为主，强调模块化信息收集、协同化数据监测；本阶段的情报输出，主要聚焦于危机预警信号、未来风险评估等预测信息。

6.3.2.3 应急处置

此阶段是整个突发事件应急管理流程中最紧急的阶段，在应对与处置阶段，需要及时开展情报分析工作，并做好决策制定和传递落实工作，防范突发事件进一步恶化。在情报分析过程中，首先，需要重视突发事件的数据收集，关注数据的时效性和准确性，确保后续的情报分析工作建立在准确、实时的数据基础上。其次，需要利用多种信息化技术和情报处理技术，对现有数据信息进行整理和分析，提取出有用的情报。再次，召集各类情报专家，关注如何更好地分析数据从而获得情报、情报如何更好地使用、如何根据情报施行应急措施等问题。最后，结合获取情报和专家建议，及时做出合理的应急决策并实现上下级传递。在此阶段，情报输入主要聚焦于事件状况信息、业务基本数据、应急物资储备信息等与影响决策的信息；情报输出则主要以态势感知情报、决策方案情报等为主。

6.3.2.4 恢复重建

在本阶段，突发事件已经步入了"收尾"阶段，此时，智慧应急业务聚焦于预防后期可能发生的衍生灾害以及灾后重建的指导工作等，以将受损影响降至最低。在恢复重建阶段，情报工程的开展需要重视相关恢复重建工作的情报指导工作以及整个情报服务的总结与更新工作。一方面，针对应急恢复重建工作，利用数据集成以及大数据等技术继续监视突发事件态势发展情况，防止二次灾害或衍生灾害的发生，同时有效支持相关灾后安置等恢复重建工作的开展。另一方面，对这个应急过程中的情报信息工作进行评估和总结，发现不足之处并积极改进；同时对相关业务数据资源进行更新，建构相关经验数据库和知识库，为下一次可能的危机做好情报准备，进而形成完整的情报生态。总而言之，本阶段的情报输入包括突发事件全流程的数据信息、突发事件的危害信息等；本阶段的情报输出包括突发事件的处置总结报告、更新的应急数据资源等对未来有帮助的情报信息。

6.4 智慧城市应急管理业务创新情报工程体系构建

随着大数据时代的到来，智慧城市建设逐渐成为城市发展的潮流，智慧应急也依托于智慧城市的建设应运而生。智慧城市利用新一代信息技术，高效地将城市运行相关数据进行统一整合，为智慧应急业务创新工作提供了良好的试验基石。因此利用智慧城市在体制机制、数据信息等方面的基础和优势，可以构建一个智慧城市视角下的应急管理业务创新情报工程，有效推动相关示范应用（李阳和李纲，2016b）。

6.4.1 智慧城市引领的智慧应急业务创新

在智慧城市的建设过程中，信息化和智能化高速发展，为智慧应急业务提供了良好的试验环境。同时，智慧城市的应急业务建立在情报驱动的基础上，通过运用多种信息技术，能有效地推动智慧应急业务的创新。

6.4.1.1 智慧城市的内涵与定位

智慧城市指的是利用新一代信息技术驱动的新型城市形态或城市模式（刘晓云，2013）。在智慧城市的建设过程中，运用例如云计算、物联网等新一代信息技术，不仅提高了城市治理的智能化、自动化，也提高了城市治理过程中的人本主义。智慧城市的建设，一方面提升了城市部件智能化、城市资源数字化，加强了对于城市数据的掌控力，实现"智"的建设；另一方面提升了社会服务人性化、人文资源传承化，塑造人文型智慧城市，实现"慧"的建设（陆小敏等，2014）。另外，智慧城市的基础建设也推动了智慧应急的建设，由于智慧城市中运用的信息技术，恰好符合智慧应急建设的需要，因此智慧城市可以为智慧应急工作提供基础支撑。

6.4.1.2 智慧城市与智慧应急业务创新

如上文，智慧应急是近年来兴起的新理念，广义上的智慧应急理解涉及不同层面的应急管理创新，如国家智慧应急、区域智慧应急、城市智慧应急、乡村智慧应急等。而狭义上的理解主要反映的是智慧城市背景下的应急管理，这种观点主要依托智慧城市的思想和基础设施来开展应急管理工作，推动应急业务创新。由于智慧城市的建设，一切人、物、环境等都以数字化形式表示，这有利于智能化、全方位获取城市数据信息；同时，智慧城市的建设，提供了诸如物联网、云计算等信息技术，这有利于为智慧应急提供技术支撑；此外，智慧城市的建设，也将人文理念融入城市应急管理体系当中，这有利于为智慧应急赋予人文主义，更好实现应急人文关怀。因此，借助智慧城市，政府可以快速采取应急措施，提高城市内应急响应能力，提升城市应急资源调配速度，构建起完善的应急响应体系，而智慧应急在智慧城市背景下也将得以更好实现与推广。总之，智慧城市建设是引领智慧应急业务创新的关键。

6.4.1.3 情报驱动的智慧城市应急管理

在智慧城市背景下，大数据情报可被视为处理城市突发事件的关键，情报驱动的智慧城市应急管理成为智慧应急业务创新的重要支持路径。在实践中，情报驱动与智慧应急密切关联，以智慧南京城市建设为例，从情报信息视角出发，相关智慧应急工作涉及以下几个方面：第一，注重多平台数据收集。在智慧城市应急管理处置过程中，不同类型或者相同类型不同层级的应急管理主体之间，其信息需求有所差异。因此，需要掌握尽可能全面及时的信息资源，不仅包括传统气象、地质等监测信息，也涵盖新型物联网、传感器等监控信息。例如，在政务网络方面，南京市建立起 116 个市直部门和 11 个区的基础网络平台建设，推动政务互联网和城市物联网的建设①；在交通建设方面，南京市建立起全市交通信息采集与共享平台，积极推进城市交通智慧化、网络化；在基层建设方面，南京市开发全市街道社区信息综合平台，进一步推动基层数据获取能力。第二，注重大数据资源整合共享。由于一个城市的应急管理主体具有多元化的特征，且各主体之间数据信息连通性较弱，因此会出现数据重复、数据矛盾、数据空白等现象。由此，需要建设起一个完善的数据交换整合系统，将多个主体之间的数据协同共享，加强大数据资源整合，从而能更有效地开展数据分析工作。南京市建设起统一的城市信息中心"智慧南京中心"，整合 20 余个行政管理部门和生产企业，全面感知城市动态信息，实现突发事件联动指挥（郭烨等，2016）。在"智慧南京中心"中，通过将城市各类历史性数据和实时性数据交换比对，运用语义分析、人工智能等信息技术，在系统中分析结构化、半结构化的数据资源，形成具有决策价值的应急情报，并在信息化系统中与各机构共享。中心利用大数据推动应急业务综合监测，利用数据共享推动应急业务协同化治理，利用情报推动区域应急管理。第三，重视专家指导。专家指导可以向决策机构提供专业知识帮助，减少应急决策失误的概率。南京市近年来构建了"181 信息化平台"，借助信息化的手段，让专家资源更好地辅助应急决策制定。专家团队可以通过研判分析，更好地利用情报资源做出相应的应急决策参考，提高应急决策的科学性和专业性。例如，通过南京应急直播平台，可以实现专家手机端实时直播，开展多专家"同框会议"，从专业角度为应急指挥决策提出科学意见，减少专家无法亲临现场造成的影响。南京市应急管理局也运用"181 信息化平台"，采取专家入驻指导的方式，精准提出企业整改措施，帮助应急管理部门做好突发事件的前期准备工作②等。

总体上来说，智慧城市的应急管理业务创新离不开情报信息的支持，只有重视相关数据资源、工具方法、专家智慧等，充分发挥情报驱动的潜力和价值，才

---

① http://xl. nanjing. gov. cn/njsxldxcglwyh/201810/t20181023_616186. html.
② http://safety. nanjing. gov. cn/njsaqscjdglj/202012/t20201210_2749307. html.

能更好实现智慧城市层面的智慧应急，这也是当前数智赋能时代应急管理创新的必然发展趋势。

6.4.2 智慧城市应急管理业务创新情报工程体系框架

城市突发事件往往更容易造成社会危机，随着超大城市建设、"大城市病"等的到来，智慧城市应急管理面临更加复杂的情境，业务层面对于情报信息的需求也越来越高。基于上述分析，我们提出利用情报工程思维打造一体化的智慧城市应急管理。通过搭建智慧城市应急管理业务创新情报工程体系框架，从数据资源、工具方法、专家智慧以及系统综合应用方面，提升城市应急管理能力。

6.4.2.1 智慧城市应急管理业务创新情报工程体系框架的提出

智慧城市应急管理业务创新情报工程体系的提出，将有利于辅助城市应急管理业务的开展，通过打通应急系统内的信息和数据，进一步推动应急管理的资源精准调配、协同联动与智能响应。智慧城市应急管理业务创新情报工程体系，以情报工程思维为导向，以数据资源、工具方法、专家智慧三者为核心，搭建一个全方位、综合性、立体化的情报系统总体框架，为城市应对突发事件提供"信息导航"和"决策支持"（唐珺珺，2007）。相关框架见图6-5。

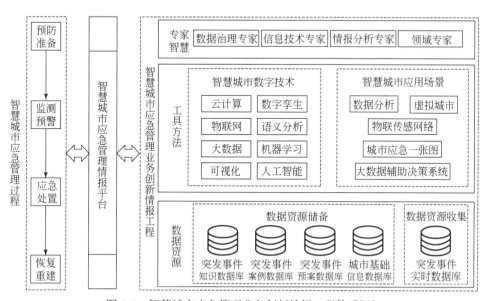

图 6-5 智慧城市应急管理业务创新情报工程体系框架

应急管理业务的创新，以应急管理过程为基础，分为原有业务数字化以及数字业务创新两个方面。前者主要重视提升传统应急业务信息化水平，例如用数字化信息收集替代传统纸质收集，从而让传统应急业务更好地贴近数字时代的要求。后者则更重视提出新业务功能，例如城市可视化地图等，运用新技术弥补传统应急管理业务的空白。智慧城市是指城市化的高级阶段，信息技术的综合运用是智慧城市的建设基础，物联网、云计算等是智慧城市技术特征的典型表现，智慧城市总体上是一系列系统的高度集成（郭骅，2017）。在此逻辑下，智慧城市应急管理业务创新体系是以智慧城市应急管理过程为核心，以智慧城市应急管理情报平台为载体的运转系统。从情报工程的角度出发，智慧城市应急管理业务创新体系框架分为数据资源、工具方法、专家智慧三个层面，以智慧化形式嵌入智慧城市应急管理过程。其中数据资源是开展智慧城市应急管理业务工作的保障，工具方法的高效应用对智慧城市应急管理业务的效率具有积极影响，专家智慧的参考有助于提高智慧城市应急管理业务的科学性等。

6.4.2.2 数据资源层面

在现代环境下，数据信息是智慧城市运营发展的基础，通过运用各类数据，为城市各应用系统提供支撑，从而实现城市智慧化建设。因此，智慧城市的应急管理业务工作也应该重视数据资源，其主要分为数据资源储备和数据资源收集两个方面。在数据资源储备方面，应急机构在常态化状况下的数据资源储备水平，将极大地影响城市"应急"状况下的调用、使用和运用能力。因此，智慧城市需要在日常情况下，建设起城市应急管理所需的各类数据库，包括但不限于案例数据库、预案数据库以及专家智慧支撑的知识数据库等。此外，在智慧城市中的各类基础信息，例如交通信息、气象信息、通信信息等，都可以构建相关专题数据库，拓宽智慧城市应急情报覆盖面，有助于推动形成智慧城市大应急情报网络。其中，数据的动态更新无疑是决定数据资源储备实时有效的核心因素。数据资源的动态更新可以体现在多个方面，如城市基础的市政规划信息、经济税收信息、地理环境信息等；感知模块的气象监测信息、地质监测信息、诱发突发事件发生的其他因素信息等；知识储备的应急响应预案、专家资源库、应急管理案例等。

而在数据资源收集方面，主要是针对应急情境下的数据资源实时收集问题，包括突发事件现场数据、各类与突发事件相关的业务数据、网络空间实时数据等，因此建立专门的突发事件实时数据库尤为重要。另外，需要建立起应急情境下的数据资源汇交机制，一方面，从机制层面进行打通，保障各类组织有渠道、有能力、有意愿来做好数据资源汇交活动；另一方面，推出数据标准化格式，有效减少因数据汇交中数据类型转换而导致的数据丢失情况等。

总之,在智慧城市应急管理业务创新情报工程中,构建良好的城市数据资源储备,能有效为突发事件应对和处置提供数据参考;建立数据资源收集机制,能有效地保障应急情境下数据资源的新颖性和实时对接价值转化,二者共同作用、"平战结合",为智慧城市应急管理业务创新工作的开展提供数据基础。

6.4.2.3 工具方法层面

在智慧城市的发展过程中,物联网、大数据、人工智能等信息技术提供了强有力的支撑作用。同时,这些信息技术也为智慧城市应急管理提供了相应的功能保障。例如,可以利用物联网技术,联动城市内各类传感器,构建出物联传感网络,快速挖掘和收集城市中的大量信息,并将收集到的信息数字化、关联化,减少数据信息滞后、信息不足和信息脱节带来的问题。可以利用大数据技术,开展数据分析工作,在突发事件发生前提前发布预警信号,在突发事件发生后也可以预测推演出灾害的未来发生趋势、影响范围、影响程度等情况,并搭建起大数据辅助决策系统,为应急决策提供情报支持。可以利用数字孪生技术,搭建出虚拟城市,在虚拟城市中对不同的应急决策展开推演,从而选择出最合适的应急措施,减少突发事件带来的经济损失和人员伤亡。可以整合机器学习、人工智能等信息技术,为城市内各基础设施、物资资源信息、人口信息等做好数字编码工作,赋予他们各自的数字 ID,实现实体信息的数据化。可以运用人机交互、可视化等技术,将数据化信息可视化,减少表格、数字等抽象信息的人为再加工。同时,将应急管理全流程的数据信息、城市基础数据信息、过往案例数据库等进行整合,并将灾情评估、指挥调度应急资源调配、应急决策等数据分析的结果,以"城市应急一图化"形式呈现,并实时对数据进行更新,加强在应急业务工作中的数字化程度,可提高应急管理业务工作的效率。此外,将数字可视化与城市规划地图相结合,将应急救援团队移动轨迹、应急救援物资调配情况、受灾人员安置地区等情况,用可视化的形式展现在地图中也具有很大应用前景。数字可视化城市,通过利用现代化技术,可以有效减少数据信息的复杂度,提升应急业务工作的精准性,推动应急管理流程现代化进程等。

6.4.2.4 专家智慧层面

随着智慧城市建设的不断发展,大数据、人工智能等信息技术应用不断加强,城市应急管理业务工作水平也逐渐提升,应急管理业务工作也开始呈现出智慧化的特点。然而,由于突发事件的不确定性和无规律性,实践中突发事件应对处置往往并不能完全照搬原先预案的内容,还需要专家对于现场情况做出参考建议。由此,在智慧城市应急管理业务工作中,我们认为需要建立情报导向下的专家顾问制度，将情报工程团队纳入到正式的智慧城市应急管理与决策体系之中，提高情报团队的干预能力以及话语权。

首先，情报工程团队需要召集数据管理、数据治理等领域的相关专家，对数据标准化建设等提出合理的专家意见，加强智慧城市应急管理领域的数据采集规划、数据格式标准等方面的科学性，保障应急大数据方面的科学性。其次，情报工程团队还需要聘请大数据、人工智能等信息技术领域的专家，持续参与数据管理平台和各类预测预警模型建设，及时更新数字信息技术，发挥新一代数字信息技术在应急管理业务工作中的作用，提高城市应急管理工作的智慧化。最后，情报工程团队需要有突发事件领域和情报分析方面的相关专家，一方面提供应急业务处置的相关帮助，辅助做出突发事件的应急管理决策；另一方面对如何更好地利用数据、开展情报分析工作提出建议，并对情报分析的结果给出专业化的参考、评价与建议，以进一步提升应急决策方案和行动处置的专业性和科学性。

6.4.2.5 智慧城市应急管理情报平台的协同运转

传统的情报服务模式已经难以适应智慧城市应急管理业务创新的要求。在情报工程思维下，需要建设一个综合性的智慧城市应急管理情报平台充分发挥数据资源、工具方法、专家智慧等要素的协同作用，推动智慧应急的实现。

智慧城市应急管理情报平台是智慧城市应急管理的综合信息平台，其主要为城市应急管理主体提供应急大数据资源、数据共享渠道以及各类情报服务等。智慧城市应急管理情报平台充分连接城市信息基础设施，将不同部门、不同层级、不同组织、不同类型的数据资源进行整合汇聚，形成集多重数据于一体的"数据长城"。通过对数据资源进行标准化处理加工，整合成统一的数据类型，根据时间、空间、类型等线索，对数据信息归纳整理，形成主题数据仓库，增强数据的结构性和有序性。另外，智慧城市应急管理情报平台建设需要提供外部接口、搭建交流空间，主要是加强不同主体、不同部门之间的数据共享和信息交互水平，打通上下级政府、同级政府各部门、政府与社会组织之间的联系，统筹协调多方数据，打破"信息孤岛"，进一步提高快速响应能力。在此基础上，建立起一个整体的运营体系架构，连接各类情报服务子平台和多种情报信息系统，满足当前和未来的各种应急管理需求。例如，将情报平台与各类业务大数据辅助决策系统连接，增强情报平台数据分析的能力；将情报平台与各类专家智库系统连接，保障群体专家智慧的充分发挥等。在终端的情报服务方面，基于工程化情报分析范式，既可以为应急管理业务提供信号、数据和信息内容，也可以为应急管理主体提供技术分析后的情报结果等。

总体上来说，智慧城市应急管理情报平台是一个中轴系统，通过将数据资源、工具方法、专家智慧等各类要素连接起来，从情报工程视角为城市各应急管理主体提供了数据感知、情报服务、决策支持等一体化功能，有利于提高智慧城市的整体应急管理能力，保障智慧城市应急管理业务工作的顺利开展，实现智慧应急。

| 7 | 应急科研攻关情报工程建设

7.1 应急科研攻关与情报工程

7.1.1 应急科研攻关基本问题

习近平总书记在疫情防控考察工作中强调，人类战胜大灾大疫的关键在于科技支撑，要综合多学科力量加快科研攻关①。由此可见，应急科研攻关在防范、化解重大公共事件风险、维护社会安定等方面起着关键决定性作用。建立和完善应急科研攻关机制，有效地调动和集成各方面的科技力量，开展应急条件下的科研攻关，也是构建新型国家体制需要破解的一个重要命题。应急科研攻关面对的是如新型冠状病毒肺炎疫情、郑州特大洪灾、"5·12"汶川地震等国家重大突发事件，其主要任务是从科学研究角度对突发事件发生原因、突发事件特点、突发事件可能发展轨迹等作出快速判断，并迅速提出解决方案与应对措施。

与常规科研攻关相比，应急科研攻关有其独特的内涵。从狭义上看，应急科研攻关指的是在突发事件暴发状态下，围绕应急管理开展的科学研究、技术创新、技术转化等创新活动。从广义上看，应急科研攻关不仅包括突发事件暴发状态下应急问题相关的基础理论研究、技术创新研究、科研成果开发，还包括应急管理科学准备、技术储备等关于突发事件防范相关的科学研究活动。

应急科研攻关与常规科研攻关在研发情境、研发目的、研发原则等方面存在较大区别，因而应急科研攻关有其独有的特征。总的来说，可以概括为突出"急"、强调"合"、凸显"攻"、注重"实"，具体表现为以下四个方面。

7.1.1.1 速度与效率优先

因突发公共事件的紧迫性，"与时间赛跑"是突发公共事件下应急科研攻关的首要任务，也是与普通科研攻关的最大区别。学术研究在传统上表现为科学家

---

① http://www.qstheory.cn/dukan/qs/2020-03/15/c_1125710612.htm.

在无时间压力下的自由探索行为，而面向重大突发公共事件的应急研发对速度和效率的要求更为迫切，研发时间往往被压缩在一个较短的周期，几个月甚至十几天、几天，其中特殊应急救援方案甚至要求在几个小时内制定完善。在突发事件暴发期间，应急科研攻关人员需要快速识别突发事件性质与特征，剖析事件发生的原因，并迅速启动相关的科研攻关项目和实践。因此，应急科研攻关从某种程度上被视为对时间要求极为苛刻的科学研究到研究成果转化的过程（马佳等，2021a）。例如，疫苗的研究到临床应用通常需要 10 年甚至更长时间，而在新型冠状病毒肺炎疫情暴发后，相关科研组织迅速启动疫苗研发，在一周内确定病毒全基因组序列，并成功进行病毒毒株分离实验，11 个月即实现了疫苗附条件上市（马佳等，2021b）。

7.1.1.2 科研攻关的系统性

与常规科研攻关不同，面向突发公共事件的科研攻关所要面对的问题非常复杂，经常会横跨多个研究领域，需要多专业科学知识的整合创新以及多部门研发力量的分工协作。在突发公共事件情境下，科研攻关是一项应急性的系统工作，需要结合防、侦、攻、控等关键环节需求，整合多个学科，形成系统完善的应急科研攻关链，打造汇聚专家知识资源和科研力量的联合"生产"模式。各领域专家发挥自身科研优势，在协同互动过程中产生多元化的思维方式和多样化的研究方法，最终协同合作突破研发瓶颈。例如，新冠肺炎疫情暴发后，国家层面成立了联防联控机制科研攻关组，湖北省成立了涵盖生物医学、生命科学、药理学、人工智能等专业的应急科研攻关研究专家组，在溯源、监测、诊断、药物与疫苗研发等方面展开合作等（江宏飞等，2020）。

7.1.1.3 科学创新与技术创新并进

常态化下的科研攻关通常是先有科学创新，相隔一段时间才有技术创新，技术创新具有滞后性、时间差等特点（储节旺和郭春侠，2003），并且科学研究向技术创新的转化效率相对较低。在应急情境下，科研方案的拟定，科研项目的征集、遴选、立项，研究的推进，研究成果的转化、应用等方面遵循快速、超常规的应急科研管理模式，往往遵循边研边用的原则。例如，2020 年 2 月中国中医科学院医疗队在武汉研发并验证"化湿败毒方"，3 月启动中医药防治流感紧急项目，开展化湿败毒颗粒的制剂研究，3 月 18 日完成新药注册申请，30 日广东一方制药有限公司实现了成果转化（江宏飞等，2020）。在整个应急研发过程中，科学研究与技术创新、理论研究与实践转化齐头并进，在科研攻关快速取得成果的同时实现了研究成果的及时推广应用。

7.1.1.4 科研成果的实用性

区别于常规科研攻关，应急科研攻关基于现实的迫切需要，解决的问题明确且意义重大，往往关系到经济的发展、社会的稳定乃至国家的安危。因此，应急研发的组织和发展都具有很强的目的性，遵循应急需求牵引，表现出极强的情境敏感性（Aubrey et al.，2016）。传统的科学研究与技术创新学科导向元素相对浓厚，应急研发以问题导向式的科学研究项目为主，围绕常态应急与突发情境应急需求，坚持研以致用，注重成果转化，两者之间的价值取向截然不同。突发公共事件的类型较多，一般应急科研攻关需要深入到具体的应用场景中，以实际应用为出发点，解决特定突发事件的科学问题。在突发事件暴发后，为了尽快实现关键技术攻关，筛选和开发有效方案，中央和地方政府通常会启动明确的应急研发项目，引导应急研发工程、活动和实践。例如，新冠肺炎疫情发生以来，国内外科技界的科研攻关重点围绕"新药创制""传染病防治"等方面；例如，四川汶川、青海玉树发生地震后，应急研发集中于"地震识别技术""地震预警系统""岩石物理分析"等方面。

7.1.2 开放科学、开放数据环境与应急科研攻关

联合国《2030 年可持续发展议程》中指出，人类正面临气候变化、卫生安全、灾难防御、生态系统等方面的共同挑战，这些挑战的应对需要以先进的科研成果作为辅助支撑，开放数据与开放科学将驱动《2030 年可持续发展议程》目标实现（The United Nations，2015）。在突发事件情境下，应急科研攻关中的人力、资源、数据等需求比以往任何时候都更加巨大，仅仅依靠单一团体、机构、国家的力量不足以完全满足解决复杂性、全球性问题的需要。在现代环境下，科研数据资源作为牵引应急科研攻关的新生产要素，正在发挥着全新的动能效用。国际科学理事会数据委员会发布《科研数据北京宣言》，提出科学研究成果应该是全人类的共同产品，呼吁各国积极开放共享科研成果（The Beijing Declaration on Research Data，2019）。在新冠肺炎疫情期间，爱思唯尔、施普林格、牛津大学、《自然》系列期刊出版机构等就积极响应惠康基金会提出的"共享与新型冠状病毒肺炎疫情暴发相关的研究数据"的共识说明，收集并开放与 SARS-Cov-2、COVID-19 相关的研究成果与研究数据，并赋予使用者数据重用的权利（Wellcome Trust，2020）。这实际上反应出一个问题，开放科学、开放数据对战胜大灾大疫、保障社会可持续发展具有深远的战略意义，即开放科学、开放数据与应急科研攻关具有内在关联性，尤其是在全新的开放数据环境下，开放数据成

为应急科研攻关的有效支撑，应急科研攻关反向促进科研领域的开放数据共享。

7.1.2.1 开放数据是应急科研攻关的重要支撑

首先，开放数据可以提供资源支撑，提高应急科研攻关效率。科学数据的互通有无，可以最大限度避免重复研究，缩短科研攻关时间，提高应急情境下科研攻关效率。由于时间紧迫，应急科研攻关很少有从"0"到"1"的原始性研究，主要是遵循科学发现的链式规律，在"已有认知"基础上快速进行"再发现"研究（马佳等，2021a）。对于科研人员而言，关于不明病症、不明现象等的研究属于一个全新的未知领域，需要参考和借助现有的实验数据、研究资源、学术成果等开展"再发现"与"再应用"的研究。这意味着科学数据开放共享的广度与深度在一定程度上决定着应急研发的质量和效率。以突发公共卫生事件为例，在面临新的未知流行病时，研究人员可以通过对比基因信息数据库、病毒毒株库、人类遗传资料库中历史病毒的基因序列特征来探索疫苗研制的方向。例如，在新型冠状病毒肺炎疫情暴发初期，武汉病毒研究开展样本收集，并基于 SARS 病毒受体研究发现了新型冠状病毒入侵细胞受体 ACE2，随后按标准完成国家病毒资源库入库，在全球流感共享数据数据库（Global Initiative on Sharing All Influenza Data，GISAID）发布，实现全球科研信息的共享（陈亚杨和张智雄，2020）。可以说，中国提交的新冠病毒基因数据为病毒追踪、疫苗研发、生物医药筛选等提供了重要的资源支撑。

其次，开放数据可以提供相关交流平台，促进应急科研合作。在紧急状态下，科学数据开放获取能在一定程度上促进科研合作与科研交流。国际著名科研数据服务机构 Digital Science 在分析新冠肺炎疫情期间公开科学数据集、科研产出等基础上发布了全球范围内科研活动及趋势报告，该报告显示，科研成果与科学数据的开放共享促进了多学科的交流与融合（Digital Science.，2020）。在突发公共事件发生后，研究人员通过数据平台获取最新研究信息和数据，寻找"志同道合"的研究伙伴，交流应急科研经验，互相评估科研价值，突破"地域墙""学科墙""领域墙"等限制，形成以数据、信息、知识共享为基础的面向特定领域攻关的应急科研力量。例如，2014 年埃博拉病毒肆虐时期，科研人员将破解的埃博拉病毒基因序列上传到生命科学领域基本数据库 Genbank 上，其他研究人员在参考使用的同时与其进行跨地域合作，共同完成了病毒毒株分离工作等（牛晓宏，2018）。

7.1.2.2 应急科研攻关促进科学数据的开放共享

21 世纪以来，突发公共事件尤其是重大突发公共事件频发，生产、消费、就业等众多领域受到较大冲击，但从辩证的角度来看，各类应急冲击也倒逼了科学研究与科技创新模式的变革，促使国内外的科研机构认识到科学数据开放获取在应急科研攻关中的巨大价值，进而积极推进突发公共事件下科研成果开放共享机制的形成，开放科学由此迎来了新的发展契机。

在重大突发事件应急情境下，科研活动趋于密集化、专业化、精深化，激增的应急科研信息需求与稀缺的文献资源之间的矛盾日益严重，对于科学数据开放共享的需求更为迫切，各类科研组织、科技信息服务机构等纷纷发出科研成果、科研数据开放共享的号召。例如，在 H5N1 流感暴发期间，科学家在获取最新病毒基因序列时困难重重。全球流感研究人员与卫生专家为了加快研发进程，发起了共享流感数据的全球倡议，推动共享病毒基因序列，减少重复研究，促进合作研究（GSAID，2008）。2008 年世界卫生大会遵循此倡议正式启动了 GISAID 数据库建设项目，该数据库在新冠肺炎疫情期间仍然发挥着不可替代的作用，且成为了开放数据进程中的良好典范。在新冠肺炎疫情防控应对过程中，一些具有影响力的科研团体自愿公开研究成果，在加速全球应急科研攻关的同时扩大了开放获取数据的规模。例如，张永振团队、钟南山团队等将关于 COVID-19 的研究成果、临床病例特征、治疗方法等共享到开放平台（许洁和王子娴，2021）。从上述实践可以看出，在应急情境下，随着科研攻关持续推进与应急保障需求的日益高涨，科研创造的内驱力迫使数据开放共享范围不断扩展，开放科学的重要性与价值日益凸显。换言之，突发公共事件下更加彰显人类命运共同体的核心价值观，开放科学数据助力应急科研攻关成为全球科学界的共同目标。此外，应急研发互动也进一步加速了科学研究的评审、授权、传播过程，预印本平台、开放式评审平台等的兴起，促进科研成果在第一时间开放，助推了应急科研攻关进度。例如，在应对新冠肺炎疫情的过程中，*Nature* 于 2020 年 3 月推出预评审平台（Johansson and Saderi，2020），开放研究出版平台 F1000research 发起了《COVID-19 快速评审倡议》（Markie，2020），这些措施使得科学数据开放共享范围与途径都发生了革命性变化。由此可见，在应急保障情境下，随着应急科研攻关互动的增加，数据开放获取趋于多样化，开放共享进程进一步加快。

7.1.3　情报工程对应急科研攻关的支撑作用

在大数据时代，数据信息大爆炸与情报知识相对匮乏之间的矛盾越来越突出，引入情报工程学思想来解决此现象是大势所趋。不同于一般的科技研发活动，突发公共事件下的科学研究具有复杂性、专业性、紧急性等特征，在不同阶段，研发群体、研发方案、研发情报需求都在发生变化，因而需要更为多元化、专业化、智能化的情报服务体系来支持。强调多源数据融合化、方法工具流程化、专家智慧协同化的情报服务工程化思维正好契合了应急科研攻关的各类数据和情报服务需求，其相关支撑作用主要表现在以下方面。

7.1.3.1 情报工程之于应急科研攻关的数据资源支撑作用

数据和信息资源是应急科研攻关顺利展开的前提，尤其是面对日趋多样化、复杂化、不可控化的重大突发公共事件，更需要多源异构数据资源的基础性支撑。情报工程服务体系通过合理有效组织突发公共事件相关数据流、信息流，为科研攻关提供坚实的数据基础。具体表现在：首先，情报工程服务体系通过分析特定领域应急科研攻关需求，搜集相关文献、网络资源、数据库资源积累相关历史支撑数据；其次，保存突发事件演变过程中产生的研究数据、研究报告、政策文本等数据资源，进行实时数据资源积累；最后，建设特定领域专题数据数据库，开通"情报源"通道，持续更新、激活、整合数据资源。

随着大数据与数据科学的发展，情报对于应急科研攻关的资源支撑向着标准化、集成化、智能化方向扩展，应急科研攻关的情报来源不仅包括高度相关的突发公共事件原始研究数据，还包括非直接相关的衍生的数据源信息。情报工作基于工程学和系统论思想，按照应急科研攻关的要求，借助情报研究方法对各类原始研究数据、衍生数据等进行语义化组织与深度融合。例如，在新冠肺炎疫情期间，哈佛大学数据地理中心、中国数据研究所与武汉大学社会地理计算中心合作，通过汇集地图数据、普查数据、病毒数据等基础数据与应急保障实时大数据，由此为科研工作者提供多源研究数据等（陈亚杨和张智雄，2020）。

7.1.3.2 情报工程之于应急科研攻关的分析辅助功能

除了数据资源支撑作用之外，情报工程服务体系对于科研应急攻关的作用还体现在为其提供统计工具、分析算法、技术平台等方面。工程化情报服务下综合、成熟的方法体系与优良的计算能力对于突发事件下的科研攻关有着强大的辅助作用，它使应急科学研究突破传统文献计量与小样本分析的局限，通过网络计量、专家分析、大数据挖掘等定量与定性相结合的研究方法解决基于问题导向的突发事件相关知识发现与知识推理、应急救援相关关键技术描述与分析等。

例如，大数据为应急科研攻关注入了新的动力，同时也对应急研发数据的获取广度、分析研究深度和响应速度等方面提出了更高的要求。大数据环境下的情报分析技术具有关联性、增值性、多层次、多维度的特点，可以为应急科研情报的深度挖掘、应急科研内容的分析整合、应急科研成果的评估应用提供更为专业的技术支撑。目前，基于大数据技术的情报分析工具已经不断地融入应急科研攻关中。例如，为了助力不同领域科研人员展开新冠病毒研究，百度研究所联合中国疾病预防控制中心联合成立了"中国 CDC 应急技术中心−百度基因测序工作站"，该技术平台集相关数据资源、数据分析工具包与智能服务为一体，通过免费开放线性事件算法 LinearFold、LinearDesign 激活应急科研人员数据分析能力，加速疫苗研发速度与效率（赵杨和曹文航，2020）。

7.1.3.3 情报工程之于应急科研攻关的指导评估效用

应急科研攻关是以问题与应用为导向的科学研究活动，研发项目启动、研发项目开展、研发成果转化等需要客观、科学、有效的数据分析结果和情报分析结果作为依据。应急科研攻关的情报分析需要具有情境性与实践性、科学性与人文性等的复杂关联，这种关联的实现同时还需要借助领域专家的知识与智慧进行判断（李品和杨国立，2018）。面向应急科研攻关的情报工程服务体系可以通过组建领域专家团队，汇集跨行业、跨领域、跨地域的专家学者，搭建专家智慧共享互动平台，促进应急领域研究者、管理者、实践者之间的互联互动，实现应急领域专家协同，最终形成应急科研问题解决方案的最优化选择。此外，通过引入新兴情报工程服务范式对应急科研攻关整个过程进行综合分析，针对相关应急科研成果探索多样化的评价体系，可以为应急科研攻关体系成效评估奠定基础。

由此可见，应急科研攻关情报工程服务体系在强调情报服务设计化、多样化、集成化的同时，致力成为突发事件情境下应急研发的"情报助理"，将自身要素、方法等嵌入到科学研究工作中，进一步促进了情报服务与应急科研攻关的有效结合。尤其在人类命运共同体、开放学科与开放数据等环境下，运用情报工程思维来构建面向应急科研攻关的情报服务体系具有紧迫性和必要性。

7.2 新冠肺炎疫情下科技信息服务相关进展与启示

7.2.1 新冠肺炎疫情下科技信息服务相关进展介绍

在新冠肺炎疫情防控的关键时期，习近平总书记强调要研究和加强疫情防控工作，健全国家公共卫生应急管理体系，提高应对突发重大公共卫生事件的能力与水平[①]。在新冠肺炎疫情防控背景下，各类信息服务部门、文献出版商等充分

[①] http://www.gov.cn/xinwen/2020−02/14/content_5478896.htm.

发挥其在科技文献资源、科技数据等方面的优势，在提供数字文献资源远程访问渠道、保障科研人员科研数据需求、快速出版科技研究成果等应急科研攻关方面做出了重要贡献。

7.2.1.1 为科研人员开辟特殊阶段的数字资源远程访问渠道

新冠肺炎疫情发生以来，各大图书馆、文献情报中心等机构积极拓展数字资源远程访问，保障应急情境下科学研究活动相关数字资源的开放获取，为科研人员投身应急科研攻关活动做好基础数据库的铺垫和支持。

具体来说，在全国抗疫的特殊期间，为保障科研人员等远程访问数字资源的需求，图书馆、博物馆、科技馆等不断优化远程访问系统保证其正常运行，加强科研人员远程访问数据库的指导，为师生远程教学和科研提供有力保障。例如，伊利诺伊大学图书馆提供 VPN 与代理 URL 两种方式保障科研人员在新冠肺炎疫情期间可以自由获取 PubMed、Google Scholar 和 ISTOR 中的文献资源[1]。为打好面向疫情防控的科研攻坚战，中国科学院文献情报中心开通 WebVPN 服务以满足相关科学研究人员的科技文献获取需求，其中可远程访问的数据库达 66 个，涉及文献数据、工具事实数据、数值数据、全文数据等各类数据库资源[2]。随着疫情期间科技信息需求的猛增，传统虚拟专用网络 VPN 与代理 URL 因过量访问而出现反应延迟、无法响应的情况，不少图书馆开始与数据资源服务商、网络服务公司展开合作，积极探索远程访问新途径。例如，陕西省普通本科高等学校图书情报工作委员会调研了省内 46 所高校图书馆在疫情期间开展服务的情况，结果显示，有 20 所图书馆为了满足特殊时期的应急科技信息需求改进或新增了反向代理、Shibboleth 联合认证、易瑞、仰格等远程访问方式[3]。兰州大学图书馆以向 Wiley、IEEE 公司申请临时账号的方式帮助领域专家获取特殊科技数据资源使用权限[4]。维奇塔公共图书馆为社区读者办理电子读者证以保障数字资源正常使用[5]。从上述实践看，在新冠肺炎疫情期间，图书馆、情报研究所等信息服务机构开辟了以 VPN 与代理 URL 为基础技术，用户注册认证、合作身份认证（Athens、CARSI、Shibboleth 等）、短期开放服务等为创新方式的数字资源远程服务渠道，大大提高了科研人员科技信息资源访问的便捷性与高效性。

---

[1] https://library.uic.edu/help/article/1870/access-databases-journals-and-articles-from-off-campus.

[2] http://lib.idsse.ac.cn/view.php?id=351.

[3] http://www.scal.edu.cn/zxdt/202003060346.

[4] http://www.scal.edu.cn/zxdt/202003211033.

[5] https://www.kansas.com/entertainment/article241695846.html#adnrb=900000.

7.2.1.2 追踪科研动态，建构科研数据共享与开放平台，助力科研攻关

从专门化、专题化、细粒化的科技信息服务角度看，面对突如其来的新冠肺炎疫情，关于其病源、宿主、病症、传播渠道、治疗等方面的技术攻关是一个崭新且艰巨的课题，课题的突破需要各类专题聚焦化的研究数据和相关科研成果的支撑。例如，与新型冠状病毒肺炎专题密切相关的病毒学、流行病学、诊断和疫苗的最新研究进展是疫情科研攻关的主要科学参考。面对新冠肺炎疫情，国际组织、图书馆、科研机构、信息聚合网站等发挥信息资源整合、检索、传播等方面的优势和专长，通过多种渠道、采取多种形式开展工作，构建专题化、集成化的疫情数据和知识共享平台，积极追踪科研动态，提高数据共享与重用水平，满足科研人员突发事件相关的不同层次的信息资源和数据资源需求，为学术研究与科研攻关提供专题数据资源保障，助力应急情境下的科研攻关。

新冠肺炎疫情的科研攻关涉及多个学科，在此情境下科研人员不能按照过去孤立的模式开展科学研究，及时便捷地获取多来源、多领域的最新研究成果及最新研究数据对科研人员来说至关重要。因此，实践中一些机构通过建立新冠肺炎疫情学术资源导航，形成科研成果与科学数据资源列表或资源专栏。具体来说，就是以分类导航和资源列表的形式整合突发事件相关数字资源，将碎片化的资源集成为科研人员应急研发所需的"知识森林"。例如，中科院武汉文献情报中心收集整理来自数据库、出版商、互联网科技公司的多源异构学术资源推出了"新冠肺炎相关和综合性领域免费学术资源集合"[①]。

另外，建立新冠肺炎疫情专题信息平台和数据库成为众多机构开展科技信息服务的优先选择。为了做好新冠肺炎疫情科研工作的数字资源支撑，加强不同领域专家之间的交流合作，图书馆、情报研究所、出版社等陆续构建了专题信息平台和数据共享服务平台。例如，中国科学院武汉文献情报中心与中国科学院文献情报中心携手建设 2019-nCov 科研动态监测平台（图 7-1），平台实时监测国内外新冠肺炎病毒相关研究进展，并通过平台、微信公众号等形式为相关科研人员提供论文链接、关键字、摘要、实验数据等信息，为打赢新冠肺炎疫情防控阻击战提供丰富的科技信息支撑服务[②]。国家科技图书文献中心（National Science and Technology Library，NSTL）通过搭建"新冠肺炎应急文献信息专栏"、新冠肺炎动态监测平台、新冠肺炎疫情专题标准库，动态追踪传染病、新冠肺炎病毒相关的多形式研究成果（图 7-2）。中国国家图书馆在汇集与传染病相关的特藏古籍

---

① http://www.whlib.ac.cn/ver/hm/xinwzx/tzgg/news1/202002/t20200208_5497822.html.

② http://stm.las.ac.cn/STMonitor/qbwnew/openhome.htm? serverId=172.

与国内外疫情防控科技数字资源库导航基础上构建了新冠肺炎疫情资源专题库（图7-3），为科研人员开展病毒溯源、病毒检测、疾病治疗等方面的研究提供全面的资源支持和参考（魏大威等，2020）。威立出版集团（Wiley）与Atypon公司共同推出AI驱动的个性化搜索应用程序Scitrus，实时更新关于疾病诊疗的科研成果、预印本、评论文章、书籍等资源（刘冰等，2020）。欧盟委员会、欧洲生物学信息研究所与欧洲生命科学大数据联盟主动对接研究人员的最新科技信息需求，在收集新冠病毒DNA序列数据、临床试验数据以及流行病学数据基础上建设了"欧洲新冠肺炎数据平台"等（图7-4）[①]。

图7-1　2019-nCov科研动态监测平台

图7-2　国家科技图书文献中心新冠肺炎疫情相关服务

---

① https://www.covid19dataportal.org/.

图 7-3　国家图书馆抗击新型冠状病毒肺炎疫情资源专题库

图 7-4　欧洲新冠肺炎数据平台

7.2.1.3 开设专题研究栏目、提供快速出版通道，为应急科研攻关"加速度"

面对新冠肺炎疫情科研攻关，期刊论文是获取传染病防控措施、病毒传染途径报告、治疗药物研发进展等信息的最及时、最有效、最可靠途径之一。从科研成果产出与转化的角度看，期刊论文的及时发表与推送传播在公共卫生突发事件应对中发挥着重要的作用。

在新冠肺炎疫情防控期间，许多期刊、出版平台等通过开设专稿、开通审稿绿色通道等方式邀请专家就疫情防控、病毒基因分析、疫情中的大数据应用等话题展开讨论。在国内，新冠肺炎疫情防控战打响期间，《中华医学杂志》《图书情报知识》《信息资源管理学报》等刊物积极发起新冠肺炎专题征稿活动，并开设开放式快速出版通道，启动快速学术审核与优先出版流程，并分类收录至在线成果学术交流平台（焦阳，2020）。在国外，F1000Research、Welcome Open Research、HRB open Research 等以开放研究闻名的出版平台纷纷开辟了新冠肺炎疫情研究绿色通道，通过快速评审、快速发表、开放共享等关键工作加速成果的评定与共享（陈亚杨和张智雄，2020）。此外，为了进一步加快新冠肺炎疫情相关研究与数据的开放共享，促进相关技术成果的有效转化，越来越多的学术出版社通过预印本平台发布科学研究成果，进一步加快科研成果审核与传播速度。例如，eLife 科学出版公司就将所有预印本发布到 bioRxiv（图 7-5）与 medRxiv（图7-6）预印本平台新冠肺炎疫情专栏（eLife.，2020）。

特别指出，新冠肺炎疫情防控期间，作为科技信息服务主战场的科技信息服务相关机构，在提供相关科技信息服务的基础上还积极发挥自身的资源、人才、技术优势，及时组织开展研究态势分析、对策咨询等研究，产出了很多优秀的科技成果，为政府部门提供应急科研攻关选题研究报告、舆情监测报告、数据分析报告等多种形式的科技信息服务和情报服务产品。例如，面对突发疫情，中国医学科学院医学信息研究所搭建相关知识服务平台（图 7-7），监测疫情趋势公众热点舆情，及时准确地向卫生部门提供网络舆情信息，并撰写了《我国新型冠状病毒肺炎疫情防控应急管理风险沟通研究》《我国公共卫生服务体系建设与开发策略研究》等决策咨询材料，为突发事件应对提供数据支撑与理论参考（李永洁等，2020）。湖北省科技信息研究院组建"内参专报工作组"对疫情防控期间疫情趋势、科技攻关、复工复产等重大问题进行深入探讨，形成内参专报 30 余期，为疫情防控指挥、抗疫科研攻关提供可操作性的政策建议和高质量的情报服务支撑等①。

---

① http://www.hubei.gov.cn/hbfb/bmdt/202003/t20200307_2174703.shtml.

图 7-5　bioRxiv 预印本平台

图 7-6　medRxiv 预印本平台

图 7-7　新型冠状肺炎防控知识服务平台

7.2.2　新冠肺炎疫情下科技信息服务实践的若干启示

基于上述分析可以看出，在新冠肺炎疫情背景下，各机构积极开展科技信息服务，为科研人员应急科研攻关奠定了坚实的文献资源基础和数据资源基础。当然，其中也不乏诸多不足之处，从中我们可以得到一些启示。

7.2.2.1　从制度规范视角为重大应急情境下的科技信息服务护航

2020 年 2 月 5 日，习近平总书记提出，要完善疫情防控相关立法，加强配套制度建设，强化公共安全保障，构建系统完备、科学规范、运行有效的疫情防控法律体系①。从信息服务角度看，图书馆、档案馆、科技情报研究所等信息服务机构作为公益性的信息资源中心，有义务满足科研人员科学研究方面的各类需求，应当将其纳入到突发重大公共事件应急管理体系的法治建设中或者将应急信息服务具体内容与措施纳入到相关信息服务机构法律的修订范畴。

目前，大多数图书馆、档案馆、科学技术研究所等信息服务机构尚未将应急

---

① http://ex.cssn.cn/jjx/jjx_xjpxsdzgtsshzyjjsx/202002/t20200206_5085432.html.

信息服务纳入到正式的服务规范之中，使得应急信息服务的开展无章可循。例如，2018 年 1 月 1 日实施的《中华人民共和国公共图书馆法》第十五条设立公共图书馆条件中提到了"安全保障措施、制度及应急预案"，遗憾的是，条例中没有提到应急信息服务相关内容（魏大威等，2020）。从新冠肺炎疫情实践来看，虽然也有很多科技信息服务的开放与共享活动，但很多机构开展的科技信息服务主要是出于机构使命和社会责任等，总体层面的契约文化和共识体系还比较缺乏，很多研究数据的开放仍然存在滞后性，其价值发挥被大打折扣，这与缺少一个重大突发事件情境下的应急信息服务专项制度密切相关。因此，信息服务机构尤其是专门性科技信息服务机构需要在国家应对突发事件的整体框架下建立健全科技信息服务系统专项信息服务制度，进而衍生出系统化、层次化的应急信息服务体系。相关机构、协会、联盟组织等应该积极组织信息服务与应急服务领域专家，抓紧制定信息服务机构尤其是科技信息服务类机构面对应急情境的应急信息服务规范与行动倡导，并在规范基础上形成各类突发公共事件应急信息服务共识与指南等。

7.2.2.2 拓展科技信息服务内容与方式，提升信息服务效能

应急管理包括预防准备、应急响应、恢复重建等阶段，各阶段的应急信息需求随着突发事件的态势演变而不断发生变化，信息服务机构应在不同时期制定和采取差异化的信息服务策略。因而，当务之急是探讨各类信息服务机构在不同阶段以何种服务内容、何种服务方式融入社会应急联动体系。

通过上文的分析发现，在实际工作中，大部分信息服务机构的应急信息服务集中于突发事件的事中响应阶段，科技文献资源、科技信息资源等的准备和储备意识不强。坚持预防为主是应急管理的基本工作理念，在预防准备阶段，信息服务机构可以通过整合机构自有资源、科普资源及其他网络资源，建立突发事件应急相关文献知识库、相关数字资源索引、常用资源访问渠道等，为突发事件预防与准备阶段的"日常研究"提供数据支撑。

在应急响应阶段，信息服务机构可以依据自身特点，将多样化的应急信息服务嵌入到突发事件应对处置之中。目前，可以从拓展服务内容和创新服务方式两个方面着手。就拓展服务内容而言，信息服务机构需要充分了解突发事件响应阶段不同对象的应急科研信息需求，结合自身资源优势，精准施策以提高服务的精度和深度。如通过对学术资源进行整理、分析、挖掘形成科研成果目录、科研快报、科研数据集等，为研究人员提供应急科研支撑资源，通过对文献资料、网络资料、公开数据集分析等形成多种成型的信息服务和情报分析产品，为科研人员和相关决策机构提供服务等。就创新服务方式而言，如可以借助 AI 技术搭建

"智能咨询"平台，实现 24 小时全天候的答疑与推送服务，同时，还应充分利用微信、抖音、微博等移动智媒体平台，为科研用户了解实时前沿的应急科研信息资源提供更丰富的途径等。

在恢复重建阶段，信息服务机构应立足于其信息知识中心的优势，有目的地系统整合相关资源，构建相关档案专题资源库等，做好"记录者"与"保存者"的角色。为了应对下一次可能的危机，将应急过程中形成的各类专题数据库资源积极开发和利用起来，形成相关科研层面的文献知识库等，可为未来可能的突发事件提供有效支持。在新冠肺炎疫情期间，各类信息服务机构也积极开发建设相关档案专题数据库、突发事件专利数据库等，未来需要进一步将相关数据库进行"再开发"，为下一步危机应急信息服务奠定良好的基础，正如当年非典积攒下来的专题档案数据等为本次的新冠肺炎疫情提供了坚实的支持和支撑一样。

当然，我们也应看到，通过调研发现，面向应急科研攻关的各类专题数据库重复建设现象依然比较突出，因此，建立一个大型综合的新冠肺炎疫情专题数据库尤为重要，这需要国家层面的动员和支持。另外，目前已开放的应急科研相关数据库中，很多科研信息资源没有完善的分类原则与分类方法，导致专题数据库中的应急科研信息资源存在冗余、无序、检索困难等常见问题。因此，从长远和未来角度出发，要对整个应急过程中的科研攻关信息资源进行整体梳理、总结与刻画，按照应急信息服务对象或突发事件性质分类、分级整合汇总不同领域的应急科研信息资源，最终形成一套类目清晰、内容全面的应急科研攻关信息资源保障体系。如日本为了更好地应对地震灾害，其国立国会图书馆搭建了集科普宣传、教育培训、科学研究等功能为一体的日本大地震数据库（马成芬和侯玮青，2014）。

7.2.2.3 提高信息服务团队面对重大应急情境的服务组织能力

高效、专业的信息服务队伍是保障信息服务机构参与突发公共事件应急管理、提供应急信息服务的关键，理应成为应急信息管理体系中优先发展的方向（李永洁等，2020）。为此，组建专业化的信息服务团队，提高相关信息服务团队面对重大应急情境的服务组织能力，可以有效支撑相关科学研究尤其是科研攻关活动。当前，应积极建立面向重大应急情境的信息服务人员专业培训计划。首先，突发事件情境下的应急信息服务需要信息服务机构的工作人员充分了解应急管理、突发事件应对相关的实践和学科基础知识，以更好开展相关应急科研信息服务。其次，在数据驱动时代，信息服务机构工作人员的数据素养变得至关重要，要求相关工作人员具备对数据与信息的高度敏感性，具备对应急科研数据与用户信息的获取、整合、分析能力。再次，在新媒体环境和线上知识交流兴起环境下（蔡思雨等，2021），信息服务机构工作人员的线上信息服务能力也尤为重要。在面对疫情防控时，图书馆、档案馆等因不可抗力将活动阵地转移到线上，线上的服务与传统"大而全""趋同式"的线下服务模式存在较大差异，主要对接用户差异化、多元化、个性化等信息需求（蔡迎春和吴志荣，2020）。因此，相关工作人员还需要掌握新媒体策划、推广、宣传等方面的知识，需要系统学习 PPT 与微视频制作方法、微信推文编法技巧等知识。最后，需要培养信息服务机构相关工作人员与数据库提供商（知网、万方等）、政府部门、媒体等的合作协调能力，保障重大公共危机时期的资源协调，形成与社会的良性互动。

7.2.2.4 打造面向重大应急情境的科技信息服务联动机制

重大突发公共事件具有前兆不充分、涉及范围广、发展复杂等特点，这决定了其防控、监测、管理等是一项多方参与的系统工程。通过梳理新冠肺炎疫情背景下科技信息服务相关进展可以发现，在突发公共卫生事件中，图书馆、数字资源出版商、博物馆、科技情报研究所等单位可协同合作构建应急信息服务网络体系。事实上，美国早在1955年就着手建设图书馆救灾联盟，包括全国性的联盟，也有地区性的如美国纽约地区图书馆协作联盟、内陆帝国图书馆灾难响应网络等（Matthews et al.，2007）。在新冠肺炎疫情期间，国内也有相关实践，如上海图书馆与湖北省图书馆共同构建"上图方舱数字图书馆"，服务模块包括上图讲座、名家寄语、悦读时刻等。未来，需要积极打造面向重大应急情境的科技信息服务联动机制，就具体措施而言，例如，可以依托中国科学技术情报学会、中国图书馆学会、中国档案学会、中国期刊协会等成立行业应急信息服务联盟，从分和总的角度推进相关信息服务。例如，从分的角度看，公共图书馆的受众较多，可以倾向于面向各类科研人员开展大类或专题应急信息服务，高校图书馆及专业图书馆可以发挥学科优势，为高校教师、大学生等科研人员提供深度或专题的应急信息服务等。从总的角度看，需要搭建协同化的联动机制。目前开展科技信息服务的主体主要有科技信息研究所、图书馆、行业组织、高校科研机构等，但目前这些信息服务机构之间尚未形成良好的互动、协同机制，因此亟须构建多元主体参与、协同联动的应急信息服务机制及应急信息资源共建共享机制，形成应急信息服务共同体，在扩大应急信息服务受众的同时提升服务质量。此外，信息服务机构还需要与政府、社会组织尤其是各类数据服务商、出版商等建立联动机制，积极主动获取各类应急科研攻关数据资源，发挥专业应急信息服务在国家应急管理中的价值和作用。

7.3 面向应急科研攻关的情报工程服务定位与框架

7.3.1 面向应急科研攻关的情报工程服务基本定位

面向应急科研攻关的情报工程服务需要考虑两个方面的基本定位，即满足应急科研攻关的多样化情报信息服务需求、契合科学研究与科技创新的新范式。

7.3.1.1 满足应急科研攻关的多样化情报信息服务需求

从新冠肺炎疫情的应急管理来看，我国快速、有力地控制住疫情的一个关键要素就是数据信息的透明和畅通。遗憾的是，相关文献情报信息服务等在整个应急系统中发挥的作用还不够凸显。面向应急科研攻关的情报工程服务体系应立足为应急管理与应急决策服务的战略定位，真正发挥情报信息服务尤其是科技文献情报服务等在应急管理中的"耳目、尖兵、参谋"作用。面向应急科研攻关的情报工程服务是面向国家应急战略需求的专门特殊性服务体系，也是解决突发公共事件中的重大问题和"卡脖子"风险的情报服务平台。面向应急科研攻关的情报工程服务就是要为化解重大风险的应急科研攻关提供专业化、集成化的情报信息服务和支撑，辅助科研人员对突发事件中的相关基础理论、关键技术等进行重点研发与攻关，满足应急科研攻关的多样化情报信息服务需求。例如，借助情报工程服务平台设立应急科研需求重点研发方向（如新冠肺炎疫苗研发、地震监测预防、洪水预测等），吸引跨国家、跨领域、跨学科的科研人员，聚集科研数据资源，提供应急信息服务，集中解决应急管理领域的重大科技问题等。

7.3.1.2 契合科学研究与科技创新的新范式

面向应急科研攻关的情报工程服务体系作为应急研发与技术创新的情报生态系统，必须适应科学研究、科学交流、科技创新的模式变化。从技术角度看，大数据的发展催生了科学研究向第四范式，面向科学研究新范式的情报工程服务需要将大数据技术、人工智能技术等无缝嵌入到应急科研攻关支持中，使情报分析技术成为应急科研人员的"合作伙伴"和"研究助手"。从科技创新主体看，应急科技攻关比任何时候都需要科研力量的协同整合，因而面向应急科研攻关的情报工程服务需要立足于全新科研合作模式，建立方便接入、便携协作、组织科学的新型交流平台。从科技成果发表与交流形式来看，全球科技界高度关注开源数据集、开放式快速评审、预印本等新型成果共享方式。科学交流新模式背景下的应急科研攻关情报工程服务就特别强调适应学术交流新模式，构建科研成果开放共享平台，提高我国科研成果开放共享的国际话语权等。

7.3.2　面向应急科研攻关的情报工程服务逻辑框架

面向应急科研攻关的情报工程服务是一种特殊的情报信息支持体系，涉及资源、技术、流程、机制等各个要素。该体系是依据突发事件情境下应急科研攻关的特点与需求，考虑科学研究新范式、新模式、新特点，综合多源异构的（科技）数据和信息资源、利用多种情报信息分析技术、采用多种情报服务方式等，为应急科研攻关提供全流程的情报服务活动的组合。本书将面向应急科研攻关的情报工程服务体系视为一个开放的运作系统，主要从资源层、融合层、专家层、服务层四个方面构建了基本内容框架（图7-8）。从内容框架上看，在各类主体的支持下，首先，情报工程服务要收集和获取突发事件情境下应急科研攻关所需的各类数据资源，资源不囿于传统文献资料，网络资源、开源数据集、政府公开数据等都应纳入数据搜集和采集范围；其次，综合运用文献计量、社会网络分析、可视化等技术方法实现数据资源到知识资源的转变；再次，辅以领域专家等的协同化综合研判能力，保障应急科研攻关成果的总体质量；最后，形成面向应急科研攻关的多元化、综合性的情报信息产品与服务。

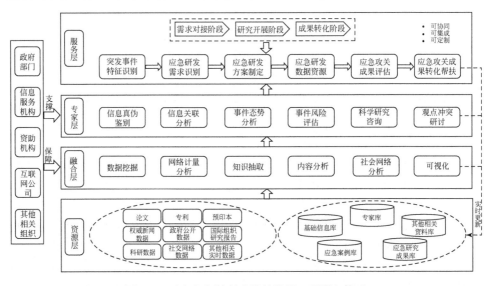

图 7-8　面向应急科研攻关的情报工程服务体系

随着开放科学的发展，由政府部门、信息服务机构、资助机构等多元参与的应急科研攻关显示出了强大的生命力。其中，政府部门可从整体战略和政策角度支持各类应急科研攻关活动，包括情报信息服务活动与实践。科技情报所、图书馆、数据中心、出版社等信息服务机构依然是应急科研攻关情报服务的主体力量，如科技情报所长期耕耘于科技信息资源领域，有着丰富的科技信息服务经验和专业的科技信息服务能力；图书馆可以通过设置开放权限、搭建突发公共事件知识专题等途径参与应急开放获取，以此降低资源获取繁琐程度；数据中心可以根据不同领域研究者的数据需求，开放实时数据与历史数据，以此减少数据获取障碍；出版社可以通过搭建预印本平台，为研究人员展示手稿提供渠道，以此缩短科研成果评审时间，加快科研成果转化等。资助机构作为科研活动的重要资金来源，在突发事件暴发期间，不仅可以为应急科研攻关提供资金保障，还可以通过制定开放获取政策、建立鼓励机制等形式促进科研成果开放获取。此外，互联网公司也有为应急科研攻关提供信息服务的技术条件，理应参与并贡献自己的力量。如谷歌公司于 2020 年 3 月发布了包含世界银行全球健康数据、霍普金斯大学系统与工程中心数据集的新型冠状病毒公共数据集项目，为研究人员免费提供研究数据与相关的机器学习模型等（惠志斌和李顾元，2020）。

在多元主体参与的逻辑下，构建"团队化"与"流程化"的运转体系是应急攻关情报服务组织高效运行的关键。"团队化"协同模式即依据主体角色与信息集成效用的差异将不同的参与主体划分为不同服务层次，而"流程化"协同模式即依据情报处理流程改造协同合作方式。无论采取何种模式，其最终目的都是为了加强主体之间的协调合作，提高应急科研攻关情报信息服务效率，加快应急研发进展，最终打赢重大风险攻坚战。

各类主体有效支撑和支持应急科研攻关情报工程的开展，而在具体的工程化应急科研攻关情报服务开展环节，主要涉及以下资源层、融合层、专家层、服务层四个模块的内容。

7.3.2.1 资源层

资源层是面向应急科研攻关的情报工程服务体系运行的基础，是应急研发的情报信息积累。随着移动互联网和大数据技术的发展，突发公共事件涉及的领域更加宽泛，包含的数据信息也愈加广泛。传统以论文、专利、科学数据为主的科技情报源已经无法满足新兴环境下应急攻关的需要，突发事件下的情报源要尽可能向多元化方向扩展，需要包括权威新闻数据、政府及相关部门公开的突发事件实时数据、国际组织研究报告等，实现对各类数据源的全面实施获取及对突发事件的全面覆盖。在实践中，需要针对突发公共卫生事件建立专用数据库，具体包括基本信息库（如病毒信息库、临床试验数据库等）、应急案例库（如过往与该事件相关的案例资料等）、应急研究成果库（如相关科研成果、科研数据等）、应急战略库（如过往与该事件相关的参考性决策方案等）、专家库（如领域专家、专业学者等）、其他相关资料库（临时可调用的其他支撑性数据，如相关算法代码库、地理信息数据库、其他跨学科相关数据库等）。总体来看，资源层要注意"平时"和"战时"的各类数据资源建设与积累。

7.3.2.2 融合层

突发事件情境下各类科技信息资源的深度组织与聚合是困扰信息服务机构的现实难题。在突发公共事件情境下，相关科技数据和信息呈现爆炸式增长、多模态、无组织的特点，因此需要针对特定的应急研发任务对海量科技信息进行快速识别、细粒度组织、深度融合，实现多源异构的科技信息集成与整合。应急研发具有时效性、复杂性、多变性等特征，传统信息序化组织方式无法满足应急研发的情报信息需求，亟需通过知识融合方式将零散、孤立的数据关联起来，并通过知识化推进，揭示数据信息背后的内在规律，从而形成智慧型的情报服务产品。相关的技术体系涉及面向应急研发任务的关键资源推送技术（如与主题高度相关的关键情报抽取等），数据清洗技术与可信度评估模型（如错误信息识别、噪声信息过滤等）、细粒度知识组织技术（如知识元抽取与语义关联、知识计算等）、多源信息汇集与融合（如跨领域科技信息聚合框架、图像匹配等）等内容。

7.3.2.3 专家层

与传统情报服务不同，由于应急处置不力往往带来更大的负面效果和影响，应急科研攻关情报服务的科学性与有效性对专家智慧提出了更高的要求，专家智慧在应急科研攻关的每个阶段都发挥至关重要的作用。一般来说，应急专家智慧主要应用于应急方案的制定、比较与修正（叶光辉等，2015），而在应急科研攻关情境中，其主要是针对科研模块的综合把控。突发公共事件爆发后，其负面影响往往会波及经济、政治、文化、卫生等多个领域，面向突发事件的应急研发不再局限于单一领域或单一学科，因此各类科技信息服务都需要多领域专家的智慧支持。在情报工程思维下，多类型、多领域专家的协同合作与专家智慧的全流程嵌入尤为重要，全范围专家的遴选与跨学科意见的融合能最大限度发挥专家智慧在应急科研攻关情报服务不同阶段的作用。

7.3.2.4　服务层

服务层是面向应急科研攻关情报工程服务体系的具体功能支持与价值实现。应急研发可分为需求对接、研究开展、成果转化三个主要阶段。针对不同阶段科研攻关群体和科研情报需求，功能体系旨在通过有目标、有意识的情报信息利用，提供全方位、精准化的情报服务产品，实现其服务职能。

当突发公共事件暴发时，应急科研攻关体系持续受外界突发事件刺激，科研攻关活动随应急需求变化不断调整。在需求对接阶段，情报工程服务体系的核心任务是获取突发事件相关科技信息需求，分析刻画突发事件特征，预判可能存在的风险，针对不同突发事件性质预判当前阶段和后续阶段科研成果需求，为不同科研人员提供多元化的研发支持方案。由于突发公共事件的处置面临的是一个复杂多变的环境，因而在分析研发需求、确定研究方案时需要多部门、多学科知识背景的研究人员协同参与，包括政府科技部门、科研攻关专家组、科技情报服务人员等。在研究开展阶段，应急科研攻关的开展依赖多元化、协同化的情报工程服务支持。值得注意的是，随着突发公共事件形势的变化，应急研发情报需求也在发生变化，因而需要及时捕捉突发事件相关各类活动发展的走向，从全局视角对数据进行集成化处理，为应急研发提供实时数据资源与服务。在成果转化阶段，需要提供个性化、定制化相关信息服务，包括成果价值分析报告、成果竞争力分析报告等。应急科研攻关与一般科研攻关相比，具有课题难度大、任务时间紧、可用资源少等特点，因而很难一蹴而就取得预期的研究效果，需要对研究成果进行评估与调整以最终获得有效、安全的技术与产品。从情报工程角度看，可以通过监测相关科研动态评估科研成果的质量和价值，并对科研成果转化的可行性进行分析。另外，可以充当创新链与产业链之间的"二传手"，积极推动前沿研究成果的转化应用，并积极参与应急科研攻关相关科研成果的转化过程。当然，在实践中，应急科研攻关的三个主要阶段是相互联系、密不可分的，不同情报服务功能贯穿于应急科研攻关全过程的同时在不同阶段又会有所偏重。由于很多应急科研攻关实践具有时间紧、任务重、缺参考系的特殊特征，因而要更加注重情报服务功能的多元化、可定制化、智慧化，以期更好地从工程化情报驱动角度支持多领域、全流程的应急研发。

总之，面向应急科研攻关的情报工程服务体系的任务是能够及时提供可靠、全面的科研支撑资源（文献信息资源、研究数据等）；分享智能分析工具与方法（数据收集工具、数据分析方法等）；搭建融合多学科的交流共享平台（领域专家交流平台、科学数据共享平台等）等，为突发事件尤其是重大突发事件的应急科研攻关贡献情报信息服务的力量和独特价值。

| **8** | 突发事件网络舆情情报工程建设

8.1 从"信息疫情"说起

8.1.1 "信息疫情"的内涵阐释

8.1.1.1 "信息疫情"的提出与基本内涵

2003 年，重症急性呼吸综合征（SARS）疫情暴发，社会信息传播格局开始发生改变。疫情期间，新浪网的日均访问量突增到 300 万次，对 SARS 的留言、评论等也呈指数级增长。尽管传统大众媒体在发布疫情最新消息中仍然起到中流砥柱的作用，但人们的目光已开始聚焦于互联网上泛滥的信息。戴维·罗特科普夫在这时首次提出了"信息疫情"的概念，他认为，一些事实，加上谣言、猜测和恐惧，被现代信息技术迅速放大，以至于在世界范围内被人们传递，用与现实完全不相称的方式影响了国家甚至国际的经济、政治、安全的现象，称为"信息疫情"。2020 年，新冠肺炎疫情暴发，这场疫情对全球的影响是划时代的，不仅改变了现实世界的秩序，也彻底改变了社会信息传播格局。新冠肺炎疫情期间，微博、Twitter、Facebook 等国内外主流社交媒体的热门话题几乎都离不开新冠病毒，各大网站最显眼的位置无一不是关于新冠肺炎疫情的新闻。尽管传统的大众媒体还未消失，但绝大部分人都选择从微博、百度新闻、微信朋友圈等网络渠道尤其是移动互联网渠道来获取关于疫情的最新消息，"信息疫情"自此成为了全球热门词汇。该词源自英文的组合词"infodemic"，国内媒体普遍将"infodemic"译为"信息疫情"。世卫组织的西尔维·布莱恩博士认为，"信息疫情"指正确和错误的信息如洪流般涌来，导致可靠的信息来源和指导难以被发现，甚至危害到人们的健康。目前一般以世卫组织对"信息疫情"的理解为主（方兴东等，2020）。

从狭义上看，"信息疫情"是在传染病大规模暴发的背景下才得以产生的，现实中的疫情诱发了各种讨论、谣言、恐惧等，真假信息通过媒介四处传播，填满人们生活中的每一处空隙。如学者李小波等人就将"信息疫情"界定为"传染病疫情暴发后,在现代网络通信技术和新媒体传播等技术加持下,错误信息过载,与正确信息相混杂大范围传播造成无法分辨的危险现象"(李小波和郝泽一,2021)。不同学科对"信息疫情"的理解也存在差异。比如情报学更倾向于将"信息疫情"中的信息看作网上传播的信息,对这方面的研究也会偏向于网络舆情治理、网络信息资源管理等。而新闻传播学将"信息疫情"中的信息看成是传播网络中的信息,研究方向也会侧重于信息传播机制、传播秩序等方面。而从广义上看,"信息疫情"这种现象实际上可以出现在任何事件情境下。某个事件引发了信息的突然爆炸,而大多数人没有做好应对这一现象的准备,只能被迫接受真假信息溢出所带来的不利影响,"信息疫情"现象就会开始蔓延。目前看来,学术界等主要还是狭义上的理解,但不可否认的是,广义的"信息疫情"所描述的现象也有发生,如"信息病毒""信息危机"等就有类似的内涵,而未来可能又会出现新的术语表达。

"信息疫情"具有鲜明的特殊特征,包括传播的快速性、信息的过载性、关注的大众性等(王世伟,2020)。除此之外,还可以从以下两个方面去理解:第一,"信息疫情"的内容和对社会的破坏力,随着事件的不同而不同。如果是医学界的已知病毒引发了传染病,那么"信息疫情"对群众的影响可能不会太大。反之,如果是像新型冠状病毒这样医学界从未面对的未知病毒,那么"信息疫情"则将社会恐慌最大化,进而造成可怕的后果。第二,"信息疫情"的传播机制和传播效果,随着社会发展进程的不同而不同。中世纪的黑死病席卷欧洲,严格来说,狭义上的"信息疫情"在那时就已出现。只不过那时候信息的传播方式还是以口头为主,传播速度也远远不及现在。非典疫情期间,微博和短视频都未出现,"信息疫情"只能靠大众媒体和比较大的门户网站传播。而新冠肺炎疫情期间,"信息疫情"的传播机制又发生巨大变化。不难想象,未来新一轮的互联网浪潮来临时,如果再发生传染病肆虐的情况,"信息疫情"又会是另外一个模样。当然,即使"信息疫情"在某些方面是千变万化的,但我们仍然可以总结出一些不变的特征,包括信息数量巨大、关注度高、传播范围广、危害性强等。

8.1.1.2 "信息疫情"相关概念术语

随着"信息疫情"成为全球流行词汇,与其相关的一些概念也引起了人们的高度关注,包括错误信息、虚假信息、谣言、假新闻、不实信息等。本节也将对这些概念作出简要辨析,以更好认识"信息疫情"情境下的基本问题和内涵边界。

错误信息和虚假信息对应的英文分别是"Misinformation"和"Disinformation"。Pool 和 Fatehi 在其论文中提到，"Misinformation"是虚假或不准确的信息，无关意图；"Disinformation"是故意的，带有误导性质的信息（Pool et al，2021）。这二者最重要的区别在于意图，或者说动机。错误信息的产生或传播通常不具备恶意，传播者也只是信以为真。比如新冠肺炎疫情在我国最严重的时候，网上流传着"金银花可预防新冠肺炎"，网友只是对"某大学研究团队对金银花中的 MicroRNA 有靶向抑制新冠病毒的潜力"这一原始信息产生了误解。错误信息经过科学矫正后，慢慢就会从大众的视野中淡出。虚假信息的生产者和传播者通常怀有不纯粹的动机，这种信息的伤害性远远大于错误信息的伤害性，在网络上的停留时间更长，相关部门对其的管控也更加棘手。

在所有的相关概念中，谣言与"信息疫情"的关系极为紧密，人们往往会不自觉地将"信息疫情"与谣言划等号，但这是对"信息疫情"的误解。《现代汉语词典》对谣言的解释是：谣言是指没有相应事实基础，却被捏造出来并通过一定手段推动传播的言论。谣言是没有事实凭据的，因个人有意杜撰才得以产生，某种程度上属于错误（虚假）信息的一部分。而"信息疫情"中信息的含义既包括有事实依据的、正确（真实）的信息，又包括不符合事实的、错误（虚假）的信息。因此，谣言可以看作是"信息疫情"的一部分，即"信息疫情"中的信息包括谣言，二者是部分与整体的关系，不能直接对二者划等号。在突发事件情境下，不论是谣言的传播速度还是散布规模，对网络空间的破坏性和冲击力比任何时候都强。

另外一个与"信息疫情"相关的概念是"假新闻"。根据柯林斯词典的定义，"假新闻"是指"假借新闻报道形式传播的错误虚假、耸人听闻的信息"。分析其定义可以看出，假新闻与"信息疫情"的区别主要体现在信息内容和传播方式两方面。从信息内容上看，假新闻不言而喻，是虚假的信息，属于"信息疫情"中信息的一部分。从传播方式上看，假新闻的传播方式只限于新闻报道这一种形式，比谣言的传播方式更单一。因此，假新闻也是信息疫情的一部分。何志平、李明菲指出，网络谣言不可能全是假新闻，但假新闻一定属于谣言范畴（何志平和李明菲，2017），这个观点阐明了假新闻与谣言的关系。在新冠肺炎疫情期间，一些新闻媒体为了争当第一个发布疫情相关消息的机构，以抢占流量为导向，对所获取信息的真实性和可靠性不加佐证，发布假新闻，最终误导民众。

不实信息也经常被人们提及，是指未经证实的信息以物质载体文字、图像、动画等形式表现出来，对某一事件或事物的一般属性与真实情况不符的描述（霍良安，2012）。不实信息是一个比谣言更宽泛的概念，包含了谣言以及其他未经证实的非官方消息。不实信息与虚假信息也有着一定的区别，不实信息可能会随着时间、环境等因素的改变而最后变成真实信息，但虚假信息来自于不纯粹的动机，通常不会因外界因素改变而转变为真实信息。不实信息与"信息疫情"的关系同样是包含与被包含的关系，不实信息作为"信息疫情"洪流的一分子，对网络空间的负面影响不亚于虚假信息。

总体来看，很多概念、术语等与"信息疫情"密切相关，不同术语之间的内涵界定存在一定的联系和差异，但其根源主要与学科研究基点、领域划分逻辑、实践导向等密切相关。因此，在实际研究与实践应用中，对于相关概述与术语的使用，要根据特定情境进行综合把控。

8.1.2 "信息疫情"与网络治理

信息网络化尤其是移动互联网时代的到来，催生了信息自下而上传播的大集市模式，信息传播往往呈混沌和失控的状态，在特殊事件的影响下，人们在事件中产生的非适应性问题会在网络空间折射，这便是"信息疫情"的本质。当前，我们处在智能革命的浪潮之巅，不过短短几年，整个社会信息传播格局与过去几十年人们所适应的格局大不相同，但目前我们尚未发展出能够大规模筛选和有效管控网络信息的工具和制度。新冠肺炎疫情的传染规模和高致死率是历史上前所未有的。事件的特殊性，加上物理空间中新冠病毒的传播与互联网空间中"信息病毒"的传播相互映射，使得"信息疫情"不断恶化，给新时期的网络治理带来了巨大的挑战，也对未来的网络治理、网络舆情管控等提出新要求。

突发事件往往伴随着社会舆论，随着互联网技术渗透到人们生活的方方面面，社会舆论逐渐演化为网络舆情，一旦管控不力，就可能演化成"信息疫情"。各类社交媒体虽然为民众提供了一个更加便利的"发声"平台，"人人都是演说家"的时代也随之到来。然而，一些自媒体为了博取群众眼球、赚取流量，故意扭曲信息、夸大事实，进而掀起巨大的网络舆论风波。一旦网络舆情演化成"信息疫情"，传统"谣言止于智者"的模式往往会显得力不从心，对于未知的病毒，即使是权威的医学专家也难以在初期判断哪些是谣言，哪些是准确的信息。此外，"信息疫情"每日都在发生着变化，人工监测早已跟不上信息更新的速度，过去的网络舆情治理方法也显然不再适用。"信息疫情"给网络治理提出了许多新问题，引起了人们对网络舆情信息治理尤其是网络信息资源质量管理与控制的新关注乃至重新认知。而我们必须把握信息传播的新规律以及技术发展趋势，从信息视角构建全新的网络治理机制。

医学技术在不断进步的同时，病毒也从未停下过变异的脚步，而在网络空间的"信息病毒"也在以其独特的方式演变着。换言之，现实世界中的病毒一次又一次发生变异，相关网络舆情也会朝着愈加棘手的方向一步步演化。同时网络舆情的传播媒介在这个新媒体快速发展的时期也将不断地更新换代。我们无法断定继新冠病毒之后人类不会再经历大规模的传染病，为应对下一个"信息病毒"、下一场网络舆情，我们需要从此次的"信息疫情"中看到现有网络舆情信息治理措施的不足，在弥补不足的同时，"升级"网络舆情治理机制。

宝洁公司首席运营官罗伯特·麦克唐纳说，"这是一个乌卡的世界"，科技革命、全球贸易、经济危机、地区冲突等，使全人类处于一个易变（volatile）、不确定（uncertain）、复杂（complex）、模糊（ambiguous）的时代，即乌卡时代（VUCA）①。回顾历史，其实每一次的突发事件都在提醒我们：做好迎接下一个危机的准备。2021年9月30日，美国《2022财年情报授权法案》公布了2022年美国国家情报工作的11个重点事项，其中就包括了对下一场大流行病、气候变化与火灾、潜在的涉外威胁等突发事件的应对方案②。网络舆情就像是突发事件的副产品，容易产生放大效应，最终可能导致比事件本身更可怕的后果。舆论发酵、民众情绪激愤、真假信息混杂，网络空间一步一步踏入"信息疫情"的陷阱，如不加以干预，最终整个网络空间都将被负面舆情吞噬。在全球化的乌卡时代，突发事件网络舆情信息治理早已不是某个国家的问题，而是全球问题，离不开国际组织的指导和各国的合作。我们要随时准备好应对下一次现实世界危机带来的"副产品"，促进全球合作，坚定重塑信息秩序的信心，而这也在呼唤信息视角的新型网络治理模式的出现。

8.1.3 "信息疫情"呼唤信息科学等学科的新行动

"信息疫情"不仅为政府网络空间治理带来了新挑战，也对学术界相关领域的研究探索等产生了深刻和长远的影响，尤其是长期与数据信息打交道的、与"信息疫情"方向密切相关的信息科学等领域更为凸显。信息科学家如计算机科学家、信息系统学家、图书情报学家等，过去对网络信息治理尤其是网络舆情危机的关注点大都聚焦在日常情境下的网络辟谣、负面舆情热点挖掘等方面，而如今开始重点关注应急情境下的网络舆情信息治理甚至是数据治理。实际上，突发事件网络舆情相关研究已经发展了很多年，"信息疫情"之前也有学者对该方向进行过一些研究。然而，在如今这个社交媒体和新媒体盛行的时代，应急情境下的网络舆情信息治理模式面临新的特征，很多新场景、新问题不断出现，旧场景

① https://zhuanlan.zhihu.com/p/64994058.
② https://mp.weixin.qq.com/s/QL3wKbJKgMK9NpQLP8mxZQ.

下的一些问题也面临重新改变，相关研究（理论发现、数据发现、关系发现等）亟需跟进、优化、更新和改进。突发事件总体千变万化、难以预测，为迎接可能的下一次网络危机，我们认为信息科学等相关学科应该为面对新环境的新发展要求积极开展新行动。

从研究聚焦点层面来说，用户信息行为、网络谣言识别、社交网络分析等一直是信息科学领域主要的研究关切，未来则需要结合"信息疫情"在相关方向展开更加系统化、细粒度化的研究。例如，突发事件发生后，群众的情感很容易受到舆论的影响，再加上网络推手刻意制造恐慌气氛，极易形成舆情风暴。分析公共情绪的产生机制和影响因素，挖掘用户在突发事件中的信息行为规律，对于网络舆情治理工作是十分有价值的。过去，我国也有不少学者投入该方向的研究，如微博公共情绪传播问题（胡江伟，2019）、用户情绪的内在演变机理（张海涛等，2020）、用户信息行为的影响因素等（吴布林等，2021）。然而，过去的一些研究由于数据缺失、团队单一、情境孤立等原因，总体研究发现有待进一步推进，未来，相关研究还有待更加系统化和细粒化。特别提出，下一次危机也许不是传染病，也许是一个人类从未经历过的事件，而无论突发事件是什么，都逃不过网络舆情的放大效应。正因如此，提高网络谣言识别的全领域覆盖度和准确度一直都是许多信息科学人追求的目标。近年来，机器学习、深度学习等技术大热，信息科学领域也开始利用这些技术解决网络谣言识别问题。比如，有研究融合机器学习和深度学习构建神经网络模型对多特征谣言进行识别（孙冉和安璐，2021）；再如，有研究用遗传算法优化 BP 神经网络构建网络谣言危机预警模型等（张鹏等，2019）。突发事件是不断变化的，谣言也会随着事件的变化而变化，如今人工智能技术的发展为网络谣言的识别、建立谣言预警机制、舆情动态识别等研究提供了肥沃的土壤，信息科学领域的研究者应该更积极地投入到该方向的研究中来。此外，突发事件网络舆情传播离不开社交网络，分析用户社交网络能挖掘出潜在的舆情信息传播路径。国内外对社交网络的研究正值繁荣期，突发事件又进一步促进了该研究的深入，如社交关系对突发事件舆论的影响（徐新然等，2019）、关键节点动态识别方法等（陈思菁等，2019），未来信息科学家理应根据移动互联网、5G 等新环境特点在这个方向给予更多的关注。

从跨界合作层面来看，过去分散式的研究同样阻碍了相关方向的纵向拓展，在此背景下，信息科学领域需要积极开展各学科之间的交叉融合，结合"信息疫情"、网络舆情新特征等开展更广泛的学科合作、项目交流和实践互助。例如，近年来，计算机科学与技术与图书情报学的交叉逐渐密切，随着新媒体行业的崛起以及全球健康危机的蔓延，新闻传播学、心理学、医学与图书情报学的融合频率也日益上升。我们未来遇到的重大突发事件必然是多样化的，也需要各种学科的研究专长以及多领域专家智慧的支持才能有效实现网络信息治理。如随着体制机制创新以及大数据与人工智能等技术的发展，包括图书情报学、新闻传播学等在内的信息科学群可以通过合作的方式打造系统化的网络舆情信息服务模式。其中，如突发事件网络舆情情报服务平台的构建就依托于图书情报学、新闻传播学、计算机科学与技术等学科，而不是局限于某一学科的研究资源和领域专家智慧。为了更好地推进相关跨学科合作，信息科学领域的相关期刊可以组织学科融合相关的研究专题，还可以定期举办大类跨学科交流会议，邀请各个领域的专家学者进行前沿的学术探讨，促进信息科学群的内部合作以及与其他自然科学等的外部合作。学科交叉有助于学者迸发创新灵感，也能够为突发事件网络舆情信息治理提供新颖的思路。总之，信息科学人应该更多地与不同背景的研究者在学术上、项目上等进行借鉴交流，进一步拓展应急情境下网络舆情信息治理的研究深度和广度，为面向未来的网络空间治理提供信息视角的方案和模式。

8.2　疫情防控背景下网络舆情信息工作及启示

8.2.1　疫情防控背景下相关网络舆情信息工作介绍

　　2020 年初，新型冠状病毒肺炎疫情暴发，关于病毒来源和治疗手段的新闻在网上各大平台传播，民众一时难辨真假，"信息疫情"也随之暴发。习近平总书记于 2020 年 2 月在北京市调研指导新冠肺炎疫情防控工作时，明确提出"要加强舆论引导工作"的要求。在疫情防控背景下，政府、高校、企业和智库等纷纷响应习近平总书记的重要指示，在做好防疫工作的同时，也对网络舆情治理进行了深入研究，从信息分析、数据分析等相关视角做出了一些成果并服务于政府决策与社会治理。本节对相关组织、机构在疫情期间所做的网络舆情信息工作进行一个简要介绍。

　　我国各省市网信部门在疫情防控期间日夜奋战在战"舆"第一线，为国家筑牢官方体系下的舆情风险防火墙。2020 年春节期间，几乎所有市委网信办都取消了春节假期，实行 24 小时线上线下值班制度，实时监测网上负面舆情、谣言信息。例如，亳州市委网信办推出了大型融媒体直播《亳"疫"之战，抗击疫情》、动漫《有一种抗"疫"，叫不去魏武广场扎堆!》、音频《亳州村干部广场喊话》等作品，与网民互动，科普正确防疫知识，引导网民不信谣不传谣①。银川市委网信办对接抖音、今日头条等新媒体平台，积极处置涉疫谣言，组织"#银川加油#"话题并在微信视频号和抖音上发布作品②。秦皇岛市卢龙县委网信办在"网信卢龙"微信公众号上开设辟谣专栏，营造良好的网络舆情氛围③。信阳市委网信办与卫健、公安等部门密切配合，加强网络舆情联动处置，压紧压实涉疫舆情属地责任、单位责任和个人责任④。嘉峪关市委网信办启动了网信系统加强级应急响应，24 小时不间断人工监测网络舆情，同时发布致广大网民的倡议书，引导正面舆论等⑤。

新冠肺炎疫情期间，国内许多高校利用学科、技术优势，在网络舆情治理方面做出了不少信息分析相关研究和成果，为网络空间治理贡献了一份力量。例如，在武汉大学电子信息学院江昊教授的带领下，先进网络与智能系统研究团队开展了网络舆情信息分析工作。该团队分别对疫情中重要事件的复杂网络传播模型、传播时间序列模式发现、谣言定位、社会情绪与舆论传播的关系等专题进行了研究。团队通过分析大量用户社交账号的转发行为，定位谣言传播的源头；对新闻事件的传播模式进行挖掘，构建社会情绪驱动的舆情发展预测模型；对网络舆情和疫情的相互作用机制进行量化研究，为突发公共卫生事件的舆情治理提供了建议⑥。清华大学人工智能研究院、RealAI 共同研发推出"新冠肺炎疫情 AI 话题分析平台"，该平台能够自动实时采集、分析海量媒体信息，让公众和政府部门第一时间了解有关疫情的最新消息⑦。在突发公共卫生事件中，信息来源繁多且杂乱，人们往往依靠常用的社交软件来自行搜索想要的信息。这一平台在一定程度上解决了信息源杂乱、信息冗余的问题，为用户和政府部门及时获取信息提供了一个可靠的渠道。电子科技大学、武汉大学与优易数据公司联合打造了疫情统计与应对信息区块链平台，该平台利用元数据解析、自动排重、智能聚类等大数据技术和区块链技术采集各级政府、卫健委和高校等公开疫情信息与应对措施、各地舆情信息与患者画像数据，实现了信息溯源和数据生命周期管理，为政府、高校的防疫和舆情治理提供了技术支持⑧。北京大学实验室知识集成和智能决策中心主任邹磊教授团队在 OpenKG 推出的新冠肺炎疫情专题知识图谱数据集

---

① http://www.bzxfw.gov.cn/e/action/showinfo.php?classid=6&id=11100.

② https://new.qq.com/rain/a/20211027A0E9BE00.

③ https://www.thepaper.cn/newsDetail_forward_7167240.

④ https://baijiahao.baidu.com/s?id=1706993004513747818&wfr=spider&for=pc.

⑤ http://jyj.jyg.gov.cn/xwdt/bsdt/202002/t20200226_539126.html.

⑥ https://news.whu.edu.cn/info/1002/58237.htm.

⑦ http://www.cuc.edu.cn/2020/0623/c1383a171312/pagem.htm.

⑧ https://www.163.com/dy/article/F4HO8JAS05382INU.html.

基础上，构建了新冠知识图谱系统，共有 8 大类 17 个图谱，其中包括新冠百科图谱、新冠热点事件图谱等①。该知识图谱系统涵盖了疫情的方方面面，不仅为广大群众传达防疫消息，还提供了热点事件渠道和知识科普，从用户端一定程度上压制了谣言的传播和错误舆论的发酵。复旦大学新闻学院与华东师范大学通信与电子工程学院的几位师生组成了辟谣团队，获取 946 条辟谣微博，用数据可视化的方式提炼出谣言的辨别方法，最终发表《看了 946 条辟谣信息，我们提炼出一些信息辨别方法》一文②，该文为高校、企业、政府相关部门识别谣言提供了一定思路等。

企业在疫情防控期间网络舆情信息治理工作中也扮演着重要角色，高校具备大量的科研人才，而企业具备大规模的数据资源和信息硬件设施和平台，可为政府相关部门治理舆情提供强大的信息和技术支持。例如，我国大型互联网企业主要以社交媒体平台为依托，发挥各自的数据资源和技术优势，在社交平台上推动新冠肺炎疫情网络辟谣工作。如腾讯新闻较真平台在疫情期间推出了"新型冠状病毒肺炎实时辟谣"功能，该平台利用深度学习、实时推理、自动识别等人工智能技术对 QQ、微信的内容进行深入挖掘，从而及时发现谣言。该平台的传播渠道包括腾讯新闻 APP 专题页、微信公众号、天天快报及微博话题等。图 8-1 展示了"较真"平台的主页。值得一提的是，该平台的留言集萃模块会定期更新一

图 8-1 腾讯"较真"平台

① https://news.pku.edu.cn/xwzh/14222c7390d94437aad70f935b3f68e7.htm.

② http://www.why.com.cn/epaper/webpc/qnb/html/2020-03/06/content_101709.html.

些网友留言，如疫情期间网友纷纷留言"不信谣不造谣，不给政府添麻烦"，这个模块成了疫情期间的正能量聚集地之一。

丁香医生也开设了辟谣专栏，用于收录辟谣的文章，为广大群众答疑解惑。新冠肺炎疫情期间，许多用户都在丁香医生上搜索与新冠病毒防治相关的问题，该平台选取搜索次数较高的问题作为文章主题，由丁香医生团队来识别谣言并给出解答。平台的辟谣专栏如图 8-2。

图 8-2　丁香医生辟谣专栏

新浪新闻自建了"捉谣记"平台，日常更新辟谣信息，此外在"热点聚焦"模块还有每月的谣言统计，省去了用户自己翻阅查找的时间。该平台的用户界面与微信公众号的推送类似，易于操作，且标题起得十分引人注目。新冠肺炎疫情比较严重的时期，该平台几乎每天都会发布新冠相关的辟谣文章，包括病毒的防治、确诊患者等方面，如图 8-3 所示。

百度的辟谣平台具有疫情实时辟谣、百家防疫科普、权威媒体速报三大功能，该平台以自身的辟谣机制为基础，将权威媒体的辟谣信息作为补充，从而使得辟谣信息更加全面和及时（图 8-4）。

疫情暴发初期，今日头条就新增了"抗击肺炎"模块。该模块下有一个"鉴真辟谣专区"，一系列谣言也被绿色的"确认属实"、红色的"谣言"、灰色的"有争议"做了分类，同时具备信息检索功能，用户可以自行搜索感兴趣的信息。模块主页见图 8-5。

总体来看，在疫情防控背景下，许多企业尤其是互联网企业都自发扮演了网络秩序维护者的角色。有的专门为疫情搭建了辟谣平台，有的是在已有产品的基础上增加辟谣模块，还有的是在原有辟谣功能基础上进一步拓展等。除了辟谣工作，部分企业还开发了网络舆情监测分析系统，形成监测、预警、分析、报告工作流，为相关用户提供专业的网络舆情情报信息服务。

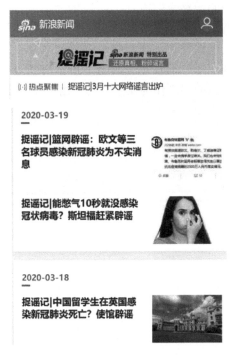

图 8-3 "捉谣记"平台

图 8-4 百度辟谣平台

除了政府、高校和企业，我国智库也在网络舆情信息分析工作中扮演了重要的角色。例如，南京大学人文社会科学大数据研究院与江苏省重点高端智库紫金

图 8-5　今日头条"鉴真辟谣专区"

传媒智库的大数据分析团队，采集了境内外政府机构、新闻媒体、社交平台等疫情相关的数据源 40 余万条，结合微博等社交媒体的监控平台，对舆情进行了初步分析，并对疫情期间网络舆情治理提出了几点建议，获得相关政府部门的肯定（孙建军等，2020）。复旦发展研究院公开发布了四份《复旦智库报告》，其中《傲慢与偏见：我国新冠肺炎疫情防控的境外舆情分析》收集了近 30 个国家的涉华疫情报道，分析了国外的媒体舆论走向等①。

8.2.2　相关机构疫情防控网络舆情信息工作的启示

新冠肺炎疫情期间，政府、高校、企业和智库等机构都为网络舆情信息工作做出了不少贡献。因为这些机构及其工作人员的辛勤付出，网络空间才不至于在舆情的漩涡中彻底沦陷，人民群众也借此机会了解到许多医学常识和知识。尽管各机构纷纷发挥专长，在网络空间信息治理上做出了自己的贡献，但是在网络舆情信息工作上仍然存在些许不足。

---

① https://news.fudan.edu.cn/2020/0406/c1397a104611/page.htm.

目前来看，同类型主体内部网络舆情信息工作模式存在分散化，不能形成领域内的协同攻关模式。比如，企业主体内部缺乏有效合作，从新冠肺炎防控实践来看，诸多企业各自独立开展辟谣工作，尽管呈现的产品都各有特色，但是从用户角度来考虑，这些产品都属于功能相似的同类型产品。不同企业所收集的数据资源存在重合部分，例如同一条辟谣信息既可以在"较真"平台上找到，也可以在"捉谣记"上找到，这就造成了数据冗余。采集数据是一项耗费大量人力物力和时间成本的工作，同样的工作被不同企业执行，总是避免不了重复采集，由此造成大量的资源被浪费。同理，不同企业收集的数据也存在局限性。例如用户想求证某信息是否为谣言，在百度辟谣、"较真"上都找不到，但是今日头条的鉴真辟谣专区却收录了这条信息，这就形成了数据缺口。每个辟谣平台都无法保证能收集到全面的谣言信息，为用户提供最全面的服务，因此数据缺口总是客观存在的。用户为了寻找到所需的信息，只好同时使用多个平台展开信息搜寻工作，这就给用户带来了不便。再比如，高校在网络舆情信息分析研究上也存在分散化的问题。疫情期间，高校缺乏学科、团队上的合作和资源共享。不少高校在网络舆情信息分析工作上的实践都是类似的，但研究基础不同、数据资源不同、专家团队不同，最终研究成果的价值就可能存在差异。各个高校拥有的资源是有限的，数据冗余、数据缺口、知识缺口等问题在高校中也同样未得到解决，而且突发事件的应对是涉及多学科领域，这更需要高校之间的协同合作。同类主体在疫情期间大都选择"单打独斗"，最主要的原因源于缺乏相关统筹机制和利益分配制度。例如疫情期间某一企业自己耗资开发的辟谣平台可以推广到市场，即使疫情过去了也仍然具有商业价值，如果出现了合作方，那么利益分配和产权归属将成为平台发挥价值的绊脚石。在这个数据成为资产的时代，如果没有利益保障，主体之间的数据合作也会受到阻碍。主体内部协同模式的缺乏导致资源浪费严重，数据的量与质以及用户体验的考量都存在缺陷，难以打造出更好的情报信息服务。

另外，目前缺乏集"政产学研"于一体的网络舆情信息治理模式，导致网络舆情信息分析工作的整体广度和深度存在不足。产学研一体化已不是一个新概念，自提出以来，高校、企业与研究院所的合作明显加强。然而，在应对突发事件网络舆情方面，产学结合在各主体实践中体现得不够明显。例如，高校应对网络舆情的方案与企业有很大的不同，高校的方案尽管也实现了一定程度上的创新，但是无法有效转化成社会服务；企业的方案是工业化的，是直接投入市场供用户使用的，往往注重产品打造和品牌维护，常常缺乏创新驱动思维。"产"与"学"等的割离，使得各主体的优势与劣势没能形成互补，不利于综合性服务的打造。另外，很多企业都有自己所擅长的业务和重点关注的领域方向，很少有

"全能型"的企业组织，在现实中这也难以实现。像此次的新冠肺炎疫情，如果做相关网络信息产品的企业与做医疗服务相关机构携手构建辟谣平台，那么双方的知识缺口在很大程度上都可以被填补。除了要将产学研一体化应用于突发事件网络舆情治理以外，还要牢记政府的指挥地位是不可替代的，因此"政产学研"应该成为新时代网络舆情信息治理的合作模式。只有各方主体形成共同的目标和契约文化，才能更好打造出全局性的网络舆情信息治理模式。

特别提出，在实践中，企业、高校等在品牌维护、科研产出、社会使命等驱动下大量采集疫情相关数据、搭建平台进而投入相关研究与实践，但由于缺乏相关数据质量控制机制，使得很多数据资源和分析成果的质量难以保证。例如，针对各类社交媒体平台，在缺乏网络信息质量控制的情况下，甚至还会出现对同一条谣言的澄清说法不一致的问题，这会给广大用户带来困惑。高校做产品可能不会进行大规模的市场调查和需求分析，这就导致许多高校的信息产品并不能推广到市场供所有用户使用，只能在高校内部或某些政府部门发挥价值。这样的产品局限性过大，且造成了不必要的资源浪费。如果政府、高校、企业等多方机构联合起来，建立合理的协同化的网络信息治理质量控制制度，那么数据质量和产品价值就有了保障。

总体上看，企业、高校与科研院所等之间需要紧密结合，形成突发事件网络舆情信息分析相关数据链、服务链、产业链。而政府则需要支持企业、高校及科研院所等推广研究成果，同时给予政策、资金等上的支持。"政产学研"一体化应用于突发事件网络舆情信息治理，能够大大提升相关研究成果和技术成果的转化率，也能满足用户真正的信息需求，从而服务好人民群众。

8.3 微博平台网络辟谣信息工作机制及启示

8.3.1 微博平台及其网络辟谣信息工作基本情况

从 2006 年"微型博客"在国内首次亮相，到 2009 年新浪微博开始内测，截至目前，微博已陪伴了用户 15 年。微博官方数据显示 2020 年日活跃用户数量达2.24 亿，月活跃用户数量高达 5.11 亿。通过微博，人们足不出户就可遍知天下事，也能用私信联系想要联系的人，甚至可以通过"微博小店"进行网购。微博早已成为年轻人的文化娱乐社区，也成为了国内互联网舆论的主战场。在应对网络舆情方面，微博可以说是最早完成辟谣平台布局的社交媒体之一。微博社区管理中心和"@微博辟谣"账号是微博平台主要的辟谣工具，前者影响力相对小于后者，但是前者的辟谣机制具有很大特色与借鉴意义。

微博社区管理中心类似于一个虚拟世界的工会，其辟谣机制与腾讯"较真"平台、新浪新闻的"捉谣记"、丁香医生"辟谣专栏"等辟谣平台完全不同。微博社区管理中心充分利用了"大众情报"和"大众智慧"，采取用户举报、用户证伪机制，首页如图 8-6 所示。

图 8-6　微博社区管理中心

如图 8-6 所示，用户举报分三个阶段：举证阶段、判定阶段、结果公示。用户在举证阶段之前，其行为可以大致分为两类：一类是信息偶遇，一类是信息觅食。举例来说，如某个具有医学背景的用户在疫情期间浏览微博时，无意中看见一条博文"盐水漱口能预防感染新冠肺炎"，浏览者立马就可以用自己的医学常识判定此博文为谣言，再进一步寻找医学证据来举报该博文。突发事件发生时，人们比以往更在乎消息的真实性和准确性，因此就有了信息觅食行为。用户会主动搜索与事件相关的信息，同样的搜索问题如果得到的答案不同，那么用户就会开展多渠道搜索工作，这样一来就能发现某些说法是具有误导性的，从而在微博社区管理中心进行举报。用户举报时须陈述证据，提交证据后即举证阶段结束，其他用户可以投票支持被举报人或举报人，也可以针对被举报的事件发表观点。接下来到判定阶段，由微博组织的专家委员会进行投票，败诉方将会被扣除信用历史分，这一分数与用户的信用等级相关联。判定结束后，这条举报信息就会被移到结果公示栏。自新冠肺炎疫情发生以来，涉疫的不实消息数不胜数，直到现在还仍然有谣言散布在微博的各个角落。

如图 8-7 所示，某用户在微博发布视频称北京新发地市场有 45 人咽拭子阳性，随后于 2021 年 11 月 16 日被举报，经判定此消息为不实信息，被举报人被扣除 10 分信用历史分。

图 8-7   不实信息结果公示

　　"@微博辟谣"账号的运行机制与微博社区管理中心有所不同，从用户关注量来看，前者比后者的影响力更大，"@微博辟谣"账号拥有的粉丝量达百万级别。该账号在辟谣工作方面扮演着"课代表"的角色，如将全国各地带有蓝色大 V 认证的账号博文汇总到"#微博辟谣#"话题下。这种汇总方式既保证了信息来源的可靠性，又满足了用户对辟谣工作的信息需求（图 8-8）。在账号首页，微博还设置了信息检索功能，分为"按时间搜索"和"按内容搜索"两种方式（图 8-9）。该账号还会通过"@微博小秘书"私信所有用户，而用户也可以私信该账户举报谣言。"@微博辟谣"将机构情报与大众情报充分结合，赢得了全站用户的广泛关注和信任。

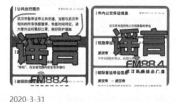

图 8-8   微博辟谣官方账号

图 8-9　微博辟谣主页

　　面对新冠肺炎疫情这样的突发公共卫生事件，多数不具备医学常识的民众很容易被网上的谣言牵着鼻子走，导致社会恐慌加剧，甚至出现市场失衡的现象。例如"双黄连口服液可治疗新冠肺炎"突然被推上微博热搜，导致市场上双黄连口服液一夜脱销，但后来人民日报的官微发布微博辟谣，真相是双黄连只可以抑制病毒，且仍然在临床研究阶段，无任何证据证明其可作为治疗药物。"只有N95 口罩才可以预防新冠病毒"也导致各大药房的 N95 口罩被抢空，网购平台的N95 口罩价格一夜飙升。可见一旦谣言的散布规模达到一定程度，无论是对人民身体健康还是市场供需平衡、社会秩序稳定，都具有极强的危害性。微博在网络舆情信息治理工作中，充分发挥了自身优势即庞大的用户基数，以大众情报、机构情报等作为主要的数据和证据来源，在突发事件网络舆情信息服务中占据一定的优势，值得其他社交媒体平台借鉴。

8.3.2　微博平台网络辟谣信息工作的启示

　　网络舆情的平息往往不是一蹴而就的，如不对其加以干预，网络舆情只会愈演愈烈，对网络世界和现实世界产生巨大的不利影响。微博的辟谣工作在平息负面网络舆情上发挥了巨大的作用，具有很好的示范借鉴意义，当然也存在一些不足之处，综合来看，我们认为有以下启示可供参考。

第一，进一步调动用户参与网络舆情治理的积极性，通过技术集成将大众情报的价值最大化。无论是信息偶遇行为还是信息觅食行为，都需要用户自愿花费精力和时间搜寻信息，无形中汇集了用户的智慧。在微博社区管理中心这个虚拟世界的工会上，败诉者要为自己发布的不实信息付出代价，而胜诉者却没有得到应有的奖励，这是笔者认为该社区目前相关制度的欠缺之处。为了更好地利用大众情报，调动用户参与辟谣工作的积极性，可以制定一些积分政策。例如举报不实信息成功则加5积分，积分积累到一定数量可以在微博小店兑换固定商品，或者购买商品时可以用积分抵扣现金，就好比淘宝的淘金币。这样一来，用户搜寻不实信息的动机就不单单只有对自身生命健康的担忧，还有对积分等奖励的渴望。因为不一定所有的突发事件都能像新冠肺炎疫情这样，让用户出于自身健康考虑而主动寻找不实信息，一旦失去了这个动机，大众情报的来源可能就少之又少。制定合理的奖罚制度能够拓宽微博社区管理中心的作用范围，与突发事件网络舆情信息分析工作结合起来，大大提高网络舆情治理效率。每个平台内部都有一套自动识别谣言的工具方法，微博自然也不例外。然而，机器识别方法仍然处于发展中，目前还远远达不到人工识别的准确性，如果将机器自动识别与大众情报结合起来，既能缩短谣言发现的时间，又进一步保障了相关证据的准确性。正如情报工程的核心思想提到的"数据资源+工具方法+专家智慧"，相关平台也可以借鉴这一逻辑，打造一个"大众情报+智能技术+大众智慧"的综合性辟谣模式。

第二，重视正规机构的信息来源，建立"官方"信息呈现体系。"@微博辟谣"官方账号一直以来就扮演着真相搬运工的角色，其本身并不发布一些辟谣博文，而更多是每天转发其他单位组织或普通用户的辟谣信息。通常来说，广大群众不会关注全部的单位机构官微，但是每个单位机构的官微都会发布与其地区、职能相关的辟谣信息。那么如何让广大用户都知晓这些信息？"@微博辟谣"账号的实践是值得其他社交媒体平台学习的。突发事件发生后，网上数据信息量会比平时更大，用户难以辨别信息真假，因此确保数据来源可靠是一项十分重要的工作。正规机构往往具备社交媒体平台所没有的专业知识，其提供的信息和情报具有较强的参考价值。所以最直接的方式就是选择那些正规机构发布的信息作为数据来源，比如"人民日报"、"央视新闻"、某某市委网信办等官微，建立"官方"信息呈现体系。在转发正规机构的官微博文时，最好再增加一层数据质量把关机制，确保所转发的博文发布者没有冒充组织机构，保证用户得到的信息是绝对真实可靠的。

第三，提高辟谣信息的曝光率，增加信息分类功能。尽管"@微博辟谣"

账号每日孜孜不倦地转发各类机构的辟谣消息并归总到"#微博辟谣#"话题下，但是并不能保证所有的用户都关注了该账号，也不是全站用户在突发事件发生期间都会去搜索这个话题。从这个角度来看，微博在辟谣信息曝光方面是有待改进的。辟谣工作最重要的就是要让全站用户都能看到，例如突发事件发生期间，将"#微博辟谣#"置顶热搜。此外，将辟谣以及相关谣言分类有助于用户检索，例如对每条信息赋予一个或多个标签。原因其一是，当未来发生各种各样的突发事件时，辟谣以及相关谣言涉及的专业领域也会越来越广泛，按时间和内容检索都存在局限性，比如用户可能不记得某次事件的发生时间，或者检索式输入不当会导致按内容检索出来的结果不尽如人意。为了让一些辟谣信息保持可再用性，对其分类是一个很好的选择，这样用户就可以根据需求直接点击特定类别的标签，再进一步浏览或检索信息。原因其二是，将谣言分类有助于微博平台对数据的管理和对舆情的信息分析。例如，新冠肺炎疫情期间"@微博辟谣"账号所转发的博文中，大部分谣言都与新冠病毒的防治有关，那么就说明群众对医学领域知识的需求是最强烈的，应该格外重视这类博文的转发工作。同时，通过相关辟谣信息和数据资源的积累，对于建立相关辟谣信息生态治理体系也具有极大支持作用。

总体来看，微博平台的网络辟谣实践体现了部分情报工程思维尤其是大众情报工程的实践，是数据来源广泛性、主体协同参与、基于统一平台等的充分体现。

8.4　突发事件网络舆情情报工程建设的内容分析

8.4.1　情报工程应用于突发事件网络舆情领域的必要性

随着人类社会的发展和进步，突发事件发生的频率逐渐上升，诱发因素也变得多样化。自 2003 年严重急性呼吸综合征（SARS）疫情暴发以来，我国已经历了各类突发事件的严峻考验。与此同时，计算机等 IT 产品循着每 18 个月性能翻一番的摩尔定律飞速发展，互联网环境也日新月异，大数据、区块链、云计算、人工智能等技术纷纷涌现出来，渗透到人类社会的各个角落。突发事件的公共威胁性越来越容易映射到网络上，事件本身的影响力也从局部地区迅速蔓延，形成网络舆情。此外，政府对突发事件采取的措施也通过网络为广大群众所知，人们除了讨论事件本身，还会讨论政府的处理手段，于是短时间内，网络舆情就会和政府决策进行高强度交互。"信息疫情"、信息焦虑、信息疲乏、信息回避等一系列问题的产生，无论对个人还是社会，都会造成极大的危害。例如，新冠肺炎疫情在我国暴发，并且迅速蔓延到全球各地，世卫将其宣布为国际突发公共卫生事件。人们在以微博为代表的各大新媒体开启了疯狂讨论模式，各平台的网络舆情"防御机制"纷纷处于负载状态。

正是因为突发事件具备公共性、紧急性、突发性和破坏性，极易形成网络舆情，国家政府相关部门、各地网络管理部门都将突发事件网络舆情治理作为重点工作。尽管政府部门、企业、高校和智库等组织机构都为解决突发事件网络舆情问题取得了一些成果，但仍然只是单一、局限性的治理和应对模式。而与网络舆情息息相关的情报学领域、新闻传播学领域等，近年来也将该问题作为研究的重点。在现代环境下，各类突发事件的发生具有不可避免性，且呈叠加、交叉特征。由于缺乏长远规划和协同布局，若未来遇到其他影响范围堪比新冠肺炎疫情的突发事件，那么各个组织机构如今搭建的平台、软件以及建构的一套数据管理流程，其价值发挥会受到极大限制。到那时，可能又需要根据具体新的事件重新投入相关人力、物力、时间等，其资源浪费和损失可想而知。由此，我们需要一个面向网络空间的持续性、系统性、自动化的情报信息服务平台，能够将各类风险数据和事件相关数据积累起来、关联起来、聚合起来，形成预备知识和经验知识，同时开发集成化的技术分析体系，汇聚专业化的专家智慧，进而流程化、智能化地支持各类突发事件网络舆情治理工作。

如前所述，中国科学技术信息研究所提出了以事实型数据为基础，综合集成"数据资源+工具方法+专家智慧"的科技情报研究方法论，将工程化和系统化思维融入情报研究工作中，由此提出了情报工程的概念（贺德方，2014）。在大数据背景下，数据呈现多元融合的趋势，物联网、社交网络、移动网络、传感器等产生的数据结构复杂，多源数据的融合处理也成为情报学领域新的挑战。由于数据来源广、数据分布碎片化、真假难辨且不易清洗，相关分析工作迫切需要高效的多源数据处理流程，这就需要工程化的思维指导情报分析工作。大数据时代下，各种新兴信息技术的加成，为建立一个可重复创造有价值产品的最优系统提供了强有力的技术支撑。情报工程的核心在于将数据、工具、专家智慧等集成到一个自动化的平台中，这对于应对突发事件网络舆情信息治理工作是十分有借鉴意义的，笔者将从三个角度阐述将情报工程应用于此领域的必要性。

第一，构建突发事件网络舆情情报工程有利于提升网络舆情信息分析工作的整体质量和效率。从舆情信息分析本身的角度说，突发事件导致的网络舆情，具有极强的公众感染力，容易引起社会共鸣，进而形成"星星燎原"之势。网络舆情信息分析工作一方面要做好"截流"——控制负面舆论，另一方面要做好

"引流"——引导正面舆论,这项工作具有多重交织性。目前,多数网络舆情监测系统在分析层面仍然处于"人工为主,机器为辅"的层面。系统采集的舆情数据具有异构、多模、多维的特点,这些特点给多重交织情境下的信息分析工作带来了较大的困难。如果将情报工程应用于网络舆情信息治理领域,打造一个自动化、智能化、协同化的平台,可以节省许多人力、物力资源以及时间成本。情报工程的应用有助于相关部门第一时间发现舆论动向和潜在的危害程度,快速形成一个"网络舆情画像",根据舆情风险等级制定不同的"截流"和"引流"策略。网络舆情情报工程可以高效地进行负面舆情溯源和舆论定位,利用其集成工具及时掐断源头,同时针对不同平台的用户特征快速分析出相应的舆论引导策略,大大提升了舆情情报分析的整体质量和效率。

第二,构建突发事件网络舆情情报工程有利于满足不同主体应急情境下的不同需求。从政府管理需求的角度说,突发事件本身已经影响了社会稳定,负面的网络舆情就是"雪上加霜"。政府迫切需要从网上各种发声中感知人民群众对突发事件本身的态度,尽快确定有效的网络舆情应急管理方案。此外,民众对政策的支持与否很大程度上决定了该政策能否顺利实施,因此群众对政府采取措施的态度也是政府关注的主要问题之一。如今社交媒体平台不仅仅是年轻人的文化娱乐平台,也逐渐成为诉求型情报与支持型情报的汇总平台。国家每每出台一个与民众息息相关的新政策,总会登顶微博热搜,引起全站用户的讨论。许多用户甚至会直接在政府官微的博文下留言,表达诉求或是提建议,用户与政府决策形成一个高强度交互模式。例如,在新冠肺炎疫情最严重的时期,各地政府相继采取了静默措施,全国人民不得不隔离在家。即使人们的工作、生活等方面都因静默受到了较大的影响,但许多网民都在社交媒体平台上纷纷发文表示鼎力支持和配合政府的防疫政策。

从具体层面来看,不同层级的政府部门对应急情境下网络舆情的管理需求不同,如省级政府主要关注本省范围内的网络舆情,同时还要关注全国其他省份的网络舆情;市级政府主要关注本市的舆情,对国内其他省份的舆情需求可能并不大;而县级、区级政府对网络舆情关注的范围就更窄,重心也更加明确。根据突发事件的类型,不同事件的主管机构对网络舆情情报需求也不同。例如,突发公共卫生事件主要归属卫生健康委员会管辖范围,因此卫生健康委员会等对相关总体舆情都比较关注,而地震局、气象局等机构则重点关注该事件与本部门职责相关的舆论即可。无论是不同层级的政府,还是不同类型突发事件的主管机构,主体不同即需求不同,要求的网络舆情响应速度和响应内容也不同。通过情报工程的加持,可以有效满足不同主体的应急情境下的不同需求,实现网络舆情的多面向"导航"。

第三，从情报驱动视角为可持续性的网络舆情信息生态建构奠定基础。纵观历史，网络舆情情报分析的展开往往是一种被动响应的模式，即突发事件已经发生且对社会秩序造成不利影响之后，各主体才开始针对具体事件开展网络舆情治理工作。以新冠肺炎疫情为例，在网民对新冠病毒来源争论不休的那段时间里，网络舆情就已出现暴发的先兆，而相关机构直到网络舆情发展成"信息疫情"后才意识到问题的严重性。此外，网络舆情情报分析机制也存在不足。如企业、高校等机构在新冠肺炎疫情期间大都以社交媒体平台为主要数据采集源，尽管各主体获取数据的范围、方式都有所不同，但采用的机制都是任务驱动而非情报驱动。当下一次突发事件冲击网络时，各主体的数据来源可能不再以某个社交媒体为主，如可能以短视频等其他平台为主，那么相关采集工具、方法都不得不随着数据和主流导向的改变发生调整。因此，如果不改变这种任务驱动模式，那么未来每一次舆情危机侵袭网络空间时，主体的"防御"机制都可能要推倒重建。在任务驱动模式下，情报每一次发生变化，主体就需要重新花费人力物力资源去采集、分析；在情报驱动机制下，主体能够提前利用历史情报对未来情报进行预测，突发事件发生后，相关的数据资源已经到位，达到"主体不动数据动""主体不动情报动"的目的。情报工程就是从情报驱动的视角构建应急情境下的网络舆情情报服务平台，该平台的整体架构足够稳定，可以应对各类突发事件引起的舆情危机，为可持续性的网络舆情信息生态建构奠定坚实的基础。

总之，在突发事件日益增长且多样化的后疫情时代，网络舆情失控将会带来愈加糟糕的后果，将情报工程应用于网络舆情信息分析工作是相关领域长远发展的必然。

8.4.2 突发事件网络舆情情报工程建设的定位与内容

自中国科学技术信息研究所提出情报工程的概念以来，情报工程的应用场景不断扩大，理论体系也不断完善。情报工程的应用为突发事件网络舆情信息分析工作的自动化、集成化、协同化等提供了有效支持，也为应对新时期的挑战、充分发挥网络空间的应急情报价值提供了有效途径。

王兰成（2015）将处置突发事件的网络舆情情报支援系统分为舆情规划、舆情采集、舆情分析、舆情服务、舆情情报分发五步，并以地震救灾为研究背景，分阶段阐述该情报支援系统的机制。借鉴该学者相关思维，本节以情报工程为核心思想，结合相关领域业务实践和情报需求，从流程角度将突发事件网络舆情情报服务系统划分为网络舆情情报发现、网络舆情情报预警、网络舆情情报分析、网络舆情情报报告四大模块，并以新冠肺炎疫情为例详细说明每一步的具体功能，相关内容框架如图 8-10 所示。

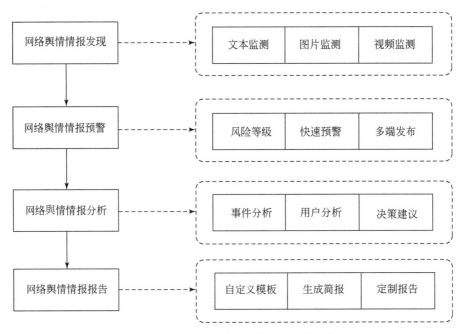

图 8-10　突发事件网络舆情情报工程内容框架

第一步是网络舆情情报发现，旨在实时监测各大社交网络平台上的热点话题、热点事件，及时发现不良舆情苗头，该环节是一切网络舆情治理工作的前端和基础。社交平台的数据具有多元化、海量、无序等特征，主要以文本、图片、短视频这三种形式存在，可以利用自然语言处理、图片识别等新技术对其监测和分析。该模块应该具有信息过滤功能，用户可以根据需要设置监测内容主题、关键词等，如新冠肺炎疫情期间用户就可以设置主题为"疫情"，关键词为"钟南山""新冠病毒""阳性"等。网络舆情情报发现最重要的是全面，前期宁可错误识别，也不可遗漏。

第二步是网络舆情情报预警，这一步是整个网络舆情情报工程服务的重点内容，快速与多端是这一模块的主旋律。现实中突发事件往往有一级、二级、三级响应等，其对应的网络舆情也应该设立响应级别或风险等级。根据突发事件的性质以及网络舆情风险等级，政府或企业用户等可以自主设置预警阈值，超过某个级别的阈值后系统就能快速自动化发布相应级别的警报。预警推送的渠道应当避免单一性，保证短信、微信、电子邮件、钉钉、App 等多种渠道，目前也有不少网络舆情预警平台已实现了这些渠道的预警发布与分钟级别的预警速度。网络舆情的发酵是有规律的，一开始只是大众讨论的热点话题，看似无害，但如果此时不加以干预，就会慢慢发展为谣言横行的局面。在类似于新冠肺炎疫情这样的突发事件发生后，尽早让有关部门意识到舆情的风险等级，能够将舆情对社会的影响降到最低。

第三步是网络舆情情报分析，这也是工作量最大的一步，是情报工程服务的重要部分，需要从突发事件本身、用户行为模式等多个维度进行分析，结合专家智慧针对网络舆情治理提出决策建议。例如，对事件的分析包括事件的产生、发展、传播、平息过程，挖掘出事件的主要传播链和传播平台，以便政府等有针对性地加以管控。对用户的分析包括用户评论或转发内容的情感倾向、主题聚焦、关键词提取等，建立用户信息行为与信息内容的关联规则，为相关平台的网络舆情治理提供情报资源。网络舆情情报分析的最终目的是为用户提炼出有价值的情报，从而能够辅助决策，因此融合专家智慧是必不可少的一环。根据突发事件的种类，组建以事件相关领域为主、多领域结合的专家团队，为政企用户网络舆情治理工作提供智慧护航。为更直观地阐述这一主题模块的运行机制，以新冠肺炎疫情为案例加以说明。新冠肺炎疫情属于突发公共卫生事件，事件的产生时间大致为 2019 年 12 月底，春节期间达到发展高峰，网上关于疫情的舆论传播链也是在春节期间迅速蔓延，以微博、抖音、快手、西瓜视频、bilibili 为主要传播地，舆情在 2021 年 5 月左右进入相对平息阶段。但随着疫情断断续续在其他地方小范围地暴发，舆情也出现反复，呈周期性波动。以此为情境，可通过收集用户的微博博文、话题评论，跟踪用户发布或转发的抖音短视频等，来挖掘出用户信息行为、社会情绪、大众诉求等重要情报。利用自然语言处理技术，实时监测敏感词，遏制包括谣言在内的不良舆论。机器计算得到的结果是杂乱无序的，要传递到用户手上必须得经过人工组织和审核。突发事件涉及的专业领域具有多样性，相应的网络舆情也具备该特征，组织好这类信息往往在某一个平台工作人员的能力范围之外，这时就需要专家团队的支持。因此，需要将机器的分析挖掘结果以可视化等形式展示给相关专家团队，利用专家智慧纠正错误、弥补不足，保障情报分析的质量和有效性等。

第四步即最后一步是形成网络舆情情报报告，网络舆情情报工程的最终目的是要服务好用户，为用户提供情报产品与服务。其中，一份信息完整且可读性极强的舆情分析简报是必不可少的，例如，可通过工程化情报智析机制，为用户提供自定义模板，让用户可以自行挑选素材，形成图文结合的简报。或者还可以有针对性地为政府和企业提供报告定制服务，结合多领域专家团队的智慧，精准把握不同类型用户的需求。比如新浪网络舆情检测软件的报告就有政务类、品牌类、微博类、排行类这四种类型可供挑选等。

从流程上来看，突发事件网络舆情情报工程主要包括上述四个部分，从主题和内容上看，其涉及突发事件网络辟谣情报工程、涉外突发事件网络舆情情报工程等。

将情报工程应用于突发事件网络辟谣信息工作能够从根本上解决辟谣效率较低、数据冗余和数据缺口、知识缺口等问题，形成集成化网络辟谣平台，更好地为政府决策和人民需求服务。突发事件网络辟谣情报工程中"数据资源"的汇集需要各主体的协同参与，主体之间相互合作、数据共享，避免产生数据冗余和数据缺口。大众情报可以成为"数据资源"的有效补充，正如微博平台在辟谣上的实践一样，突发事件网络辟谣情报工程可以开通群众举报通道，设置一些奖励制度，鼓励民众参与。突发事件网络辟谣情报工程中"工具方法"是实现自动化、集成化的关键要素，突出强调辟谣工作流程的自动执行，与辟谣相关的所有数据、方法与工具将被以部件的形式集成到一个工作流中。各类主体所掌握的方法都存在一定的局限性，且普适性不强，不具备可持续性。面对未来不可知的突发事件，数据形式将越来越趋于多元化。因此要将各个主体的工具方法融合，对海量的多源数据进行采集和处理，实现高效的谣言识别工作。数据资源加上集成化的工具方法可以为情报工作者完成高质量的报告奠定扎实的基础，而专家智慧能够及时根据环境变化调整数据模型和部分工具的使用，也能深入浅出地解释网络辟谣结果报告。有学者指出，"领域专家智慧的差异性，使得不同的专家对同一数据资源可能会得出不同的分析结论"（乔晓东等，2014）。因此，将情报工程的思想融入突发事件网络辟谣工作中来，形成情报驱动的自动化智能化辟谣工作机制，是相关情报服务可持续发展的要求。

涉外突发事件包括两类：第一类是在我国境内发生、涉及外国人的事件，第二类是在境外发生、涉及国人的事件（王凤香和张真真，2016）。这两类事件都会引起网络舆情。例如，第一类涉外突发事件网络舆情具有鲜明的地域性特征，即舆情热度与外国人在我国生活的地区直接相关。第二类涉外突发事件网络舆情具有扩散性强，影响范围大的特征。涉外突发事件网络舆情情报服务一直以来都是我国较为薄弱的环节，面对诸如国外政客、民众对我国的诋毁等，我们尚没有一个完整的法律应对体系，也没有系统的舆情引导与控制方案。新冠肺炎疫情期间，一些西方政客从未停止过对我国的诋毁，试图玷污我国国际形象。我国关于涉外突发事件的法律制度已相对完善，但相应的网络舆情法律体系还有待加强。特别是外国人口数量较多的地区，当地政府应尽快健全法规，加强网络舆情监测，适当提高涉外网络舆情预警等级。将情报工程应用于涉外突发事件网络舆情能够及时避免涉外不实言论影响我国的利益和国际地位，同时有利于我国掌握网络舆情控制的主动权。涉外突发事件的舆情数据并不易获取，各类限制等给各主体获取数据造成了阻碍。这就更需要融入工程化思维，各主体协同起来，共同克服数据采集和获取难题，而不是分散式的工作模式。在不同语言情境下，工具方法也需要进行特别打造，并形成一个自动化的情报分析工作流。其中，政府与企业应该开展合作，利用企业成熟的技术架构进行涉外突发事件网络舆情信息分析，实时监测国外主流社交平台的热点话题，如 Twitter、Facebook、Instagram 以及流行的短视频平台 YouTube。一旦发现有危害我国的舆论开始传播，就要及时干预。要为政府决策提供有效建议，还需要多领域专家团队的参与，尤其是政治、法律、国际外交领域专家，在涉外突发事件网络舆情情报服务中是必不可少的智慧保障。截至 2021 年 6 月，我国网民规模已达到 10.11 亿。与突发事件网络辟谣情报工程一样，政府、企业可以充分发挥大众情报、大众智慧的优势，与人民群众紧紧靠在一起，形成协同机制，共同应对涉外突发事件网络舆情。而公民要主动提升自己的信息素养，遇到诋毁我国的言论时，应进行合理反击并维护国家形象。只有形成政府、企业、群众等共同参与的协同机制，共建涉外突发事件网络舆情情报工程，才能从容应对未来可能的危机。

8.5 突发事件网络舆情情报工程的综合应用研究

8.5.1 突发事件情境下辟谣信息特征与受众行为关系

随着互联网信息技术的发展，越来越多的网络用户活跃在网络社交媒体平台中，加速了在线信息资源的传播，从而产生巨大的信息流。然而广大用户在享受信息时代带来诸多便利的同时，各类网络媒介的兴起也为许多谣言的产生和扩散提供了传播渠道，从而对整个社会产生极大的负面影响。作为谣言的对立面，辟谣是当前网络谣言信息治理的重要手段之一（唐雪梅和赖胜强，2018；Paek and Hove，2019）。尽管目前许多平台存在内容审核、举证机制等相关方面的负面信息净化功能，在一定程度上可以阻断谣言的扩散与传播，但由于互联网匿名性等诸多原因，辟谣工作总体效果仍不理想。

社交媒体平台如微博等已经成为当前网络用户进行信息传播的重要工具和渠道。在突发事件情境下，事件的突发性、信息不对称性等因素导致谣言在网络中更易出现大范围的传播扩散。诸如新冠肺炎疫情自暴发以来催生的各种谣言信息，已经成为影响公众了解疫情真实动态、科学预防新冠肺炎的一大障碍，公众在认识到谣言危害的同时也意识到辟谣工作的重要性和紧迫性。因此，如何全面综合考虑突发事件情境特别是重大突发事件情境下社交媒体的辟谣信息特征，探究辟谣信息传播效果的影响因素，以更好地提升辟谣信息的影响力，对于阻断谣言的传播扩散、净化网络环境等方面都具有重要的意义。

为探究辟谣信息传播效果影响因素的作用强度和作用方向，本小节基于爬虫获取新浪微博平台的辟谣数据，使用多元逻辑回归方法建模，探究影响辟谣信息传播效果的因素及相关因素的作用方向和作用强度，以期为更好地组织辟谣信息、提升辟谣效果等方面提供一定的借鉴和参考（韩旭和李阳，2022）。

8.5.1.1 研究方法及数据来源

本书对辟谣信息的传播效果进行分级处理，进而探究不同等级传播效果下相关影响因素的作用情况。因为辟谣信息传播效果存在多个等级，本研究假设在不同的辟谣传播效果等级下，相关影响因素的作用方向和作用强度存在差异。我们采用多元逻辑回归方法建模分析，该方法常用于因变量具有多种取值可能的模型构建中，其结果以概率的方式呈现。在具体的模型构建过程中，我们以辟谣信息传播效果为被解释变量 Y，共存在三个等级，将高影响力标记为 1，一般影响力标记为 2，无影响力标记为 3，以潜在的影响因素为解释变量为 X。

本书选取新浪微博平台为数据源，以"辟谣"和"疫情""新冠""核酸""隔离""口罩""疫苗""病毒""COVID-19""COVID-2019""SARS-CoV-2"等分别进行关键词组合，进行"原创"辟谣信息的检索，获取 2021 年 1 月 1 日到 2021 年 5 月 31 日内的辟谣博文及其对应的用户数据，经过数据清洗后有效数据共计 7179 条。

8.5.1.2 辟谣信息传播效果影响因素指标

本书综合过往相关的研究发现以及突发事件情境下辟谣信息传播的基本特点，将辟谣信息传播效果影响因素划分为两大维度，即信息传播主体特征和信息内容结构特征。

1）信息传播主体特征

信息传播主体特征包括信息发布主体类别和信息发布主体影响力。信息发布主体类别基于微博官方的认证类型，可以划分为三大类型：其中蓝 V 表示网络官方媒体，红 V 和黄 V 表示具有一定平台影响力的自媒体账号，剩余的用户属于普通用户群体（王晰巍等，2021）。此外，微博的会员认证功能也可以作为发布主体类别的一个考察维度（张玥等，2014）。信息发布主体影响力可以通过发布主体的粉丝数、发布微博数和关注用户数来反映。粉丝数直观地展示了发布主体的既有受众数量，更多的粉丝数量往往能够带来更大的传播影响力。发博数更多的发布主体在一定程度上具有更高的平台活跃性，由此其所发布的内容有更大的概率被微博用户查看。关注与被关注是一组涉及双方的过程，关注数可以从特定的角度反映发布主体平台关注的多样性，进而从另外的维度反映发布主体的影响力。

2）信息内容结构特征

辟谣信息本身的内容对于其传播扩散起着至关重要的作用，其可以考察的维度诸多，常见的因素包括文本长度、数字/数据、图片/视频、链接、地址定位、话题标签、@标识、情感极性等。

其中，信息文本是辟谣信息的重要载体，其可考察的维度包括文本长度、是否包含数字/数据等（张雯和李浩，2016），文本长度从最简单的角度去测度文本的全面性，是否包含数字/数据可以测度文本内容的组织方式；此外，包括图片/视频等可以"图文并茂"地向受众传递信息；链接、地址定位等补充了辟谣信息特定方面的内容；话题标签和@标识是当前社交媒体用户常用的信息组织方式，不同的组织方式可能对相关信息的扩散传播存在潜在的影响；文本情感极性反映文本在传递文本时所表现出来的情感状态，不同的情感极性有可能对受众的交互行为产生影响（Li et al.，2021）。

8.5.1.3 辟谣信息传播效果评价

我们通过受众的交互行为，包括转发数、评论数和点赞数三个维度来对辟谣信息的传播效果进行测度，反映辟谣信息发布后的影响力。其中，转发行为作为受众参与扩散传播相关信息的重要途径，一条信息被越多的用户所转发，其在平台中就有更大可能产生大规模的传播，形成"病毒式"传播现象，相关研究者也基于转发数量进行了转发影响因素研究（Suh et al.，2010）、影响力评价等方面的探究（Oh and Nguyen，2012）。评论行为可以反映用户对相关微博内容的看法，进而可以影响到后续受众对于该辟谣信息的交互行为，如李宗敏等将评论的情感倾向纳入辟谣信息传播效果的测量指标当中（李宗敏等，2020）。点赞行为更多是一种心理反应和情感上的评价（王海燕，2015），其本身指代的就是一种积极的行为，因此可以直接反映相关辟谣信息的采纳情况。此外，在微博平台中，用户的点赞内容会同步到其个人动态流中，这在一定程度上提高了相关信息被浏览的概率，进而可能提升其影响力。

综上所述，三个指标均可以从不同的角度测度辟谣信息的传播效果，为尽可能全面地衡量辟谣信息的影响力，本书同时采纳了三个指标对辟谣信息的传播效果进行评价。同时，不同的指标对于最终影响力的贡献应有所区别，因此我们采用熵权法（李帅等，2014）来确定三个指标的权重，最终，将加权后的综合值作为辟谣信息传播效果的评价指标，在本研究的数据集中，转发、评论、点赞的权重分别为 0.299 513、0.308 966 和 0.391 522，即：

辟谣信息影响力=0.299513×转发数+0.308966×评论数+0.391522×点赞数

8.5.1.4　模型变量说明和描述性统计

本书将可能的影响因素分为信息传播主体特征、信息内容结构特征两大类，共计13个特征。在构建模型之前，将分类变量进行转换处理，对于数值型的变量采用相应指标的平均值进行分组划分，变量的描述性统计结果和定义如表8-1所示。

表 8-1　变量定义与描述性统计

特征类型	变量	赋值	含义	所占百分比
辟谣信息 传播效果	影响力	1	影响力>13	6.0%
		2	0<影响力≤13	47.7%
		3	影响力=0	46.3%
信息传播 主体特征	认证类型	1	蓝V	55.1%
		2	红V/黄V	17.0%
		3	普通用户	27.9%
	会员认证	1	是	50.4%
		2	否	49.6%
	粉丝数	1	粉丝数≥865236	14.0%
		2	粉丝数<865236	86.0%
	发博数	1	发博数≥24076	25.3%
		2	发博数<24076	74.7%
	关注数	1	关注数≥679	30.1%
		2	关注数<679	69.9%
信息内容 结构特征	文本长度	1	文本长度≥172	26.7%
		2	文本长度<172	73.3%
	数字/数据	1	有	64.7%
		2	无	35.3%
	图片/视频	1	有	61.7%
		2	无	38.3%
	链接	1	有	17.4%
		2	无	82.6%
	地址定位	1	有	5.9%
		2	无	94.1%

特征类型	变量	赋值	含义	所占百分比
信息内容结构特征	话题标签	1	有	68.4%
		2	无	31.6%
	@标识	1	有	16.4%
		2	无	83.6%
	情感极性	1	积极	5.2%
		2	消极	38.4%
		3	中性	56.4%

8.5.1.5 模型拟合检验及模型参数估计结果

研究基于 SPSS22.0 进行模型的构建，模型的拟合信息显示模型对于数据的拟合效果较好。基于解释变量的似然比检验结果，在 $p = 0.05$ 的显著性水平下排除了数字/数据、地址定位、@标识、情感极性四个不显著的变量，模型中表现显著的变量的似然比检验结果如表8-2所示。

表8-2 模型似然比检验

特征类型	变量	−2 倍对数似然值	卡方	自由度	显著性
常数项	截距	2 108.913	0.000	0	—
信息传播主体特征	认证类型	2 223.934	115.022	4	<0.001 **
	会员认证	2 272.757	163.844	2	<0.001 **
	粉丝数	2 400.304	291.391	2	<0.001 **
	发博数	2 135.324	26.412	2	<0.001 **
	关注数	2 131.944	23.031	2	<0.001 **
信息内容结构特征	文本长度	2 129.395	20.482	2	<0.001 **
	图片/视频	2 125.546	16.633	2	<0.001 **
	链接	2 245.042	136.130	2	<0.001 **
	话题标签	2 197.812	88.899	2	<0.001 **

注：** 表示 $p \leqslant 0.01$。

通过模型的参数估计结果，可以观测不同的影响因素对辟谣信息传播效果的作用方向和作用强度，本研究构建的模型参数结果如表8-3所示。

总体来看，和无影响力组相比，所有的信息内容结构特征对高、一般影响力的辟谣信息传播效果均会产生显著的影响。信息传播主体特征方面，所有的特征对于一般影响力辟谣信息的传播效果均会产生显著的影响，但在高影响力组中，仅会员认证、粉丝数和关注数三个因素对辟谣信息传播效果会产生显著的影响，认证类型和发博数对于辟谣信息传播效果的影响并不显著。

表 8-3　模型参数估计结果

类型	变量	高影响力 （对照组：无影响力）	一般影响力 （对照组：无影响力）
常数项	截距	-4.457**	-1.452**
信息传播 主体特征	蓝 V（对照组：普通用户）	0.342	0.758**
	红 V/黄 V（对照组：普通用户）	0.438	0.551**
	会员认证（对照组：非会员认证）	1.477**	0.644**
	粉丝数水平 1（对照组：粉丝数水平 2）	2.571**	0.791**
	发博数水平 1（对照组：发博数水平 2）	-0.192	0.292**
	关注数水平 1（对照组：关注数水平 2）	0.479**	0.299**
信息内容 结构特征	文本长度水平 1（对照组：文本长度水平 2）	0.419**	0.257**
	有图片/视频（对照组：无图片/视频）	0.466**	0.156**
	有链接（对照组：无链接）	-1.274**	-0.962**
	有话题标签（对照组：无话题标签）	0.442**	0.615**

注：**表示 $p \leqslant 0.01$。

8.5.1.6　辟谣信息特征结果分析

1）信息传播主体特征结果分析

在传播主体类别方面，由于新浪微博平台提供了官方的认证体系，当传播主体通过相应的认证之后，其账号将更具真实性和权威性。与无影响力的辟谣信息相比，认证类型对于一般影响力辟谣信息的传播效果具有显著的影响，且官方媒体认证比个人认证的作用强度更大，结论符合受众更愿意接收官方机构等权威媒体所发布的辟谣信息的假设。但我们发现，其对高影响力辟谣信息的传播效果没有显著影响。

会员认证与机构或个人认证有所不同，其是一种付费即可认证的机制。结果显示，会员认证对于高、一般影响力辟谣信息的传播效果均存在显著的影响，且在高影响力组中作用强度更大，表明其对高影响力辟谣信息的传播效果影响更为明显。付费开通的会员在平台中拥有指定的特权，诸如名称显示、专属的会员身份标识等，相关研究指出这些特征对于传播主体身份权威性的提升等方面具有一定的作用（张玥等，2014）。同时，付费开通的方式可以在很大程度上避免水军等异常用户，从而可能提高受众与发布主体之间进行交互的可能性，部分研究也指出是否属于会员对舆情的传播具有显著的影响（王艳华等，2018），这与我们的研究结论一致。

在传播主体影响力方面，结果显示，粉丝数对于辟谣信息传播效果具有显著的影响。粉丝作为发布主体的既有受众，在不考虑时间等因素影响的情况下，理论上发布主体发布的每一条博文信息，其粉丝均能接收到，而接收查看相关的信息是产生交互行为的前提。因此，当传播主体拥有更多的粉丝时，其所发布的辟谣信息就有更大概率被更多用户查看接收，进而提升其辟谣信息的传播效果。

发博数可以作为衡量发布主体平台活跃度的指标，研究发现，发博数对于一般影响力辟谣信息的传播效果具有显著的影响。不考虑其他因素的影响，一个信息传播主体发布的博文数量越多，说明其平台活跃度就越高（陈珂帆，2020）。由于受众查看微博信息流的时间是不确定的，因此理论上更为活跃的传播主体所发布的内容被受众看到的可能性会随着发博数量的增加而增加，由此提高了用户查看到相关辟谣信息的可能。但研究结果显示，发博数水平对于高影响力辟谣信息的传播效果没有显著影响。

关注数对高影响力、一般影响力辟谣信息的传播效果均存在显著的影响，并在高影响力组中的作用更明显。与被关注相比，关注他人是一个主动的行为，即传播主体选择是否关注其他主体是一个主动的过程，由此传播主体的关注数可以作为其微博覆盖度的一个度量指标，并有可能影响到其微博的运营（唐佳和李君轶，2015）。

2）信息内容结构特征结果分析

在内容特征方面，与对照组相比，是否包含链接、是否包含话题、是否包含图片/视频和文本长度水平四个解释变量均对高、一般影响力辟谣信息的受众互动行为存在显著的影响。尽管当前微博取消博文长度的限制，但许多辟谣信息中仍然会包含相关的链接，链接内容包括对辟谣信息内容的补充，或者将用户引流其他网站等。研究发现，包含链接会显著降低辟谣信息的综合影响力，与部分研究的结论一致（杨学成等，2015）。当前网络信息资源繁杂，许多链接的指向内容与文本内容重复，部分链接指向不明甚至可能误导用户，因此带有链接的辟谣信息有很大可能会被用户忽略，从而降低了受众交互的可能性。

微博话题是网络舆情信息传播扩散的主要途径之一，其可以由传播主体自行定义，通过自定义的话题标签，用户可以通过话题名称直接定位到相应的话题帖，从而进行交互。话题帖可以发挥群聚作用，并有可能呈现出"病毒式"传播的扩散方式（陈思妤，2015），扩大辟谣信息的传播扩散。图片/视频作为当下社交媒体平台中用户生成内容的重要组成部分，在表达自身所包含的信息的同时能够对纯文字内容进行很好地补充。文字与图片相结合的信息传播方式，能够有效地引导受众对传播主体发布的内容进行阐释性解读（惠洁，2018）。总体来看，文字与图片或视频搭配的博文内容让受众能够更易接收传播主体想要表达的信息内容，从而提高受众参与互动的可能性，提升辟谣信息的综合影响力。文本特征方面，研究发现在辟谣信息的传播扩散过程中，包含更长文本内容的辟谣信息能够获得更高的综合影响力，辟谣信息不同于一般的社交媒体信息，更为全面、综合的辟谣信息内容，可能有更大可能被更多的受众所接收和查看。

3）综合分析

总体来看，各影响因素对辟谣信息传播效果的作用方向和作用强度存在显著的差异，本书所有通过显著性检验的特征中，除链接对辟谣信息传播效果呈现负向的影响，其余所有特征均对辟谣信息的传播效果呈现正向影响。而在具体作用强度方面，通过对比高影响力与无影响力的辟谣信息，我们发现，相关影响因素的作用强度排序为：粉丝数>会员认证>链接>关注数>图片/视频>话题标签>文本长度。其中，链接是负向因素，具有一定的减弱效应。而对比一般影响力与无影响力的辟谣信息，相关影响因素的作用强度排序为：链接>粉丝数>蓝V>会员认证>话题标签>红V/黄V>关注数>发博数>文本长度>图片/视频。其中，作用强度最大的链接特征是负向因素，具有降低效应。而对不同影响力辟谣信息下影响因素的作用强度排序对比可以发现，粉丝数、链接、会员三个特征对两组辟谣信息传播效果具有更为明显的影响。

总体来说，尽管辟谣信息的各种细节特征要素在影响力层级、作用强度、作用方向等上存在一定的差异，但总体上看信息传播主体特征和信息内容结构特征对辟谣信息的传播效果具有非常重要的影响。信息传播主体特征提供了主体感知上的信任，信息内容结构特征提供了事实的表达和呈现，只有综合考虑两个方面的影响因素，才能更好提升辟谣信息的影响力和传播效果。

8.5.1.7 研究小结

辟谣信息对于阻断谣言的进一步传播与扩散具有重要的作用，本书融合信息传播主体和信息内容结构特征，探究了不同影响因素的作用方向和作用强度，相关研究结果对于辟谣信息的组织等方面具有一定的参考意义。结合研究的数据分析结果，提出以下两点启示。

1）基于辟谣信息传播主体的启示

新浪微博平台的博文信息经由传播主体编辑发布后，由此构建起该条信息为起点的扩散网络。传播主体作为信息的发布者，属于其一个重要属性，尽管其并非直接与辟谣信息内容有关，但却对辟谣信息的扩散传播起着重要的作用。数据分析结果显示，从传播主体类别来看，传播主体进行相应的身份认证和会员认证对于辟谣信息的传播效果均存在显著的影响。另一方面，传播主体要注重自身影响力的提升，积极提升自身的粉丝数，在这个过程中，对于发博数和关注数也给予相应的重视，促进粉丝数、发博数、关注数三者之间的循环增长（张雨婷和严炜炜，2015），进而提升传播主体的影响力。

2）基于辟谣信息传播内容的启示

相关研究结果发现，许多认证用户发布的辟谣信息是单纯的复制粘贴式的辟谣内容，而这些辟谣信息几乎没有影响力，相当于无效信息。因此在发布辟谣信息时需要对这些辟谣信息的内容加以调整，即使是其他账号主体的信息内容，也应该有所调整修改，在保留客观事实的同时思考如何通过更加丰富的内容形式让受众接收采纳，让辟谣信息的内容更加综合全面，同时可以考虑添加适当的媒体内容，如相关的图片/视频等，扩大辟谣信息的传播范围。当然，在丰富完善辟谣信息内容的过程中，应注意一些可能带来误导性的内容，如许多指向不明确的短链接，我们的研究发现，相比于无链接的辟谣信息，含有链接对辟谣效果有明显的负向影响。

8.5.2 突发事件情境下基于用户行为与情绪特征的用户画像

近年来各类突发事件时有发生，尤其是传染病疫情、群体性不明疾病、食品安全等突发公共卫生事件，由于其与人民群众生命健康密切相关，很容易引发普通大众的广泛关注与热烈讨论。随着互联网技术的飞速发展，社交媒体应用也得到普及。社交媒体与传统媒体相比，凭借其公开访问、信息透明共享、即时通信等优势成为突发事件群众反映、网络舆情传播的重要渠道和载体。但是，新环境下社交媒体独具的便捷性和时效性，也为用户非理性行为和情绪的快速传播和扩散提供了"便利"，进而可能导致网络舆情危机的发生。尤其对于重大突发事件而言，如果舆情没有得到及时控制，不但阻碍相关管控措施的有效施行和具体突发事件的及时治理，而且也会影响到社会群体的心理建设，甚至引发群体性事件和社会公共危机。所以，在突发事件演化过程中，政府、社交媒体平台等需要密切关注、充分掌握并尽快解析用户的行为及情绪特征，以支持突发事件舆情管理与治理。为此，探索面向突发事件的用户行为及情绪特征，进而刻画相关人群画像，是从用户视角实现舆情实时预警、风险防范、合理引导等的重要途径。

本小节以新冠肺炎疫情为研究案例，采集相关突发事件在社交媒体平台上的各类用户数据，通过描述性分析、相关性分析等方法识别与分析用户的行为及情绪特征，并基于信息生态理论刻画突发事件背景下的典型用户群体画像，以期为突发事件的应急管理、舆情实时预警以及舆情风险防范提供指导（李婷婷，2021）。

8.5.2.1 信息生态理论相关介绍

信息生态学是信息科学与生态学相互渗透融合而成的一个新的研究领域。在现代信息化社会，人们遭遇日益严峻的信息负载、信息垄断、信息污染、信息侵犯等难题，人们与信息环境间的矛盾不断凸显，在此背景下，信息生态理论也应运而生。信息生态理论把生态学作为理论基础，并参考生态学的研究方法，研究并探讨人们进行信息活动过程中的问题和规律，其研究结果有助于实现信息生态系统的平衡，对人、信息、信息环境乃至人类社会的健康可持续发展产生深远的理论意义和现实意义（Dan et al.，2017）。

在自然界的生态系统中，生物与环境之间相互联系又和谐统一，同样，信息生态系统中的人、信息、环境也应做到相互和谐，各组成要素之间相互联系、相互作用最终形成统一整体。很多学者对构成信息生态系统的信息生态因子持不同看法，其中，张海涛认为信息生态系统由信息人、信息、信息技术、信息环境四个要素构成（张海涛等，2015）。在信息生态系统中，人是主体，人可以在主观意志的作用下有偏好、有选择地处理信息，信息客观存在且不以人的意志为转移，信息环境是人与信息相互作用的背景和场所，而信息技术是人实现信息获取和处理的物质载体。我们在张海涛学者提出的四个信息生态因子的基础上进行信息生态理论的应用。

8.5.2.2 案例选取与数据准备

为了探究面向突发事件的社交媒体用户行为和情绪特征，我们选取新冠肺炎疫情这一突发公共卫生事件作为实证研究对象。之所以选取新冠肺炎疫情作为研究对象，原因有二：首先，就数据新颖性而言，新冠肺炎疫情是最近最新暴发的突发公共卫生事件，分析与探究参加新冠肺炎疫情话题讨论的用户的行为，具有一定的实时性；其次，就事件影响广度而言，新冠肺炎疫情现在已经影响全世界绝大部分的国家和地区，波及范围很广，因此分析与探究参与此事件的社交媒体用户的行为具有一定的普遍意义。

我们选择新浪微博平台作为数据来源，以"新冠疫情""肺炎疫情""新型冠状病毒""冠状病毒""新冠病毒""新冠肺炎""COVID19""COVID-19""covid2019"以及"covid_19"等核心关键词作为主题检索词，抓取2020年1月到2020年2月之间的用户信息和微博数据，经过数据筛选和清洗处理，最终得到380307个用户的667097条微博数据。并且经过数据预处理之后，形成17个能够代表用户行为表现的数据指标作为变量，相关变量信息定义等见表 8-4。

表 8-4　变量定义表

序号	变量名称	变量类型
1	用户发博频次	连续变量
2	博文长度	连续变量
3	转发数	连续变量
4	评论数	连续变量
5	点赞数	连续变量
6	发布工具	分类变量
7	认证	分类变量
8	转发行为标识	二分变量
9	定位	二分变量
10	微博视频标识	二分变量
11	视频播放数	连续变量
12	#	连续变量
13	@	连续变量
14	图片数	连续变量
15	表情数	连续变量
16	情感类型	分类变量
17	情感得分	连续变量

8.5.2.3　用户行为及情绪特征识别与分析

通过使用幂律分布理论、时间序列分析、相关性分析、情感分析等方法对突发事件中社交媒体用户的行为和情绪特征进行识别和分析。

1）用户行为特征识别

我们将发文量按 24 小时制进行时间序列分析，得到一天 24 小时内每个时间段的用户发文量，结果如图 8-11 所示。我们发现，在疫情暴发期间，除凌晨时间段以外，其他各个时间段用户的发文量在整体上相对平均。

在选择超话发布微博的用户中，无认证的普通用户占很大部分，主要是由于无认证用户的发言相对没有限制，可以依据自身兴趣和喜好在特定的话题圈子里讨论，但是个人认证用户和官方认证用户有一定的舆论引导职责和官方立场，所

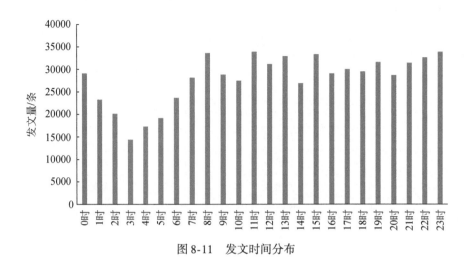

图 8-11　发文时间分布

以大多不会选取特定的话题圈子进行发言（图 8-12）。

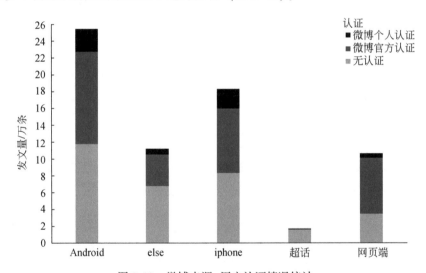

图 8-12　微博来源–用户认证情况统计

　　将被点赞数、被转发数、被评论数以及各数值下对应的数量进行以 10 为底的 log 函数处理，处理结果如图 8-13 所示。另外，采用最小二乘法对三个散点图的散点分布进行拟合，分别得到斜率为-0.79、-0.57、-0.91 的三条直线。根据图像散点分布和负斜率的线性关系，我们发现转赞评三个数据指标大体符合幂律分布。

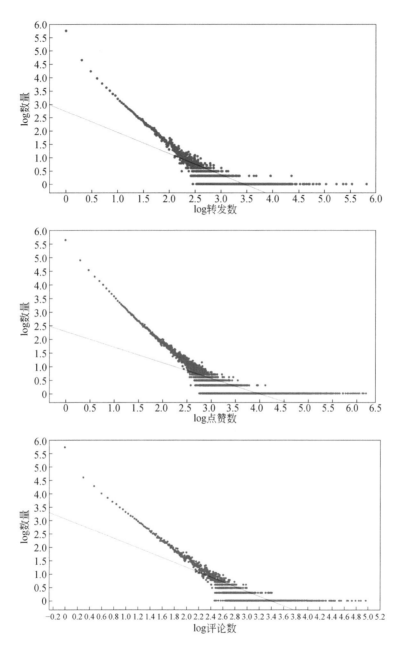

图 8-13　转赞评数量分布

　　另外，用户的发博频次也符合幂律分布，即大概率事件形成高峰现象，其他小概率事件形成长尾分布，表现出"高频发博用户少，低频发博用户多"的基本特点，如图 8-14 所示。

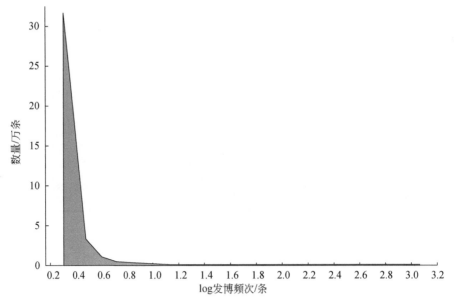

图 8-14　用户发博频次统计

　　从发博频次与用户类型关系看，个人认证用户的发博次数的最大值在三个认证类型中最小，而官方认证用户的发博次数的最大值在三个认证类型中最大，也就是说，官方认证用户的高频率发博特征更加突出。从用户是否具有转发行为的角度来看，具有转发行为的用户发博次数的最大值大于不具有转发行为的用户，因此具有转发微博行为的用户相对更加容易高频率发博。见图 8-15。

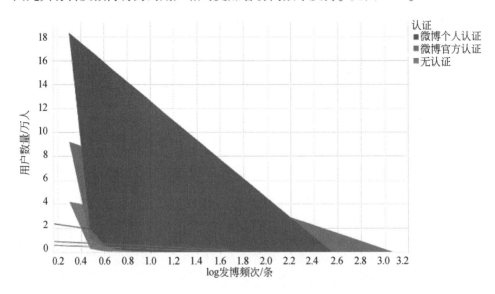

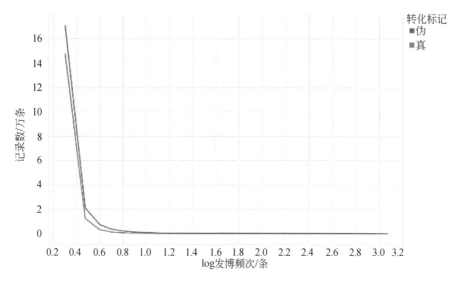

图 8-15　发博频次–用户类型分布图

2）用户情绪特征识别

我们使用 BosonNLP 作为情感词典，并采用 Python 算法进行微博文本情感极性的划分和情感倾向度的计算。如图 8-16，用户的情感极性可以分为三类，其中表现正面情绪的用户最多。

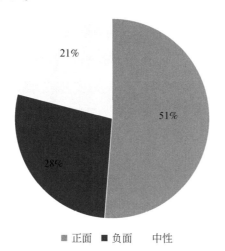

■ 正面　■ 负面　　中性

图 8-16　微博文本情感极性分布情况

结合情感极性和用户认证类型进行分析，不同认证类型用户的情感极性随时间分布情况如图 8-17 所示。我们发现，无认证类型的用户负面情绪的占比高于个人认证用户和官方认证用户。

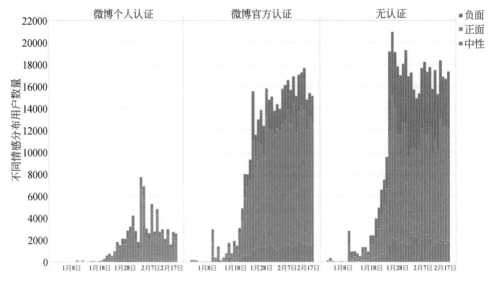

图 8-17　不同类型认证用户情感极性随时间变化情况

依据 BosonNLP 情感词典，经情绪词可视化后发现，正面情感用户的具体情绪表现主要包括抗击、健康、保障、希望等情绪，负面情感用户的具体情绪表现主要包括死亡、发热、风险、感冒、恐慌等情绪（图 8-18 和图 8-19）。

图 8-18　正面情绪词云图

3）用户行为及情绪特征关系

从用户行为及情绪特征相关性分析的角度看，为了从统计学上验证用户不同行为特征之间的相关性，我们采用相关性分析的方法进行探究。

图 8-19　负面情绪词云图

对于 11 个连续变量，我们采用 Pearson 相关性分析。如表 8-5 所示，除极个别 p 值大于 0.05 之外，绝大多数 p 值都远远小于 0.05，所以变量之间存在普遍的相关关系。具体来说，我们发现：转发、点赞、评论三个数据之间相互呈现出强相关关系；用户发布的微博文本长度越长，其中提及他人的数量和蕴含的话题数就越多；发博频次越多的用户，他的发文长度越长；发布微博视频的用户一般不会进行太多的文字描述；用户发文时所带的话题数目越多，获得的转发点赞评论数量也就会越多等。

表 8-5　连续变量相关性分析结果（个案数 667097）

	用户发博频次	情感得分	博文长度	转发数	评论数	点赞数	视频播放数	#	@	图片数	表情数
用户发博频次	1										
情感得分	-0.014 **	1									
博文长度	0.405 **	-0.047 **	1								
转发数	0.275 **	-0.028 **	-0.209 **	1							
评论数	-0.241 **	-0.047 **	0.225 **	0.739 **	1						
点赞数	0.298 **	-0.032 **	0.290 **	0.764 **	0.825 **	1					
视频播放数	-0.138 **	0.002	-0.546 **	-0.030 **	-0.073 **	-0.097 **	1				
#	0.379 **	0.066 **	0.389 **	0.167 **	0.191 **	0.251 **	-0.182 **	1			
@	-0.012 **	0.071 **	0.150 **	-0.014 **	-0.069 **	-0.100 **	0.043 **	0.072 **	1		
图片数	0.126 **	0.021 **	0.276 **	0.100 **	0.101 **	0.115 **	-0.421 **	0.190 **	0.104 **	1	
表情数	-0.072 **	0.068 **	-0.011 **	-0.012 **	0.003 *	-0.010 **	0.043 **	0.061 **	0.258 **	0.091 **	1

注：* 表示在 0.05 水平相关显著，** 表示在 0.01 水平相关显著。

对于其余 6 个含有分类变量及二分变量的数据元素，我们采用 Spearman 相关性分析，而且每次进行分析时都从所有样本中随机抽取一半的个案进行研究。其中，拿工具类型与文本长度相关性分析结果举例，如表 8-6 所示，我们发现，使用网页端的用户发布的微博长度一般会更长。除此以外，通过分析其他相关性分析结果，我们还得到：表现出正面情感的用户更可能发布长微博；无认证的用户更喜欢提及他人。

表 8-6　发布工具与文本长度相关性分析结果

		发布工具	文本长度
斯皮尔曼 Rho tool_type	相关系数	1.000	0.126 **
	显著性（双尾）	0.000	0.000
	个案数	334016	334016

注：** 表示在 0.01 级别（双尾），相关性显著。

8.5.2.4　用户画像构建与分析

基于信息生态理论构建突发事件背景下社交媒体用户画像的概念模型，结合信息生态理论以及本研究相关情境特点，提出：信息人因子映射为社交媒体用户的基本属性，主要是反映用户的影响力特征；信息因子映射为用户对突发事件的情绪表现；信息环境因子映射为此背景下的网络舆情传播过程中用户信息交互行为的特征；信息技术因子映射为社交媒体用户在平台上进行点赞、评论、转发、发帖等操作时所使用的工具或平台。并且对采集到的用户行为各数据标签和四个信息生态因子之间进行映射，结合数据标签的映射结果和概念模型，构建的突发事件背景下的社交媒体用户画像模型如图 8-20 所示。

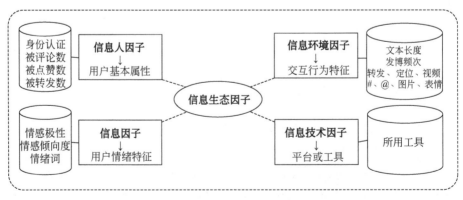

图 8-20　面向突发事件的社交媒体用户画像模型

在构建的基于信息生态理论的面向突发事件的社交媒体用户画像概念模型的基础上，通过采用主成分分析选取聚类特征变量、*K*-means 聚类算法以及多项逻辑回归确定各类别用户最大概率特征组合的手段实现用户群体画像的构建。

首先，由于数据量较大且维度较多，经前面的相关性分析结果显示，所使用的数据集中大多数变量之间存在相关性，所以，为了减少高维数据的噪声干扰和信息冗余，也为了从众多维度变量中筛选出数量较少且尽可能完整地保留原始变量包含的信息的少量维度，我们采用主成分分析法对高维数据进行降维。

将经过标准化处理后的原始数据导入 SPSS 进行主成分分析，分析结果如表 8-7 所示。我们发现，前 4 个主成分的特征值大于 1，前 4 个主成分对数据变异的解释程度（方差百分比）分别为 28.499%、16.325%、11.900%、9.385%，所以决定最终提取的主成分数量为 4 个。

表 8-7　主成分分析结果

成分	初始特征值			提取载荷平方和			旋转载荷平方和		
	总计	方差 百分比/%	累积%	总计	方差 百分比/%	累积%	总计	方差 百分比/%	累积%
1	3.135	28.499	28.499	3.135	28.499	28.499	2.596	23.598	23.598
2	1.796	16.325	44.825	1.796	16.325	44.825	1.760	16.000	29.598
3	1.309	11.900	56.725	1.309	11.900	56.725	1.575	14.314	53.912
4	1.032	9.385	66.110	1.032	9.385	66.110	1.342	12.198	66.110

为了确定各个主成分所包含的原始变量，我们采用最大方差法对成分矩阵进行旋转，并且删除相关系数小于 0.3 的数据，旋转后的成分矩阵表如表 8-8 所示，我们发现，当本研究确定主成分数量为 4 时，每个变量只由唯一的主成分来解释，所以确定 4 个主成分是合理的。为了后续的聚类分析，我们选择每个主成分下相关系数最高的变量代表该主成分参与聚类分析运算，所以最终选取的特征变量分别为用户的评论数、视频播放数、用户发博频次、表情数。

表 8-8　旋转后的成分矩阵表

项目	成分			
	1	2	3	4
评论数	0.919			
点赞数	0.914			
转发数	0.894			
视频播放数		−0.850		

项目	成分			
	1	2	3	4
图片数		0.741		
博文长度		0.627		
用户发博频次			0.757	
#			0.746	
表情数				0.778
@				0.734
情感得分				0.318

使用 K-means 算法进行聚类时，为了确定 K 值取多少时聚类效果是最佳的，我们使用簇内误方差和轮廓系数来评价 K-means 算法的聚类效果。如图 8-21 所示，我们发现，当 K=4 时，手肘图的曲率最高，且轮廓系数最大，因此结合手肘法和轮廓系数法，确定最佳聚类簇数为 4 类。

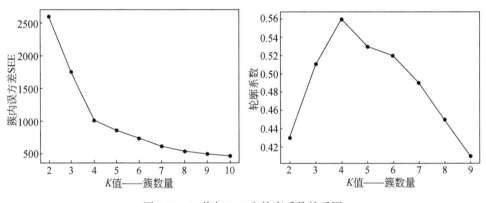

图 8-21　K 值与 SSE 和轮廓系数关系图

确定聚类簇数为 4 以后，将 K-means 算法中的 K 值设定为 4，从而将所有数据样本划分为 4 类，并计算每个聚类簇中距离簇中心最近的数据点，每个聚类簇的样本数量、样本量占比以及每个聚类簇距离簇中心最近的数据点，如表 8-9 所示。

使用 K-means 算法对用户群体进行划分时只使用了最能够反映群体特征的 4 个特征变量，但实际上还有许多其他变量都能够反映用户不同维度的特征，例如反映用户情绪特征的情绪极性等。为了勾勒出完整的用户画像，提取出不同用户群体在其他维度的特征取值，从而确定不同用户群体的典型特征，我们在 K-means 聚类结果的基础上进行多项逻辑回归。多项逻辑回归的因变量为聚类的类别，自变量为需要参与多项逻辑回归提取不同用户群体的特征取值的 12 个变量，包括情感类型、转发数、点赞数、文本长度、工具类型、用户认证类型、是否转发、是否定位、是否附带视频、#、@ 和图片数。其中，对于用户获得的点赞数等 5 个连续变量，使用基于离散化的方法将每个变量进行数值分组，形成有限个区间，再将有限区间转为对应数量的二元项（陈封能等，2011），从而转变为反映数值水平的等级分类变量。

表 8-9　聚类中心点

类别	样本数量	占比/%	用户发博频次	评论数	视频播放数	表情数
0	376663	56. 46	−0. 26001	−0. 02508	−0. 22842	1. 002378
1	128392	19. 25	−0. 22125	0. 0116	0. 026852	−0. 3188
2	103348	15. 49	−0. 20833	0. 0116	−0. 23811	−0. 3188
3	58694	8. 80	0. 06619	−0. 02508	−0. 23811	2. 984146

结果如表 8-10 所示，转发数、点赞数、文本长度、@、#的 p 值均大于 0.05，说明这五个变量对因变量无显著的影响意义，因此将这 5 个变量从回归模型中予以剔除，最终选择用户认证类型、情感极性、工具类型、是否转发、是否定位、是否附带视频、图片数这 7 个变量纳入多项逻辑回归模型。最后得到每个类别的特征值组合如表 8-11 所示。

表 8-10　模型似然比检验表

项目	似然比检验		
效应	卡方	自由度	显著性
截距	0. 000	0	0
情感类型	742. 264	4	0. 000
转发数	1. 365	4	0. 850
点赞数	6. 129	4	0. 190
文本长度	2. 794	4	0. 593
工具类型	49 1193. 579	8	0. 000
用户认证类型	5 443. 863	4	0. 000
是否转发	10 957. 908	2	0. 000
是否定位	1 224. 893	2	0. 000
是否附带视频	457 592. 940	2	0. 000
#	6. 104	4	0. 191
@	9. 168	4	0. 057
图片数	32. 716	18	0. 018

表 8-11　各类别特征组合最大概率表

类别	图片	视频	定位	转发	用户类型	工具	情感类型	概率/%
0	8	TRUE	TRUE	FALSE	无认证	iPhone	正面	73.4
1	1	TRUE	FALSE	TRUE	官方认证	PC	中性	85.1
2	3	FALSE	FALSE	FALSE	个人认证	else	正面	77.5
3	0	FALSE	FALSE	FALSE	无认证	Android	负面	86.7

将 K-means 聚类分析结果与多项逻辑回归确定的各类别最大概率特征组合结合在一起，得到每个类别群体在各维度的特征表现如表 8-12 所示。

表 8-12　用户群体画像特征表现

变量	类别 0	类别 1	类别 2	类别 3
发博频次	低频	低频	中频	高频
评论数	评论较少	评论较多	评论较多	评论极少
发布工具	iPhone	PC	else	Android
认证	无认证	官方认证	个人认证	无认证
forward_flag	未转发	转发	未转发	未转发
定位	有定位	无定位	无定位	无定位
vedio_flag	附带视频	附带视频	无视频	无视频
视频播放数	少量播放	大量播放	无播放量	无播放量
图片数	多图	1 张图片	少量图片	无图
表情数	表情较少	无表情	无表情	表情较多
情感类型	正面	中性	正面	负面

最终，将 667097 个样本划分为 4 个典型的用户群体，包括 "情绪积极普通大众" 型（图 8-22）、 "信息扩散助力" 型（图 8-23）、 "积极阳光意见领袖" 型（图 8-24）、 "消极情绪强烈输出" 型用户（图 8-25），每个类别分别占比 56.46%、19.25%、15.49% 和 8.80%。

8.5.2.5　小结

突发事件具有突发性、紧急性、危害性等特征，很容易引起社会大众的广泛关注，在这种背景下，人们往往会选择社交媒体平台进行信息搜寻、信息传播、情绪宣泄等行为。对于政府和相关机构来说，在发生突发事件时，遏制谣言大肆传播、维持网络用户情绪稳定、及时公布事件发展信息是尤其重要的。为了实现此目标，我们应该全面解析突发事件中社交媒体用户的行为特征及情

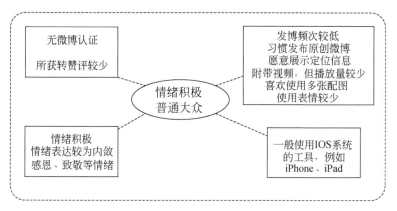

图 8-22　"情绪积极普通大众"用户

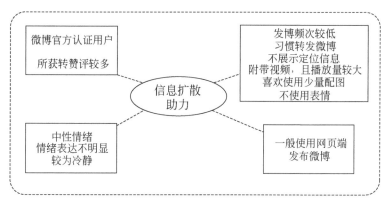

图 8-23　"信息扩散助力"用户

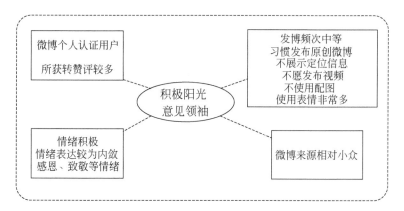

图 8-24　"积极阳光意见领袖"用户

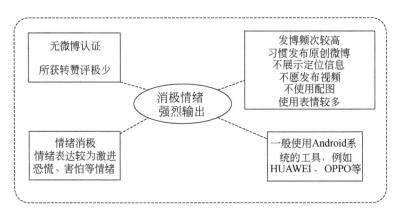

图 8-25　"消极情绪强烈输出"用户

绪特征，才能有针对性地进行舆情监测和管控，防范社会危机和群体性事件的发生。

为了探究突发事件中社交媒体用户的行为及情绪特征，本部分以新冠肺炎疫情期间的微博用户为实证数据来源，立足于 380307 位用户的 667097 条微博文本数据，探究了相关用户行为特征及情绪特征的基本规律和相关关系，基于信息生态理论的信息人、信息、信息技术、信息环境 4 个角度映射相关用户行为特征及情绪特征，采用主成分分析、K-means 聚类算法、多项逻辑回归的方法将全部样本划分成 4 个典型用户群体画像，并对用户群体画像的特征进行识别，最后基于 4 个用户群体的特征提出针对性的舆情风险防范意见。

"情绪积极普通大众"型用户主要是各行各业的普通工作者，其情绪表现积极、发博频率较低、获得的转赞评数量较少，社会影响力较低，所以针对该类用户，政府和媒体平台应该提升其舆论影响力，进而引导正能量传播。

"信息扩散助力"类别的用户主要是政府机构、企业、自媒体和传统媒体的官方账号，表现出中性情感，在突发事件中担当促进信息传播的主力角色，具有一定社会影响力，所以政府和社交媒体平台应该积极发挥相关用户的传播能力，同时防止该类群体转发和传播大量不实信息进而引发舆情危机。

"积极阳光意见领袖"型用户主要是各行各业的明星达人，有强大的粉丝号召力，而且此类用户在突发事件中持正面积极态度，因此政府和社交媒体平台应采用灵活多变的形式借助该类群体的强大影响力来助力舆情管控。

"消极情绪强烈输出"型用户的典型特征是情绪消极且频繁发博，针对该类用户，政府和社交媒体平台应加大关注和管控力度，并及时采取措施进行情绪疏导，一旦发现负面情绪和言论产生蔓延趋势，应立即采取强有力措施进行处理。

8.5.3 突发网络舆情事件下舆情反转情感演化特征分析

舆情反转是突发网络舆情事件、社会热点事件等演化过程中的一种特殊现象，具有突发性、多变性、传播速度快、范围广、影响深等特点。目前学术界对"舆情反转"尚无统一的定义（田俊静等，2019），但学者们对其认知和理解较为一致，即在舆情事件发展不同时期，公众情绪观点、情感态度会发生逆转。近年来，各类突发网络舆情事件频频发生，而一些事件呈现出典型而又特殊的舆情反转特征。公众对同一事件的舆情随着时间变化呈现不同乃至完全相反的态势，在这个过程中，公众容易感到混乱，滋生被欺骗和愚弄的情绪，与此同时，媒体信任度下滑，官方权威性遭到削弱。若对此不加以控制，舆情进一步发酵就可能会造成社会不稳定、滋生网络暴力等问题。

舆情反转产生的原因有二：一是真实信息来源渠道匮乏，可靠性无从考证，公众接触事件真相尚存在一定滞后；二是社会现状所致，后真相时代，部分机构或个人受社会经济利益等因素影响，盲目追逐热点，以新闻时效性为借口，对事件进行情绪化解读和报道，从而造成误传误导。为了在舆情反转过程中及时有效纠偏，引导舆论回归客观理性，营造健康和谐的网络生态，我们有必要了解公众情感随着事件真相的揭露是如何变化的，公民情绪以怎样的速度发生演变，以及在空间分布上是否有所差异，因此探索总结突发网络舆情事件下舆情反转中公众情绪演化的规律和特征具有重要的现实意义。

本小节通过爬虫抓取微博内特定舆情反转事件的用户数据，参考安璐和吴林（2017）、张琛等（2021）的相关研究设计分析框架（图8-26），主要采用主题建模和情感方法分析网民情感特征，探索舆情反转事件的情感演化规律，以期为突发网络舆情事件下舆情反转应对引导与规范治理提供参考（何婕君和李阳，2022）。

8.5.3.1 案例选取与数据准备

某舆情事件发生于2020年6月7日，是该年突发网络舆情反转热点事件之一，引发了广大网友的高度关注和讨论。由于官方调查结果与当事人描述有一定出入，网络公众对当事人的态度由同情转为愤怒，由支持转为谴责，在事件真相披露前后形成了强烈反差，因此我们认为该事件具有代表性，将其作为案例事件进行考察。

我们选取新浪微博网站，以当事人姓名为检索词，抓取2020年6月24日至2020年7月14日时段内微博数据和用户信息，包含微博用户 id、用户认证类型、

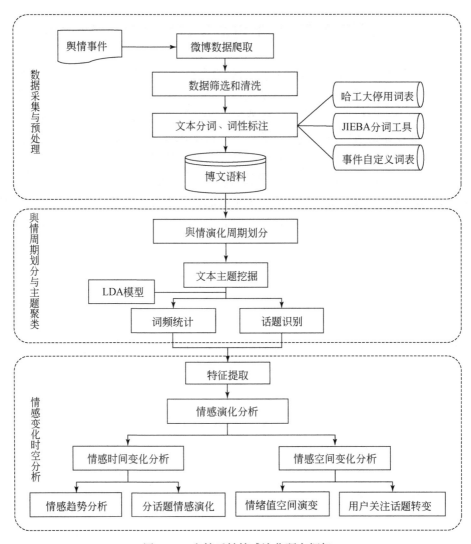

图 8-26 舆情反转情感演化研究框架

用户名、发布时间、微博文本；并调用 API 接口下载评论数据，包含评论时间、评论文本、用户 id、用户名、用户地址、用户性别等字段，最终得到微博总计 24584 条，评论 80238 条，其中地址字段非空评论 57264 条（71.4%）。数据准备工作包含数据筛选和清洗处理，详细过程可见图 8-26 研究设计。

8.5.3.2 周期划分与主题分析

舆情反转事件从产生、暴发、形成反转到最终平息是一个持续运动的过程，具有鲜明的生命周期特征。统计该事件发生期间每日微博条数，如图 8-27 所示，可以看出公众关于该舆情事件的讨论关注存在两个峰值。借鉴贾亚敏等（2015）的研究将该舆情事件舆情演化周期划分为到舆情起始阶段、暴发阶段、第一次衰退阶段、第二次增长阶段、第二次衰退阶段、平息阶段共 6 个生命周期阶段。

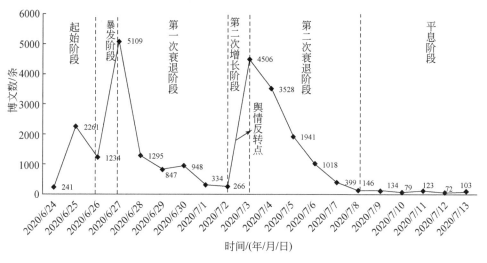

图 8-27　某舆情事件微博时序演变图

结合首次舆情暴发与反转点前后用户发布的微博文本内容，我们发现 2020 年 6 月 26 日至 6 月 27 日内舆情暴发的原因在于较多新闻媒体官方账号和具有相当影响力的自媒体账号对案例事件大量报道，事件引发越来越多网络公众的关注和讨论，大众结合自身经历对事件产生强烈共鸣，并表示积极支持当事人维权，声讨涉事方的责任。而 2020 年 7 月 3 日下午，人民日报官方账号发布真相，主流媒体广泛转发这一调查结果，由于调查结果与当事人陈述存在较大出入，公众情绪再次上涨，认为当事人夸大其词，利用舆论炒作，欺骗大众感情，舆情在这一过程中出现明显的转折，不仅包括态度和情感上的转变，还有讨论主题和议论主体指向的改变，公众关系出现支持/对抗关系，舆情主题在变换中衍生融合，形成新的舆情态势。

根据舆情发展周期划分结果，采用 LDA 主题分析对各生命周期的微博话题讨论焦点进行提取，根据困惑度系数确定聚类结果数，并将子话题中主题词根据词频降序排序，抽取特征词，概括得到子话题，如表 8-13 所示。

（1）起始阶段。网络公众主要关注事件当事人、涉事教育厅、学校等对象，新浪新闻等多家媒体转发扩散该事件。当事人向教育厅实名举报的陈述内容、有关人员的回应、媒体人的采访调查及校方的解释等事件的关注者逐渐增多，呼声逐渐变大。

表 8-13 该舆情事件舆情演化主题分析结果

舆情周期	主题编号	主题特征词（部分）	主题概括
萌芽阶段	Topic Ⅰ-1	命运、教育、改变、受害者、道歉、正义、权利、威胁、原谅、农家女、疑遭、无奈、可怕、欺负	网民情感宣泄
	Topic Ⅰ-2	疑点、学籍、录取、曝光、道歉、操作、发现、复读、持续、恐怖、可恶	事件讨论
	Topic Ⅰ-3	调查组、济宁、回应、教育、发帖、前往、年前、农家女、发帖人、希望、人生、道歉信、联合、调查核实	涉事学校发布声明
	Topic Ⅰ-4	冒名顶替、班主任、女儿、两年、连续、大学、高考、录取、实名、教育厅、忏悔书、身份、媒体、院校、南方日报	当事人实名举报高考被顶替上学事件
	Topic Ⅰ-5	班主任、见面、济宁、女子、退休、发酵、人民政府、部门、介入、专程	班主任登门来访，部门介入调查
暴发阶段	Topic Ⅱ-1	顶替、高考道歉、跨省、见面、浙江、大汉、拒绝、曝光	事件进一步曝光，调查组面见当事人
	Topic Ⅱ-2	顶替、长相、选中、怀疑、发凉、照片、公平、人生、教育	事件舆论发酵，网民情感宣泄
	Topic Ⅱ-3	高考、家庭、冒名顶替、大学、社会、公平、命运、底层、博士、学生、落榜	高考制度讨论
	Topic Ⅱ-4	人生、调查组、女子、真相、链条、严查、教育、学子、寒门、改变命运、考上、遭遇、工作、努力	当事人回应引发社会公平性热议
	Topic Ⅱ-5	相似、怀疑、长相、照片、选中、发凉、打听、老家、住址	涉事人长相讨论与拍客

续表

舆情周期	主题编号	主题特征词（部分）	主题概括
第一次衰退阶段	Topic III-1	全民震怒、铲断、作恶、链条、人民日报、严查、赔偿、说法	人民日报报道将严查真相
	Topic III-2	工作专班、处分、档案、录取、责任、山东省、单位	相关部门单位组成调查工作专班
	Topic III-3	高考、顶替、公平、人生、善良、希望、正义、命运、农村、寒门、底层、公正、机会、学子、发声、曝光、道歉、怀疑、选中、发凉、受害者	高考公平性讨论
	Topic III-4	班主任、道歉、电话、找到、害怕、威胁、实名、见面、删帖	当事人删帖，班主任道歉
	Topic III-5	开展调查、处理、及时、公布、反映、举报、决不姑息、知情	工作专班进一步跟进调查
	Topic III-6	教育、招生办、操作、农家女、不敢发帖、复杂、学籍	涉事教育部门和招生办的质疑
第二次增长阶段	Topic IV-1	冒名顶替、社会、部门、调查、追究、责任、人民日报、法律责任、违法行为、回应、教育厅、调查组、公平	教育厅回应介入调查
	Topic IV-2	问题、调查结果、通报、分数线、理科、调剂、学校、黄冈、统招	初步调查结果情况的通报
	Topic IV-3	公安局、派出所、党内处分、犯罪、开除、警告、职务、法律法规	调查结果核实与涉事人员处理
	Topic IV-4	事实、人生、受害者、夸大、舆论、真相	真相讨论与对政府公信力的质疑
第二次衰退阶段	Topic V-1	真相、公平、正义、维权、夸大其词、热度、夸大、恶心、质疑	高考公平，指责当事人夸大事实
	Topic V-2	顶替、受害者、高考、陈春秀、损失、撒谎、道义、处罚、欺骗	网络造谣及其恶劣影响讨论
	Topic V-3	调查结果、班主任、档案、志愿、分数线、委培、填报	当事人回应调查结果讨论

续表

舆情周期	主题编号	主题特征词（部分）	主题概括
平息阶段	Topic Ⅵ-1	高考、顶替、真相、网络、撒谎、反转、消费、情绪、大众	事件真相公布，反感情绪宣泄
	Topic Ⅵ-2	受害者、网友、社会、损失、同情心、事实、道德、伤害、支持、舆论	道德法律层面的争论与分析
	Topic Ⅵ-3	处理、依纪、依法、档案、煤炭	涉事学校的回应和处理

（2）暴发阶段。这一阶段，案例事件信息进一步披露，各大媒体在其官媒上发文，加速事件的扩散，事件影响力暴发式上升，公众对教育公平、高考公平性质疑和声讨，负面言论和消极情绪蔓延。

（3）第一次衰退阶段。用户话题继承了暴发阶段的讨论内容，《人民日报》声明会查清真相，组成了专题调查组即刻着手工作，由于事件没有更进一步的进展，舆情热度暂时回落，媒体和公众的关注点聚焦点相比前一阶段变化不大。

（4）第二次增长阶段。该阶段产生的原因是《人民日报》对事件真相的公示，揭示了当事人第二年高考并未存在顶替现象，由于事件真相与当事人言论相差较大，网络公众对当事人质疑，随着真相全貌的披露，公众情绪部分转移到对立面，不再同情和支持当事人，而是对其利用舆论炒作，欺骗公众，藐视真相表示强烈谴责和愤怒。

（5）第二次衰退阶段。这一阶段的公众关注话题继承了第二次增长阶段的讨论主题，用户围绕当下舆论场中立场缺失，后真相时代部分媒体和个人为了自身利益，无视客观事实，盲目迎合受众，编造信息，博取眼球和支持率的行为进行激烈的辩论，也引发公众对权威机构公信力丧失、人们信息获取渠道变窄、无法深入到事件本质的讨论的担忧。

（6）平息阶段。这一阶段用户关注度较少，公众情绪逐渐消解，舆论渐趋平息，后真相时代的新闻求真之路是一个社群间明亮对话、理性互动并最终通往公共合意的过程，虽不能立即达到事实真相，却能在公共对话过程中不断逼近真相。真相可能迟到或失去其应有意义，但社群成员对真相的持续探究会成为一种对真相隐瞒者的社会语境压力，使撒谎成本变大、风险变高。

分析主题聚类结果可以发现，该舆情反转事件在反转前，话题主要围绕事件当事人、事件性质、地理空间等表层信息扩散以及由事件反映出来的一系列社会矛盾展开，在舆情反转后，舆情热度再次达到峰值的同时，公众的关注主题也会发生转移，本例中，网民关注点部分转移到网络造谣的恶劣影响、道德与法律熟更重要的争论等话题上。同时，由于官方展开调查核实了事件真相，对事件参与者和涉事部门进行了处罚，因此不会出现二次反转的可能，舆情热度也得以下降平息。

8.5.3.3 舆情反转时间维分析

统计舆情演化各周期阶段中，不同情绪类别的微博数量占比，可以用来分析舆情反转的时序演变规律，如图 8-28 所示。在信息源头为个人以及公众盲从心理作用之下，网民情感表达与言论发酵较为集中在相同的话题，但随着时间的推移，网络舆论情感聚合体的声音也会出现一定的分化，因此还需要统计不同话题下用户情绪类别情况，如图 8-29 所示。

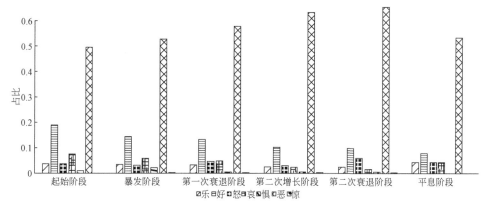

图 8-28　某舆情事件情感演变图

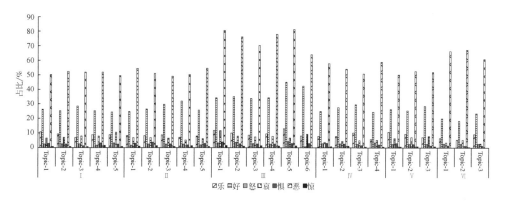

图 8-29　某舆情事件微博评论话题情感分布图

由图 8-28 可知，舆情各个阶段的情绪类别主要为"恶"与"好"，说明负面情感强烈，情绪的集聚效应明显。在舆情开始与暴发阶段，网络公众情绪倾向较为一致，围绕高考公平性与人性黑暗面进行讨论发言和宣泄个人情感，网络公众在认为该事件是当时社会黑暗（Topic Ⅱ-4）的体现，与高考的规范性（Topic Ⅱ-3）、官方政府包庇和漠视有关，因此发表"病入膏肓、令人绝望""太可怕了，瑟瑟发抖""道德沦丧"等消极言论，指责当地教育部门，呼吁教育公平与社会法制公平，鼓励当事人积极上诉，认为正义不会缺席，会持续帮助支持（Topic Ⅰ-1）。第一次衰退阶段，官方政府介入调查，表示会严查事件真相，给予当事人补偿，还大众说法（Topic Ⅲ-1），并成立工作小组专门调查该事件（Topic Ⅲ-2、Topic Ⅲ-5）。此时，由于事件引发了社会各界的广泛关注，调查工作仍还处于核实跟进之中，大众对于高考制度的严肃性与公平性的质疑越来越强烈，认为权力凌驾于高考的公平性之上，代入被顶替者的角度，认为其被剥夺成果，物质上和精神上遭受了巨大的损失和创伤，网络公众感到愤怒和强烈的痛恨（Topic Ⅲ-4）。由于事件涉及高考信息篡改，公众认为仅凭单个涉事人员无法做到，需要多方面配合，因此对其他主体：学校、教育局、录取学校等质疑（Topic Ⅲ-6）。到第二次增长阶段，《人民日报》公示事件真相，惩处了涉事人员（Topic Ⅳ-1~3），但由于政府部门公布的真相与当事人陈述存在多处情况不符，舆情主题与情感的单一局面被打破，事件整体可信度急剧下降，信息反转加剧了情绪化传播，网络公众认为当事人对事件真相有隐瞒，其存在夸大事实、欺骗公众、为了博取同情关注编造谎言（Topic Ⅳ-4）。事件反转之后，公众认为微博话题一次次的反转消耗了多数人的善意，公众感受到被愚弄和利用，情绪以"恶"主导，消极情绪增多，"惊""惧"情绪明显上涨。公众认为，当事人将自己推进大众视野，夸大事实，成为舆论的焦点，是因为自媒体时代，人人都有麦克风，在事实没有得到查证前，媒体应谨防网络新闻化，而不是消费大众的同理心。在第二次衰退阶段，"恶""惧"情感强度略微下降，但关于媒体信任危机、网络道德遵守、个人媒介素养的讨论（Topic Ⅴ-1，Topic Ⅴ-2）仍居高不下。平息阶段中"惊""惧"情绪类别为零，公众回归理智，对事件性质进行回顾和讨论（Topic Ⅵ-1），对突发网络舆情反转事件中体现的网络道德进行反思（Topic Ⅵ-2），"乐""好"情绪有所上升。

8.5.3.4 舆情反转空间维分析

由于舆情反转事件往往涉及事件发生地与非发生地，而研究表明，同一舆情反转事件对不同用户的心理影响程度是存在差异的（林振明，2021），因此分析不同地理空间中网民情感是否显著不同具有重要意义，可以帮助相关部门更好制定舆情反转治理策略，更有效地根据用户差异引导舆论。

参考现有工作（张琛等，2021）利用微博平台上用户归属地的 snownlp 文本情感平均值衡量区域整体情感状况，本小节在获取评论用户地址字段的基础上完成舆情反转事件情感空间演变分析工作。首先统计关注度空间分布状况，如表8-14所示。根据各省份关注用户占比，可以看出，某舆情事件影响范围较广，且不同地区关注程度存在较为明显的差异。北京、广东、山东地区关注度较高，用户比例为14.50%、11.29%和10.97%，然后是江浙沪一带，评论人数占比均超过5%。

表8-14 舆情反转下各阶段各省级行政区的情感状态值（按照省份代码排序）

省级行政区	用户比例	各阶段情绪值	省级行政区	用户比例	各阶段情绪值
北京	14.50	0.117/0.157/0.116/0.088/0.070/0.078	湖南	2.05	0.114/0.158/0.101/0.060/0.066/0.229
天津	1.71	0.198/0.116/0.159/0.134/0.036/0.119	广东	11.29	0.117/0.130/0.116/0.086/0.069/0.072
河北	2.93	0.125/0.134/0.095/0.081/0.040/0.020	广西	1.48	0.165/0.128/0.143/0.098/0.056/0.137
山西	1.49	0.140/0.111/0.151/0.079/0.057/-0.054	海南	0.54	0.157/0.114/0.092/0.077/0.075/-0.098
内蒙古	0.84	0.084/0.116/0.125/0.096/0.065/0.248	重庆	1.90	0.124/0.064/0.066/0.092/0.081/0.172
辽宁	2.55	0.160/0.097/0.068/0.072/0.070/-0.041	四川	4.13	0.098/0.153/0.125/0.114/0.069/0.090
吉林	1.00	0.107/0.199/0.106/0.106/0.068/0.010	贵州	0.62	0.014/0.126/0.147/0.296/0.055/0.096
黑龙江	1.36	0.192/0.131/0.096/0.086/0.035/-0.010	云南	0.98	0.110/0.166/0.140/0.118/0.073/0.024
上海	7.29	0.155/0.108/0.106/0.101/0.054/0.039	西藏	0.35	0.189/0.118/0.207/0.030/0.113/0.166
江苏	7.59	0.119/0.111/0.100/0.091/0.068/0.108	陕西	2.39	0.134/0.127/0.091/0.083/0.05/-0.052
浙江	5.96	0.137/0.117/0.093/0.113/0.059/0.129	甘肃	0.50	0.072/0.253/0.191/0.182/0.077/0.180
安徽	2.58	0.145/0.152/0.097/0.089/0.044/0.073	青海	0.15	0.035/0.032/0.050/-0.119/0.120/0.120
福建	2.80	0.131/0.129/0.119/0.147/0.078/0.032	宁夏	0.29	0.089/0.046/0.139/0.142/0.126/-0.031
江西	1.34	0.084/0.091/0.028/0.082/0.033/0.032	新疆	0.52	0.119/0.277/0.175/0.004/0.082/-0.075

省级 行政区	用户 比例	各阶段 情绪值	省级 行政区	用户 比例	各阶段 情绪值
山东	10.97	0.133/0.139/0.086/0.101/ 0.061/0.053	台湾	0.18	0.061/0.114/0.220/0.217/ 0.140/0.484
河南	3.32	0.143/0.133/0.122/0.104/ 0.064/0.041	香港	0.50	0.145/0.080/0.116/0.111/ 0.105/−0.006
湖北	3.69	0.160/0.139/0.161/0.109/ 0.051/0.060	澳门	0.21	−0.157/0.095/0.068/0.107/ 0.073/−0.194

为了更细致地刻画舆情反转事件中网民情感间变化，还可以关注各省份在舆情生命周期不同阶段的用户情感平均值，如表8-14所示。在计算省际尺度的整体情感值变化时借助总体平均值衡量，我们认为，情感状态值较高的省份，整体情感越正面积极，反之，整体情感则较为负面消极。观察不同阶段的用户情感转变，可以总结出舆情发生反转之前，省际尺度下的情感状态差异更为明显，在事件逆转后，省际差异缩小，但各省份情感值整体下降，与总体情感变化趋势一致。

由于案例事件发生地位于山东省，可将其作为舆情发生地，山东以外的省份视为非舆情发生地。地域的差别使得用户聚焦主题存在差异的同时，也使得用户情感倾向可能有所不同。绘制舆情发生地与非发生地各阶段情感均值如图8-30所示。图中，舆情发生地在整个舆情生命周期阶段具有较大的情感变化，呈现升-降-升-降的趋势，说明随着事件真相的披露，用户情感波动明显。而舆情发生地作为山东省以外的地方情感变化趋势则较为单一，仅在平息阶段有所回升。

8.5.3.5 小结

突发网络舆情事件下舆情反转现象具有特殊性，研究相关舆情反转的情感时空演变趋势具有重要意义。本书通过爬取热门突发舆情反转事件社交网络平台用户数据，划分舆情生命周期阶段，利用LDA、情感词典等方法挖掘相关事件中的热点话题，分析各阶段各话题下微博评论的情感倾向，从时间、空间两个维度总结舆情反转事件的情感演化特征。

结果表明：①一次反转导致二次暴发的舆情反转事件可以划分为起始阶段、暴发阶段、第一次衰退阶段、第二次增长阶段、第二次衰退阶段、平息阶段6个生命周期发展阶段。②舆情反转事件中，用户关注主题一般会由事件参与者、事件类型、地域等表层相关信息转向为事件性质的探讨与情感的宣泄。如本例中，民众在持续关注事件本身的同时，也将注意力扩散转移到网络空间话语权、政府

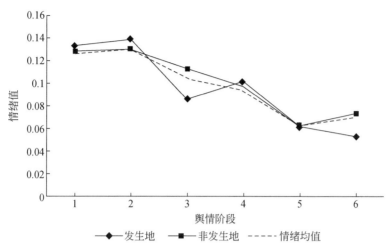

图 8-30　舆情发生地与非发生地各阶段情绪值变化图

公信力与媒介素养等话题上。③在舆情反转生命周期内，舆论出现高度情绪集聚现象，而政府的有效作为、舆情客体的立场发声都能对舆情演变产生引导作用。④不同地区对舆情反转事件关注程度不同，情感状态值也存在差异。其中，舆情涉事地与非涉事地在关注话题上呈现出一定的差异，舆情涉事地更容易引起用户的关注和情感变化，更加关注与涉事地区域特征相关的一些内容等。

　　针对舆情反转事件，如果缺乏有效的控制手段，舆情就容易从虚拟空间的情绪积累上升到社会运动的风险。尤其是政府部门如果缺少干预举措，会损害政府公信力，严重影响社会信任。同时，舆情反转事件容易滋生网络暴力，甚至是挑战法律道德底线，破坏网络生态。结合本部分研究发现，我们认为构建和谐网络生态需要政府、新闻媒体、网络公众等多方面的协同努力。政府需要加强对舆情的监测和控制，加强对舆情反转事件的预测和管控，及时有效作为，增强自身公信力。网络媒体也需要提升媒介素养，避免标签化，理性质疑，批判性思考，发挥正向传播作用，及时引导舆论导向，平衡信息流，助力相关政府机构对舆情的控制和协调。作为舆情主体的网络公众需要提升媒介素养，合理、理性发声，正确运用网络空间话语权，自觉遵守法律法规，不盲信盲从，提高辨别是非的能力，杜绝散播虚假信息。舆情反转事件频发的现象说明，互联网在开启人类生活新空间的同时也伴生了一系列问题，大数据、自媒体驱动了传播方式更新的同时也使得媒体公众逐渐迷失在真伪信息海洋和网络舆论当中。对网民的网络道德和媒介素养教育、整治新媒体自媒体从业行为、落实政府依法执法工作等对于应对舆情反转风险、维护理性纯洁的网络空间具有重要意义。

9 | 应急知识科普情报工程建设

9.1 公众应急信息素养基本问题介绍

9.1.1 公众素养、公众应急素养与公众应急信息素养

目前，学界对于公众素养概念界定的研究较少，许多学者在研究中直接将公众素养定义为公众媒介素养、公众文化素养或是公众科学素养。实际上，公众素养是一个综合性的概念，以上素养都只是公众素养的一个子集，除此之外还有公众健康素养、公众心理素养、公众信息素养、公众生态环境素养等。《现代汉语词典》将"公众"解释为"社会上大多数的人；大众"，将"素养"解释为"平日的修养"。因此，可以将公众素养理解为公众经过后天修习而得到的一种能力，这种能力包含思维能力、知识水平、道德品质、价值追求、行为作风等多个方面，并且其内涵十分丰富，在不同情境下存在着不同的表现形式。

在应急管理领域，公众应急素养正成为近年来的研究热点。当前我国正处于社会经济发展转型的关键时期，尽管社会总体和谐稳定，但各类突发公共事件频繁发生，给政府的应急管理工作带来巨大挑战。突发公共事件具有突然性、群体性、变化性、破坏性等特点，在当前条件下仅仅凭借政府以及专业应急救援团队等力量往往会错过最佳抢救时间，难以将伤亡与损失降至最小，而发挥突发事件前线、"案发现场"中公众的力量和智慧，在某些情形下对防灾救灾等具有重要意义。这实际上就对公众应急素养提出了更高要求。

目前，学界对于公众应急素养尚没有一个明确的定义，通过对相关研究的梳理，可以将公众应急素养理解为：公众在日常生活中对于应急管理相关思维意识、理论知识的学习意愿与掌握程度，以及能否在突发事件发生时实施有效的自救互救行动与规避逃生措施的一种能力与素质（赵艳艳，2014）。综合来看，公众应急素养可以看作是由公众应急意识、公众应急知识、公众应急行为三部分组成的一种能力。

公众应急意识指公众对于突发事件应急管理的观念和态度。从应急流程的视

角来看，公众应急意识可以分为应急预防意识、应急响应意识以及应急恢复意识三个层次（杨力，2011），分别对应突发事件发生前、发生时与发生后三个时间段。应急预防意识体现在公众在日常生活中了解突发事件特点与应对策略的积极性、对于应急培训的重视程度、对于突发事件的危机意识、对于意外风险的防范意识等。应急响应意识指公众在面对突发事件时的自我保护意识、互助互救意识、协调沟通意识、责任意识与公德意识。应急恢复意识则主要指突发事件发生后参与应急恢复工作的意识、公众的心理承受与恢复能力以及总结与反思的意识等。

公众应急知识指公众应具备的与各类突发事件相关的应急知识以及获取这些知识的能力。从事件类型的角度看，公众应急知识可划分为自然灾害知识、事故灾难知识、公共卫生知识、社会安全知识四大类。具体来看，自然灾害知识包括地震灾害、生物灾害、水旱灾害等自然原因导致的灾害事件的事件性质、灾害成因、预防措施、减灾措施以及自救互救技能等方面的知识；事故灾难知识包含交通运输事故、化学品泄漏事故、公共设施与设备故障事故等人为原因导致的紧急事件的事件性质、预防措施、减灾措施、自救互救技能以及应急物资装备使用方法等方面的知识；公共卫生知识包含突发传染性疾病、食品安全事件等突发公共卫生事件的事件性质、预防措施、各类突发疾病及其应对方法以及相应药品物品的使用方法等方面的知识；社会安全知识则包含恐怖袭击、刑事案件等危害社会安全的突发事件的事件性质、预警信息、逃生手段等方面的知识。除上述知识内容之外，公众应急知识还应包括对与应急有关的法律法规、政策条例等的了解与掌握，如《突发事件应对法》《传染病防治法》等。公众对相关法律制度进行阅读与学习，一方面能够明确自身在应急管理中应尽的义务，另一方面也有助于在遭遇突发事件的不利影响时维护自身的合法权益。

公众应急行为指公众在处理应急事件中进行的一系列行为，是将理论的应急知识转化为具体的实践行动。相关研究表明，公众应急行为是应急意识的应用体现，因此公众应急行为同样可以分为应急预防行为、应急响应行为以及应急恢复行为三方面（李琰等，2021）。应急预防行为包括公众在日常生活中对于相关应急法律规范的遵守，对于应急知识的学习实践以及对于潜在突发事件或安全隐患所实施的防范措施。应急响应行为指在突发事件发生后公众的实际处理能力，包括运用自救互救技能的实际效果、接受与传递应急事件信息的效率以及与专业救援团队、其他受灾人员的沟通协作能力。应急恢复行为则指公众在经历突发事件后进行的参与灾后重建应急恢复工作、寻求心理疏导行为、总结反思行为等行为。

与公众应急素养紧密相关的概念的是公众应急信息素养，公众应急信息素养的概念可以看作是公众应急素养与公众信息素养概念的交叉，即公众在面对突发事件时知晓自身需要哪些信息和知识，并且能够通过符合法律与道德伦理的方式来检索、获取、分析、理解、组织、利用、评价和共享这些应急信息资源，以指导个人的应急行为或参加社会应急活动的一种能力。事实上，公众日常对于应急知识的获取和利用以及突发事件发生后对于事件相关信息的获取和利用都依赖于自身的应急信息素养。在新型信息社会背景下，公众应急信息素养的高低直接影响着公众应急素养中应急思维能力、应急知识水平等的好坏，因此，可以认为公众应急信息素养对于公众应急素养起着决定性的影响。

9.1.2　新冠肺炎疫情与公众应急信息素养

自新冠肺炎疫情暴发以来，各类真假混杂的疫情信息海量涌现，并且借助于高速发展的互联网技术与广泛普及的社交媒体平台迅猛传播，致使公众深陷远远超出自身接受处理能力的信息流之中，难以获取真实有效的信息。世界卫生组织由此提出了"信息疫情"的概念，即信息过载使得人们难辨信息真伪，不仅难以获取与自身相关的疫情信息，而且易产生恐惧、焦虑、不安等负面情绪危害心理健康（World Health Organization.，2020）。因此，当前迫切需要提高公众应急信息素养，以帮助公众更好地应对"信息疫情"以及未来可能的各类信息危机。

新冠肺炎疫情的冲击暴露出我国公众应急信息素养的诸多问题，折射出我国公众应急信息素养整体水平较低、难以在突发事件中选择合适的应急信息来源以及获取所需的应急信息的现状，具体主要体现在应急信息获取能力不足、应急信息甄别能力不足、应急信息深度解读能力不足等方面。

第一，应急信息获取能力不足。在突发事件发生后，公众出于了解事件发展状况与相关知识以更好地降低损失、辅助决策等目的，其信息需求较于平日更为强烈，然而由于信息获取能力的不足，公众往往难以及时掌握自己所需要的应急信息和知识。首先表现在很多人缺乏从官方权威渠道获取信息的意识与能力。相关调查研究显示，公众获取新冠肺炎疫情信息的首要渠道为以今日头条、新浪新闻为代表的新闻类媒体，其次为微博、微信、QQ等社交媒体平台，再次为电视、报纸、广播等传统媒介渠道，通过搜索引擎或政府官方网站来获取疫情相关信息的人数最少（黄璜，2020）。这一调查结果折射出当前我国公众过于依赖由新闻媒体与社交媒体构成的移动网络信息渠道来获取信息的现状，但公众对这些渠道中可能存在的大量虚假信息、错误信息并没有足够的认识与预期，无论何种信息都习惯于从中获取，由此便难以顺利获取最及时、最准确、最需要的信息。事实上，政府官方权威渠道是获取相关应急信息最为重要的途径，在新冠肺炎疫情期间各大官方媒体、各级人民政府与卫生健康委网站都会第一时间发布并更新疫情相关知识、疫情发展形势、病毒研究进展、救援进展、防护措施等信息。如《央视新闻》《人民日报》等国家级权威媒体、"南京发布"等各省市的信息发布平台、各级各类政府部门开设的新闻发布会等。但出于不知晓此类渠道，或是不知道如何从这些渠道中针对性地获取所需信息等原因，公众对于这些渠道的信息的利用率并不高。此外，公众应急信息获取能力的不足还体现在公众的信息检索意识与能力不够强。尽管对于新冠肺炎疫情信息有着较大的需求与关注，但很多人对于相关信息的获取主要依赖于新闻媒体与社交平台的疫情信息推送，如新增确诊人数、热搜热点新闻、朋友圈好友动态等，而不是自己主动地去有关网站检索需要的信息，由此便难以真正满足自身的信息需求。

第二，应急信息甄别能力不足。公众在接收与传播应急信息的过程中较为感性，缺乏甄别应急信息的意识（王景侠，2020）。一方面，在面对与疫情有关的海量信息内容时，公众出于恐慌、焦虑的心理，往往更愿意去选择相信赢得自己情绪认同的信息，而不是首先去确认信息的真伪。然而，具有高自由度、强交互性的自媒体的快速发展使得任何人无须专业知识与新闻素养即可发表与疫情相关的观点与言论，部分媒体为博取热点吸引眼球，会刻意扭曲事实或编造信息以迎合公众心理。如在疫情初期利用公众对于武汉相关政府部门信息发布不及时的不满情绪，捏造了"武汉上空将播撒消毒粉末"等谣言。公众在未考证信息真实性的情况下进行评论、点赞、转发、分享等操作，进一步助推了虚假信息的滋生与传播，致使更多人误信。另一方面，由于对新冠肺炎的了解与认识有限，人们对于真实、权威信息的依赖更为强烈，但对于信息源的可靠性与准确性却缺乏考究。很多公众倾向于从自媒体中的"明星医生"或"健康专家"发布的"权威"信息中获取知识，却忽视了这些所谓的"专家"很可能并不具备相应的科学素养与专业知识，其发布的信息中不乏违背科学常识的内容，如"双黄连可抑制新冠肺炎""酒精可杀死新冠病毒"等词条都曾登上微博热搜榜。许多公众不加质疑直接采信，以至于现实中发生深夜群众哄抢双黄连口服液、喝高浓度酒精以求杀死病毒等荒唐事件，给社会的正常秩序带来了不稳定因素和危害。

第三，应急信息深度解读能力不足。公众对于接收到的应急信息的深度解读能力较弱，缺少主动探究的意识。由于生活节奏的加快、接收信息内容的增长、自身教育程度的限制等原因，公众在获取应急信息时往往陷入一种被动式接受、碎片化阅读的状态，难以对信息背后的相关知识与深层含义进行主动探究。与此同时，公众最常使用的新媒体平台大都存在根据用户偏好精准推送信息的机制，长此以往用户往往会陷入信息茧房之中而不自知，逐渐弱化了自身的思维能力与认知水平。公众对于应急信息的深度解读能力不足，一方面不利于自身对于防护、救助等知识的掌握，如很多人只知道防范新冠病毒需要戴口罩，但是对于如何正确地戴口罩、口罩戴多久需要更换等问题并没有深入思考与探究，由此便难以真正起到防护作用来保护自己与他人的健康安全；另一方面也不利于自身对于政府部门的应急政策进行正确解读，如疫情期间各地都发布了出入管理政策、隔离观察政策、稳产保供政策等应急政策，如果个人对于这些政策举措无法正确了解，那么很可能会对自身的行程安排、行动规划带来不便、对政府的应急管理措施的落实带来障碍，进而对社会整体的应急机制产生干扰。

9.1.3 应急知识科普的重要性

当前，社会公众应急信息素养整体水平欠佳，新冠肺炎疫情突发公共事件更是折射出相关方向的种种问题和不足，为此，当前迫切需要加强面向公众的应急知识科普工作，以提高公众的信息获取能力、信息甄别能力以及信息深度解读能力，从而提高公众的应急信息素养。应急知识科普指政府、科学共同体、新闻媒体等科普主体将与突发事件相关的预防方法、应对措施、救助技能等应急知识以公众易于理解的方式向社会公众传播的科学普及活动（李依，2018）。应急知识科普的概念具有两层内涵：一是在日常对于公众进行常规化的预防性应急知识科普，以起到防患于未然的作用；二是在突发事件发生后针对已经发生的事件向公众进行应急知识科普，以起到协助公众应对突发事件的作用。

应急知识科普是国家应急管理工作的重要组成部分和模块。欧美发达国家较早意识到应急知识科普的重要性。19世纪60年代，"第一响应人"的概念在美国兴起，指在突发事件发生后能够第一时间抵达事故现场并实施应急救护措施的专业人员。随着时间的推移与社会的发展，"第一响应人"的概念范围逐渐扩大到社会公众，普通公众在经过科普培训后都可以成为突发事件的"第一响应人"（吴思瑾，2016）。相对而言，我国的应急知识科普工作建设起步较晚，但近年来愈发得到重视。2000年后，我国政府先后颁布了《中华人民共和国科学技术普及法》《中华人民共和国突发事件应对法》等法律文件，从立法层面对应急知识科普工作提出了宏观要求。2005年10月，国务院办公厅印发了《应急管理科普宣教工作总体实施方案》，提出要"以应急知识普及为重点，提高公众的预防避险减灾、自救互救和减灾等能力"[①]，通过设立科普知识专栏、出版科普产品、举办科普讲座、开展科普进社区活动等方式向公众进行应急知识科普。近几年来，随着我国社会经济发展水平不断提高，人民群众对于应急知识科普的需求也更加深入与细化，国家相关部门因此针对不同的突发事件类型编制了相应的应急知识科普工作的指导政策文件，如2016年5月国家安全监管总局等部门

---

① http://www.gov.cn/zhengce/content/2008-05/05/content_1196.htm.

发布的《关于加强全社会安全生产宣传教育工作的意见》、2018 年 7 月应急管理部等部门发布的《加强新时代防震减灾科普工作的意见》等。2020 年 9 月，中国科学技术协会等部门发布了《关于进一步加强突发事件应急科普宣教工作的意见》，指出"应进一步加强突发事件应急科普宣教工作，提升公众应对突发事件的应急素养"①，并对新时期应急知识科普工作的指导思想、基本原则、主要任务以及保障措施都做出了详细说明。2021 年 6 月，国务院印发了《全民科学素质行动规划纲要（2021—2035 年）》，在重点工程中着重提出了要从建立应急科普部门协同机制、提升基层科普工作能力、储备和传播优质应急科普内容资源、建立应急科普专家队伍等方面入手，来实现建成平战结合的应急知识科普体系的目标②，体现出当前我国政府对于新时代应急知识科普工作的高度重视。

事实上，重视应急知识科普工作无论对于社会整体还是公众个体来说都有着举足轻重的作用。从社会层面看，应急知识科普有助于减少社会应急成本，推动社会持续稳定发展。近年来，随着我国社会步入高风险社会，各类突发公共事件发生日益频繁，给社会的和谐稳定发展带来了极大的不确定性。为了将突发公共事件带来的负面损失降至最小，借助于科学技术的进步与治理能力的提升，应急管理的工作重点由先前的突发事件发生后被动应对逐渐转变为积极主动地预测、化解突发事件，这就需要对全体公众进行应急知识科普以提高社会整体的应急素养。应急知识科普是一项涉及全体社会的系统性、整体性工程，需要全体公众的参与来"群策群力、群防群治"。对公众进行应急知识科普，增强公众规避风险、减轻风险的意识与应对危机、解决危机的能力，能够有效减少乃至避免突发公共事件的发生并且提高整个社会的危机处理能力，从而降低突发公共事件对全体社会造成的伤害与损失，减少社会应急成本。另外，应急知识科普还可以遏制谣言的滋生与传播，维护社会的和谐与稳定。移动互联网与自媒体时代，谣言的数量与传播的力度都远胜于以往。突发公共事件的发生往往直接关系着公众的利益，但在发生后公众又常处于信息不对称的境地，无法掌握事件的最新进展以做出正确决策，因此易产生焦虑、恐慌、愤怒、怀疑等负面情绪，加大情绪波动。在缺少理性、情绪失衡的状态下，人们往往更易轻信谣言进而产生狂热、失控的行为，给政府管理与社会稳定带来挑战。应急知识科普的作用就在于以科普的专业性、权威性、科学性来破除谣言的虚假性、模糊性、欺骗性，由官方平台或专家学者以通俗易懂的方式向公众进行应急知识科普，有助于抚平公众心理，进而

---

① https://www.cast.org.cn/art/2020/9/25/art_459_135365.html.

② http://www.gov.cn/zhengce/content/2021-06/25/content_5620813.htm.

避免舆情危机与群体性事件的发生。

从公众层面看，应急知识科普有助于提高公众应急素养尤其是公众应急信息素养，保护公众生命健康安全。公众是应急知识科普的主要对象，对公众进行应急知识科普不仅仅是普及理论应急知识，还是一个增强公众应急意识、强化公众应急心理、提升公众应急技能，进而全方位提高公众应急素养尤其是公众应急信息素养的过程。首先，应急知识科普能够提高公众预防各类突发事件的意识，防患于未然。例如，对于地震、台风、雷电等自然灾害，如果公众能够留心相关部门的预警预报、掌握科学的预防措施，往往能够将损失降到最小；对于电器着火、交通事故等意外事故，如果公众具备相应的防范与预警知识，则有很大概率能够避免事件的发生。其次，应急知识科普能够提高公众自救互救能力，提高生存概率。当突然遭遇地震、火灾等能够对公众生命产生直接威胁的突发事件时，专业的救援机构与组织如消防队、医疗队等往往很难第一时间抵达事发现场展开应急救援，而这一真空期恰恰是人员伤亡的高发期，在这一时期，减少伤亡最关键有效的措施就是公众自行开展自救互救。心肺复苏术、包扎技术、搬运技术、止血技术、固定技术等常用应急救护方法既是公众自救互救的必备手段，也是应急知识科普的重点内容。如果公众都能够通过接受科普教育掌握这些技能方法，在灾难来临时自救互救，就能够大大减少人员伤亡损失，提高生存概率。再者，应急知识科普能够在突发事件发生后对公众进行心理引导，强化公众的心理素质（刘彦君等，2017）。一方面，应急知识科普的专业性能够有效疏导公众遭遇突发事件后产生的焦虑、恐慌等负面情绪，满足公众的心理需求，给予公众心理上的依靠，帮助公众以积极、乐观的心态面对突发事件；另一方面，应急知识科普的科学性能够帮助公众识别谣言，锻炼公众的批判性思维能力，提高公众的应急信息素养，从而避免遭受虚假信息与不实信息带来的二次伤害等。

9.2　图书情报机构在应急知识科普中的作用和案例

9.2.1　图书情报机构在应急知识科普中的作用

9.2.1.1　图书情报机构与应急知识科普的关联关系

开展应急知识科普工作是图书情报机构的重要职责之一。图书情报机构作为独立性的非营利性机构，主要由图书馆系统与科技情报系统两大系统构成，其中图书馆系统主要包含各级各类公共图书馆、高校图书馆、专业图书馆以及科学院图书馆等，科技情报系统主要包含各级各类科学技术信息研究所、科技情报研究所等（方清华，2005）。事实上，无论是图书馆还是科技情报信息机构，进行应急知识科普都有法可依。《中华人民共和国公共图书馆法》要求公共图书馆"向社会公众免费开放，收集、整理、保存文献信息并提供查询、借阅及相关服务，开展社会教育"①，《中华人民共和国科学技术普及法》则规定"科学技术工作者和教师应当发挥自身优势和专长，积极参与和支持科普活动"②。可见，开展应急知识科普工作是图书情报机构履行自身公共文化服务职能与科普服务职能的必然要求，在当前公众应急信息需求和知识需求日益增长的环境下，更应该积极投身参与应急知识科普活动。

开展应急知识科普工作也是图书情报机构实现自身多元价值的重要途径之一。首先，应急知识科普服务本质上还是知识服务的一种，需要从用户的应急知识科普需求出发进行知识的采集、组织、整理、分析，并最终呈现给用户。在应急知识科普的情境中，用户主要为公众，图书情报机构通过应急知识科普帮助公众获取专业科学知识，有助于公众在应对突发公共事件时做出合理正确的决策，从而实现图书情报机构的知识价值。其次，应急知识科普是科学文化传播的过程，在对自然灾害、公共卫生事件、事故灾难、公共安全事件等突发公共事件的预防、应对知识中蕴含着人与人理性合作、人与自然和谐共处、人与社会协同共进等思想内涵，图书情报机构进行应急知识科普，有助于推动科技的发展与文明的进步，实现自身的科学文化价值。再次，图书情报机构承载着服务社会公众、助力社会发展的重要使命，开展应急知识科普工作能够提高社会公众的社会责任意识、科学文化素养与应急处理能力，使得公众在面对公共危机时更容易达成共识，并增强整个社会的韧性，从而实现自身的社会价值等（张靖和陈朝晖，2014）。

9.2.1.2 图书情报机构在应急知识科普中的具体作用

在应急知识科普的实践过程中，图书情报机构凭借自身在资源、技术、人才等方面的优势，在其中发挥着不可替代的作用，具体体现在以下几方面：

1）整合应急知识科普资源，向公众提供专题科普知识资源导航

科普资源的建设是开展应急知识科普的基础。图书情报机构拥有着内容丰富、形式多样的科普信息资源，在突发事件发生后，可以围绕事件所处的领域对

---

① http://www.npc.gov.cn/npc/c12435/201811/3885276ceafc4ed788695e8c45c55dcc.shtml.

② http://www.npc.gov.cn/wxzl/wxzl/2002-07/10/content_297301.htm.

自身收藏的以及收集汇总到的各类资源进行加工、整理、分类、分析，实现应急科普资源的序化与标准化。在此基础上提供专题科普知识资源导航，满足公众对于特定领域的应急知识科普需求。例如，在2003年SARS疫情暴发以后，国家图书馆与首都图书馆都迅速地在官网中设立了SARS专题知识网页链接，向公众科普与SARS有关的预防知识、应对方法以及药物研发进展等情况（杨晓菲等，2020）。2020年新型冠状病毒肺炎暴发以后，广西壮族自治区图书馆在其官网上开设了新型冠状病毒防治图书专区，提供了《新冠病毒肺炎预防知识绘本》等在线图书资源向读者科普新冠时期的防疫指南等①。

2）提供参考咨询服务与特殊时期的远程应急科普数字资源访问

图书情报机构日常提供的参考咨询服务能够满足部分公众日常对于应急知识的预防性科普需求。当突发事件发生后的特殊时期，图书情报机构可以调整服务的内容与形式以适应现实情况与公众需求的变化。如在新冠肺炎疫情期间，以湖北省图书馆、上海图书馆为代表的多家公共图书馆都参与组织了"方舱数字文化之窗"平台的构建，免费向受到疫情影响的处于全国各地方舱医院或隔离酒店中的民众提供电子书、音频、视频等形式的数字科普资源（张婕和孙雨，2020）。美国纽约公共图书馆同样在疫情期间向公众提供图书资源远程访问服务与参考咨询服务，面向儿童、青少年、教育工作者等不同人群提供相应的电子书、电子有声读物以及其他科普教育资源，并且根据纽约市公众的需求提供了关于新冠病毒最新信息的网站链接供公众参考决策等（New York Public Library，2020）。

3）开展各种形式的应急知识科普阅读推广活动

科普阅读推广已成为图书情报机构开展科普工作的一项重点举措，图书情报机构可以借助自身资源优势与特点开展各类应急知识科普阅读推广活动。活动的形式类型包括且不限于：书目推荐类（如经典科普书目推荐、应急科普书刊导读、新书资源推荐等）、宣讲培训类（如应急科普知识讲堂、培训课程等）、互动交流类（如应急知识科普游戏、亲子体验、阅读分享会等）、展览参观类（如应急知识科普展览）、表演竞赛类（如应急知识科普话剧、知识竞赛等）、数字媒体类（如以专业设备播放应急知识科普视频）（徐基田，2020）等。以多种形式的活动开展应急知识科普，能够将专业高深的知识以形象生动且浅显易懂的方式传达给社会大众，便于公众理解与接受。如南京图书馆就曾与中国药科大学合作，开展了"家庭用药指南"知识科普展览活动，通过现场进行实验的方式形象生动地向参观者展示了药物保存的方式等（吉杰，2017）。

---

① http://www.gxlib.org.cn/ydz/ydz-index.html.

4）建立应急科普知识库，开发应急科普产品

在对应急知识科普资源加以收集与整合的基础上，图书情报机构可以与政府相关部门、企业以及与其他图书情报机构等展开合作，实现知识资源的共建共享，并利用自身技术优势对知识资源进行更深度的挖掘，开发打造应急科普知识库等更为成熟的科普产品。如广州图书馆联合超星集团开发了"超星·疫情防控公益知识库"，整合了与新冠肺炎疫情防控知识科普相关的图书、期刊、视频资源，为多家高校图书馆与地方图书馆使用并向公众开放①。中国医学科学院图书馆整合了互联网中的各类医学科普资源，构建了面向公众的健康科普知识库，提供常见突发疾病的症状、病因、预防、诊断、治疗、用药等方面的知识科普等（侯丽等，2018）。

5）开展科普信息服务，参与虚假信息治理

突发事件的发生往往伴随着虚假信息的出现与蔓延。图书情报机构作为专业的信息服务机构，拥有着真实可靠、内容丰富且高质量的信息资源以及具有较强信息检索能力的专业人才，在破除虚假信息等方面天然带有优势。国际图书馆协会联合会 IFLA 就在其官网中提供了以"如何识别虚假信息"为主题的指导文件，以漫画图片等易于公众理解掌握的形式提供了 8 种验证信息真实性的方法②。在新媒体时代，图书情报机构可以借助微信公众号、微博、抖音等各类媒体平台向公众推送真实可靠的科普信息，帮助公众识别和辟除虚假信息。在新冠肺炎疫情期间，我国各地的公共图书馆、高校图书馆以及图书情报类杂志社都通过微信公众号参与了虚假信息的治理（周雅琦等，2020）。如竞争情报杂志社公众号发布了《疫情之下 如何打假》《疫情数据会"说谎"吗?》等推送文章帮助公众识别虚假信息、提高公众的批判性思维能力；上海图书馆馆员针对"十年前出版的图书《实证化中医基础理论及运用》精准预测了新冠肺炎疫情的暴发"这一消息，查阅了上海图书馆与国家图书馆数据库并对比相关文献，最终证实该消息为虚假信息，并被多家媒体平台广泛转载等（李国新，2020）。

6）调研公众应急知识科普需求，提供相关智库服务

图书情报机构的价值之一在于能够将杂乱无章的信息资源转化为确定可信的决策能力。在突发事件发生后，图书情报机构可以发挥自身专业特长，收集整理相关事件的社会动态、网络舆情热点、专家观点、国内外类似案例与先进经验，在加以分析的基础上形成报告，向相关政府部门提供智库服务，帮助政府部门了解当前公众的应急知识科普需求所在以及未来潜在的科普需求，从而有针对性

① http://lib-yq.museum.chaoxing.com/html/yqknowledge.
② https://repository.ifla.org/handle/123456789/167.

地、及时地组织开展应急知识科普工作。同时，这些举措也可以为图书情报机构自身的应急知识科普服务提供方向。如中国科学院团队就公众在突发公共卫生事件中的科普信息需求展开了调查评估，为政府进行针对性的科普信息服务提供了参考依据与决策支持等（韩玮等，2020）。

9.2.1.3　图书情报机构在开展应急知识科普时的注意事项

应急知识科普是一个复杂的系统工程，图书情报机构开展应急知识科普，还需要注重以下几方面的问题。

首先，应注意应急知识科普工作的针对性。突发公共事件涉及领域较广、种类较多，图书情报机构的科普人员往往不具备相关领域的专业知识背景，在科普之前应先自行做足功课，再针对不同类型的突发公共事件提供该领域特定的应急知识科普。

其次，应注重应急知识科普内容的时效性。突发公共事件的紧迫性致使公众对于相关知识的需求具有时效性，需要在尽可能较短的时间内获取足够的前沿知识以应对突发事件。图书情报机构应把握好公众应急知识科普需求重点的变化动态，将知识科普嵌入到社会热点事件之中。

再次，应注意应急知识科普工作的情境化。突发公共事件大都带有特定的情境，在进行应急知识科普时应当深入到具体的事件情境中，注重细节化知识和操作技能等，方能更好地满足公众的感知需求。

最后，还需要加强应急知识科普方式的创新性。除了传统、常规的知识科普方式，图书情报机构还应结合新兴的媒介渠道积极探索创新知识科普方式。当前已有部分图书情报机构在微博、微信公众号平台开设了主体账号进行知识科普，但相较于图书情报机构的整体数量而言仍较少，并且对于抖音、B 站、支付宝、喜马拉雅等其他公众常用来获取信息的新兴平台的利用还不够。以公众喜闻乐见的方式进行应急知识科普，方能最大化科普的效果（赵发珍等，2021）。

9.2.2　图书情报机构与应急知识科普的典型案例分析

9.2.2.1　国外典型案例：美国国家医学图书馆参与应急知识科普的相关实践

美国国家医学图书馆是世界上规模最大、馆藏最多的医学专业图书馆之一，自 20 世纪 80 年代开始就一直致力于应急知识科普的实践服务，可以说是图书情报机构在应急知识科普领域的探索者与先驱者（张靖，2016）。在 1984 年的印度博帕尔毒气泄漏事件与 1993 年的洪都拉斯飓风米奇事件中，美国国家医学图书馆接受了美国国会的委托，围绕相关事件开展科普信息服务，从此便一直参与到了突发事件的应急管理信息服务支持当中。1998 年，为了更好地向公众科普日常的应急健康知识，美国国家医学图书馆推出了 MedlinePlus 知识库，以词典、图片、视频、百科全书等多种形式向公众提供了 1000 多个健康疾病主题与 10000 多种药物的用法介绍。2006 年，在美国国家医学图书馆发布的《NLM2006-2016 长期发展规划》中，提出了建设专门机构"灾害情报管理中心（DIMRC）"，以更好地协助国家应急管理工作的开展，在灾害应急事件准备、响应、恢复等各个阶段提供应急知识科普，进一步提高了图书情报机构在应急知识科普工作中的话语权。此后，在发生重大突发公共事件后，美国国家医学图书馆都会围绕相关事件开展应急知识科普工作，近年来的典型实践如表 9-1 所示。

表 9-1 近年来美国国家医学图书馆参与应急知识科普的典型实践

年份	突发事件	应急知识科普实践
2009	甲型 H1N1 流感疫情	邀请行业专家进行专业研讨会并将会议内容提供给公众下载；疫情发生后向公众提供多种语言的防护科普信息资源；疫情结束后组织专业人员系统搜集整理相关信息资源建成甲型 H1N1 流感资源科普专题库
2010	海地地震	启动紧急查阅计划服务（EAI），即与其他图书馆和出版商合作，向当地受灾的医疗机构、图书馆提供与突发事件相关的文献期刊数据库全文免费资源；使用海地当地语言建设了地震专题知识科普网页并向公众免费开放
2013	日本福岛核泄漏	启动紧急查阅计划服务（EAI）
2014	埃博拉疫情	启动紧急查阅计划服务（EAI）
2015	寨卡病毒	向公众提供关于寨卡病毒的防治知识指南、状况研究报告等
2020	新冠肺炎疫情	在官网开辟 COVID-19 科普资源专栏，提供多种语言的疫情防控信息，整合了世界卫生组织、美国国家疾病预防控制中心等权威可靠网站发布的抗疫指南等

除了围绕当前正在发生的重大突发公共事件开展应急知识科普，美国国家医学图书馆的应急知识科普实践还包括日常对于相关知识科普产品的开发。其充分发挥了信息技术与知识资源优势，在大力建设 MEDLINE、PubMed、HSDB 等文献数据库的基础上，基于自身在应急知识科普实践中收集的经验数据，面向不同的、具体的突发事件情境开发了多款应急知识科普应用工具，包括在危险品泄露事件中能够自动识别危险物质的 APP——WISER、CHEMM；在核辐射事件中提供预防和治疗知识的 APP——REMM；在危险品运输事故中提供应急快速处理方法的 APP——ERG2012；在中毒事件中提供环境卫生与毒理学知识的网站——

TOXNET；综合性地提供各级卫生机构地址与联系方式的 APP——Health Hotline 等。其中的 WISER、REMM 等 APP 能够在未连接网络的情况下运行，大大提高了公众获取科普知识的便捷程度等（宋丹和高峰，2012）。

9.2.2.2 国内典型案例：中国科学院文献情报中心"中国科讯"的应急知识科普实践

国内图书情报机构开展的应急知识科普工作与国外机构存在一定的共性，如都为公众提供了与突发事件相关的、来源权威的资讯与信息，都会针对不同类型的突发事件开展专题知识服务。但同时二者也存在着一些区别，如国外机构更为注重知识库、专题库的构建，更注重数据科学、深度学习等新兴技术在应急科普产品开发中的应用，而国内机构参与应急知识科普实践的时间较晚，且长期以来的科普形式大都以各类线上线下的科普活动为主。在新冠肺炎疫情这一中华人民共和国成立以来影响最大的突发公共卫生事件中，我国各类图书情报机构都组织团队投身到了应急科学传播服务当中，其中不乏令人眼前一亮的先进案例，其中就包括中国科学院文献情报中心开发的"中国科讯"知识服务平台（李楠等，2020）。

在资源建设方面，"中国科讯"整合了中国科学院的各类应急科普文献资源、科技研究成果以及知识服务产品。在宣传推广方面，"中国科讯"充分利用了新媒体传播渠道，除了网页版和 APP 外，在微信公众号、微博等多个平台上也同步开设了账号。在新冠肺炎疫情发生以后，中国科学院的研究人员以"中国科讯"为平台迅速投入到应急科学传播服务当中，其应急知识科普功能主要体现在以下两个方面：第一，组织新冠肺炎科普讲座。不同人群的知识获取能力存在着差异，在遭遇突发事件时成年人通常能够自行上网检索相关信息，而青少年与老年人获取知识的能力相对较弱。"中国科讯"平台因此推出了"科学人讲坛"系列科普讲座活动直播，围绕新冠肺炎相关知识，以生动形象的科普讲座来满足青少年与老年人群体的知识需求。在疫情期间，"科学人论坛"在微博、微信等新媒体平台开展了数十场讲座，如"守护儿童青少年心理健康""如何通过基因组数据检测疾病"等，并借助腾讯新闻、百度 APP 等新闻媒体客户端进行宣传推广，讲座场均播放接近 30 万人次（于博雅等，2020）。第二，开展科普信息素养讲堂。"中国科讯"有着较为丰富的线上直播经验与运营团队，在疫情期间开展了多场科普信息素养讲堂，如"科学辨别信息""如何找到有用的信息"等，从而帮助公众提高应急信息素养，在应对"信息疫情"时能够识别虚假信息，获取所需信息等。

9.2.2.3 基于典型案例的图书情报机构应急知识科普服务的启示

从上述典型案例中，图书情报机构可以汲取经验与启示，以指导应急知识科普服务实践工作。首先，图书情报机构需要以系统化、专门化、标准化的情报工作来支持应急知识科普工作的开展。美国国家医学图书馆在应急知识科普领域不断深入并扩大影响力的关键举措就是在其发展规划中写入了构建灾害情报管理中心并将其实现，进而形成了一套系统化、专门化、标准化的应急知识科普情报工作流程，如已多次在突发事件发生后成功运行的紧急查阅计划服务（EAI）。我国图书情报机构完全可以借鉴其做法，在贴合我国应急管理流程的情况下对各类科普资源加以开发利用，并构建面向应急知识科普的专门情报服务，从而支持应急知识科普工作的系统开展。

其次，图书情报机构需要以公众需求为导向，开发多元化的应急知识科普产品。图书情报机构在开发应急知识科普产品的过程中，首先应充分考虑到不同公众群体的知识需求，如孕妇、青少年、老年人、特殊职业人员等，开发面向特定人群的科普产品。这样做一方面能够覆盖不同群体需求，使资源真正为公众所利用，另一方面有助于图书情报机构形成自身特色，增强服务的新颖性、差异性。其次，还应充分考虑到使用应急知识科普产品的不同情景，在开发基于网络的科普产品时兼顾对于离线科普资源的开发与利用，加强用户与产品的互动体验。

最后，图书情报机构还应该注重多机构间的知识共享与协同。应急知识科普价值的最大化实现，既需要在图书情报机构之间实现知识的共享与协同，也需要图书情报机构积极与应急管理部门、科研机构等组织合作形成知识共享协同模式。例如，各级各类图书情报机构握有大量领域或专业特色的科普知识资源，将这些资源互联互通方能更好地保障应急知识科普资源的供给。应急管理部门、科研机构等组织在不同类型突发事件应急管理中拥有丰富的实践经验与研究经验，图书情报机构与其合作能够使应急知识科普更贴近实际，避免纸上谈兵的现象出现等。当然，图书情报机构应在协作中发挥自身在数据资源建设、信息技术开发利用等方面的优势，以提高自身在应急知识科普领域的话语权。

9.3 应急管理情报工程的公域逻辑——应急知识科普情报工程

9.3.1 应急知识科普情报工程建设的内涵

长期以来，我国的应急知识科普工作一直未能形成比较完善、系统、成熟的体制机制。从顶层设计来看，尽管我国各级政府都制定了突发事件应急管理工作的预案和应对流程，但是对于从属于应急管理的应急知识科普工作并没有建立详细的管理工作机制。从科普主体来看，长期以来作为科普主体的政府机构、科学共同体以及新闻媒体都处于各自为政的状态，缺少协同协调机制。从科普资源来看，我国缺少权威、系统、集成的应急科普知识资源库，网络中的科普内容资源大都分散在各个网站上且质量不一，不利于公众检索获取高质量的科普内容资源。从科普形式来看，我国的应急知识科普以传统媒介为主，缺少交互式传播，并且科普内容常常使用过多专业名词术语，不便于公众理解。以上种种因素导致了我国的应急知识科普工作难以真正满足公众的多样化知识科普需求。

在突发事件频繁发生、公众需求日趋多元、知识资源迅猛增长、应急知识科普缺位的背景下，社会和公众愈发需要一个能够快速响应、准确全面、简单易用的知识与信息平台来获取科普服务。如前所述，情报工程的思想旨在将工程化思维嵌入情报服务当中，强调将数据、方法与人员整合到规范化的工作流，以实现情报服务的标准化、自动化与系统化（贺德方，2014）。开展应急知识科普情报工程建设，有望成为解决如何更好地将知识科普、应急管理与情报服务加以融合以满足公众需求这一问题的答案。应急知识科普情报工程作为应急管理情报工程的公域逻辑，能够发挥情报工程服务在处理海量多源异构数据、快速响应分析、协同科普专家智慧等方面的优势，实现应急科普知识的融合，从而满足公众在突发事件发生前、发生时与发生后等不同时间段的应急知识科普需求，提高公众的应急素养尤其是应急信息素养（李阳，2019b）。从科普工作的视角看，应急知识科普情报工程就是要完善应急知识科普工作的顶层设计，建立一套多元主体协同联动的应急科普知识流动与转化机制，统筹政府、社会、科学共同体等多方力量来进行科普内容资源的开发与建设，并打造多维媒介矩阵来实现科普产品的立体化传播，从而打破长期以来存在于不同科普内容资源之间的壁垒，解决科普产品冗余、低质量、不易于公众理解等问题，实现从应急科普数据的采集、分类、关联，到应急科普信息的处理、分析、发布，再到应急科普知识的组织、发现、转化，最终实现应急科普情报的智慧化服务与利用的过程。

由于应急知识科普情报工程建设同样具有数据资源集成、工具方法应用、专家智慧发挥等流程，因而仍遵循情报工程建设的一般范式，即整合大数据环境下分散在各处的应急管理领域科普数据资源，运用多种前沿数据分析方法与技术从中提取出应急科普知识资源，并在相关领域专家的参与和协同下实现智慧化的应急知识科普情报服务。

9.3.1.1 数据资源

应急知识科普情报工程建设的首要任务就是在海量的多源异构数据中发现准

确且全面的应急科普数据资源，并加以获取、组织、集成。突发事件类型多样、涉及领域较为广泛，在获取时不仅应浏览扫描论文、专利、报告、科技成果等传统的情报来源，还应注重对社交网络数据资源、新闻媒体报道、政府部门及科普机构的公开数据、用户行为数据以及各类专题科普产品进行采集，做到对应急科普资源的全面覆盖。在集成各类数据资源时，还应注意集成的动态性与数据的质量问题。一方面，突发事件的情境感知是应急知识科普情报服务的基础，当突发事件发生后需要及时跟踪事件动向，了解公众的科普需求变化动向，从而及时调整科普服务的重点与方向。另一方面，大数据与自媒体时代造成了互联网中的信息超载现象，其中不乏低质量乃至虚假错误的科普信息，如何选择可靠的科普信息来源、识别出高质量的科普信息资源是在集成数据资源时需要注意的问题。

9.3.1.2 工具方法

运用恰当的数据分析工具方法来对集成后的数据资源进行处理，是最大化挖掘数据资源价值的关键所在。在进行应急知识科普情报工程建设的过程中既要合理运用传统的统计分析、聚类分析、网络分析等信息分析方法，也要积极使用大数据、人工智能环境下产生的新技术、新方法，如大数据挖掘技术、深度学习技术、自然语言处理技术、云计算技术、知识图谱技术等。在使用工具方法分析时，应注重不同来源科普数据之间的关联分析与因果分析，挖掘潜在联系，同时通过对比不同来源的数据实现交叉印证，进一步去伪存真。工程化的工具方法要求形成一套标准化的科普数据分析流程，通过抽取、标注、变换、规约、序化等手段将收集到的各类结构化、半结构化以及非结构化的科普数据加以融合，以规范的形式分门别类存储在统一的应急知识科普综合管理平台中的不同知识库当中，以便后续针对性地开展专题科普情报服务、开发应急知识科普产品，以满足不同用户的科普需求。

9.3.1.3 专家智慧

仅仅凭借数据资源与工具方法还不足以支撑起应急知识科普情报工程的建设，还需要专家智慧在其中起到保驾护航与画龙点睛的作用。由于应急知识科普涉及到多个领域，专家智慧的来源也涉及多个领域的专家团队，包括应急管理专家、科普专家、情报专家、医疗救护专家、智库专家、技术专家等。专家智慧就是要将这些不同领域专家长期以来积累的知识思想、实践经验加以融合用以科普知识凝练和最终生成。专家智慧作为一种隐性的知识资源，其作用一方面体现在能够在数据资源获取层面对显性数据资源加以把关与筛选，并选择合适的工具方法进行数据资源的开发；另一方面体现在对应急知识科普产品产出进行干预的能力，凭借自身在过往科普过程中与公众交流沟通的实践经验，既要对科普知识内容进行把关，又要将科普产品中学术性强、复杂晦涩的专业用语转化为易于公众理解的表达方式，以确保产品能够为公众所理解并使用。

数据资源、工具方法、专家智慧三个环节互相联系、彼此交叉，既是应急知识科普情报工程建设的内涵要求，同时也共同构成了应急知识科普情报工程的整体生态体系。

9.3.2 应急知识科普情报工程建设的体系框架

从具体的建设内容来看，应急知识科普情报工程建设就是要在"数据资源+工具方法+专家智慧"范式的指导下，以基础数据资源保障为根基，以运行机制建设为支撑，以服务能力提升为目标，实现智慧化的数据收集利用、信息处理分析、知识整理开发、情报定向利用等流程的应急知识科普情报服务，满足公众的知识型情报需求（李阳等，2020）。应急知识科普情报工程的体系框架如图9-1所示，主要由资源保障层、业务机制层、服务应用层三部分组成。

9.3.2.1 资源保障层

应急知识科普情报工程资源保障的目标就是在集成多种类型的海量数据资源的基础上，运用各种数据分析工具方法来构建各类具有特色的应急科普知识库资源。从类型上看，根据突发事件的划分方法，可以将应急科普知识库分为自然灾害科普知识库、事故灾难科普知识库、公共卫生科普知识库、社会安全科普知识库四大类型。其中每一类型都可以继续细分成各个子类型知识库，例如自然灾害科普知识库又可以细分为地震科普知识库、雷暴科普知识库等。从公众的视角出发，也可以根据公众日常关注的热点主题来分门别类构建知识库，如新冠肺炎科普知识库、应急救护科普知识库、食品安全科普知识库、环境污染科普知识库等。从内容上看，在建设应急科普知识库资源时不仅仅应构建关于突发事件的事件特征、事件危害、预防措施、应对方法等以突发事件基础知识为主的知识库，还需要根据不同的事件类型收集突发事件案例构建应急知识科普案例资源库，协调行业专家构建应急知识科普专家资源库，整理相关领域的法律法规构建应急知识科普法规库，并注重内容资源的动态更新。在各个知识库的知识组织过程中，可以充分发挥主题词表与分类词表等工具方法的作用，来确保知识的规范、有序、系统，从而提高知识库的可读性与使用效率（蒋勋等，2017）。在进行基础资源建设时，还应加强对实时科普热点的关注与追踪，根据即时发生的突发事件与公众的关注重点来更新或新建专题科普知识库。

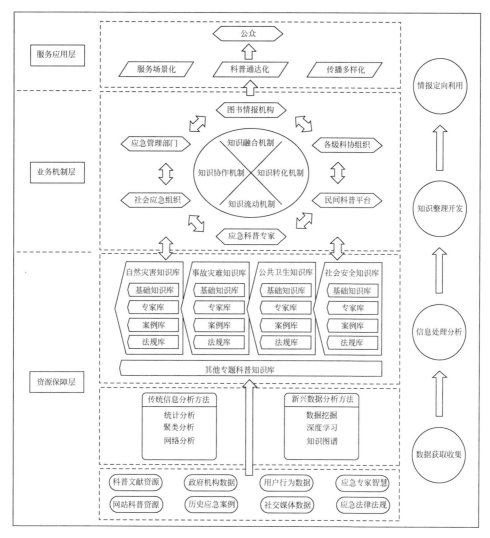

图 9-1 应急知识科普情报工程的体系框架

9.3.2.2 业务机制层

业务机制层应围绕知识管理的各个环节，建设多种业务机制来实现知识在图书情报机构、应急管理部门、各级科协组织、社会应急组织、民间科普平台、应急科普专家等多元主体之间的流动、协作、融合与转化。首先，建立知识流动机制。科普资源之间分散冗余、科普主体之间缺乏协同导致的科普知识流通不畅现象一直以来都是我国应急知识科普工作的主要问题。事实上，我国并不缺乏优质的应急科普知识资源，如中国科协打造的"科普中国"平台、红十字会的应急救护科普手册、丁香医生在疫情期间发布的应急科普内容、慕课网站中各高校开设的应急科普视频课程等。建设知识流动机制，就是要打通不同科普主体提供的科普资源之间的壁垒，在充分尊重和保护知识产权的前提下，将这些知识整合到统一的知识平台当中，降低知识共享成本。其次，建立知识协作机制。在实现知识的互联互通之后，应建立相应的知识分工协作机制，筛选出优质的知识资源，关注尚未开发的稀缺知识资源，发挥不同成员之间的知识优势，实现知识的整合开发与协调创新以及创新成果的共享。在知识协作机制中应对协作成员设置奖惩激励机制，以确保协作机制的长久有效运转。再次，建立知识融合机制。知识融合机制就是要通过快速成型、群策群力的知识组织，来使整个应急知识科普情报工程系统在面对未知的突发事件时具备将旧有知识与当前场景相融合从而应对当前突发事件的能力（刘琦岩，2020a）。最后，建立知识转化机制。知识转化机制指将应急科普领域高深的专业知识转化为公众易于理解的通俗知识，使开发的应急科普产品能够更好地为公众所理解并利用。在其中需要充分发挥工具方法与专家智慧的作用，在专家经验的指导下使用自然语言处理、深度学习等先进技术来进行专业表达与公众表达之间的映射，从而实现知识之间的转化。

9.3.2.3 服务应用层

在向内进行基础资源与运行机制建设的同时，应急知识科普情报工程还应考虑到面向公众的知识型情报服务能力建设，向外主动将应急科普知识分享给公众，积极满足公众的知识需求。首先，要打造的是应急知识科普情报工程场景化服务的能力。即满足公众在不同时空状态下，面对不同突发事件时的科普知识需求，实现精准化、智能化的知识型情报服务。这一服务建立在对公众的精准画像基础上，通过对公众行为大数据的采集，构建场景化的公众行为标签库，采用协同过滤、关联数据等算法对公众画像进行建模，进而感知公众的服务偏好，并对公众所处的场景进行识别，最后实现场景化情报服务的精准推送（朱效民，2020）。其次，需要提高应急知识科普情报工程的通达性。通达性是科普的本质属性，表现在知识内容的可理解性。由于应急知识科普涉及到许多领域的专业知识，公众直接接受专业名词术语时往往存在理解上的困难，这就要求以通俗的方式进行科普，如使用视频、漫画、音频、短新闻多种形式进行知识的表达，采用沉浸式、交互式的方式来增进公众的用户体验，并且重视公众的反馈意见（杨家英和王明，2020）。最后，应加强应急知识科普情报工程的宣传推广建设。自媒体时代互联网上的科普信息鱼龙混杂，应急知识科普情报工程宣传推广能力建设的目标就在于让公众在产生应急知识需求的第一时间就能想到去平台上获取知识，避免误信虚假信息。因此，作为这样一个以科普为导向的系统性、公域性的大众情报工程，应加强与主流媒体、高影响力的科普自媒体合作，与丁香医生、腾讯医典、果壳网等互联网应急科普平台合作，通过电视、报纸、微博、微信、头条等多种渠道来宣传推广应急知识科普产品，形成完整的传播覆盖面等（王伟军，2020）。

9.4 情报工程视角下面向公众科普需求的应急救护知识库建设

9.4.1 面向公众科普需求的应急救护知识库建设需求

在突发事件当中，各类自然灾害、事故灾难等对于我国公众的身体健康与生命安全存在着直接威胁，因此本书选取应急救护主题领域来进行应急知识科普情报工程的示范实践探索。从情报工程的视角看，应急救护知识库的构建应以应急救护领域各类数据资源作为知识库的数据源，以数据挖掘、知识组织等工具方法进行知识库的体系构建与内容扩充，并在其中注入专家智慧。从业务流程的视角看，完整的知识库的构建应包含需求获取、内容体系构建以及运行机制构建等环节和步骤。其中，需求获取是知识库构建的前提与导向，在需求获取时首先应明确知识库面向的用户群体，随后应针对用户群体的需求内容、偏好展开调查分析，从而为后续的知识库建设提供指导。

在对相关科学文献、科普网站进行调研后发现，当前在应急救护领域尚没有建立起权威的知识分类体系，不同知识管理主体对于应急救护领域应涵盖的知识范围的认识也存在差别，因此有必要首先对公众常用的应急救护知识来源进行整理，归纳其中的知识分类共性，形成一个较为明确的应急救护知识主题分类体系。在（徐惠梁和王家瑜，2015）调查后发现，复旦大学出版社出版的《实用现场急救手册》知识主题分类清晰，且在应急救护知识科普推广中较为常见，其从初级急救的基本技术、常见急症急病的现场急救、灾难与突发事件的现场急救等角度对应急救护知识进行分类组织。因此，本书以此为知识分类的基本标准参考，并将公众常用的应急救护知识来源进行整理作为补充，将应急救护知识主题归纳为应急救护突发事件、应急救护技术方法、应急救护药品物品以及应急救护基本常识四大类。其中，应急救护突发事件包含对常见应急救护事件的基本知识介绍；应急救护技术方法包含常用应急救护方法的实施步骤、注意事项；应急救护药品物品包含对常用药品、物品的使用和管理方法；应急救护基本常识包含日常对于突发应急救护事件的预防措施、呼救常识、急救次序等。其他公众常用的应急救护知识来源如表 9-2 所示。

表 9-2　应急救护知识来源及其知识主题分类（部分）

应急救护知识来源	知识主题分类	归属管理主体
中国红十字会总会《救护员》培训课程	红十字运动简介、救护概论、心肺复苏（CPR）、自动体外除颤器（AED）、气道异物梗阻、创伤救护概述、创伤救护四项技术、特殊伤处置、烧烫伤等九大类	中国红十字会总会
红十字会应急救护手册	意识丧失、气道梗阻、出血、烧烫伤、骨折、心脏病发作、癫痫发作、中毒、颅脑外伤、过敏反应、哮喘发作、糖尿病急症、悲痛、中暑、低体温症等 21 类	ICRC 红十字国际委员会
中国科普网"医学救援"板块	心肺复苏、灾害急救、儿科救援等三大类	中国医学救援协会
中国大学 MOOC《现场生命急救知识与技能》课程	急救常识、心肺复苏术、止血、创伤骨折与急救、日常意外紧急处置、跌倒与踩踏事故现场自救、火灾逃生及烧烫伤、道路交通事故伤害现场处理与避险逃生等十大类	南昌大学医学部
日常安全救护自学手册	心肺复苏术、创伤救护、急症急病救护、意外伤害救护、灾害救护等 5 大类	救护之翼组织、武汉大学中南医院急救中心
丁香医生网站"急救指南"栏目	常见急救、家庭急救、疾病突发、户外急救等四大类	丁香医生

在对应急救护领域的知识分类体系明确以后，就需要开展公众的应急救护科普需求分析。本书研究的需求分析基于两条路径开展：一是爬取在线健康问答社区中的用户提问文本进行内容分析，二是开展问卷调查来对公众的应急救护知识需求直接采集。

考虑到应急救护知识主要涉及医疗健康领域，且我国互联网中已形成多个规模较大、发展较为成熟的医疗健康问答网站，因此对此类网站中用户关于应急救护的提问文本进行采集能够在一定程度上体现出我国公众的应急救护知识需求。在对健康问答网站进行对比择优后，选择了春雨医生与寻医问药网作为采集对象。使用八爪鱼采集器作为采集工具，以"应急"或"急救"作为检索关键词进行检索，并将文本发布的时间范围限定在 2013 年 1 月至 2021 年 7 月进行采集。对采集到的用户提问文本内容进行阅读与编码，剔除无关或重复的文本，得到 1249 条用户提问文本，最终结果如表 9-3 所示。

表9-3　在线医疗健康问答社区用户提问文本采集结果（部分）

在线医疗健康问答社区	采集结果	
	序号	用户提问文本内容
春雨医生	1	被电焊刺伤了眼镜，眼睛不开如何急救？
	2	手部被油烫伤，如何快速开展家庭急救？
	3	老年人中风了又晕车能坐急救车吗？
	4	宝宝发烧到39°了，怎么办？
	5	喉咙里卡了鱼刺，有什么应急的办法？
	……	……
	319	急性喉炎晚上加重应如何应急处理？
寻医问药网	1	被车门夹到，手指发紫的急救方法是什么？
	2	心肺复苏时胸外心脏按压和人工呼吸的比率是多少？
	3	你好，脑溢血急救怎么救？
	4	甘草酸苷针剂过敏怎么急救？
	5	发烧有什么应急办法？
	……	……
	930	我喉咙好痛，好像都肿起来了有啥应急的方法？

　　从提问内容的性质与提问内容涉及的应急救护突发事件两方面对以上文本进行内容分析。提问内容的性质分析结果如下：约80.54%的提问为了解某一具体的应急救护技术操作方法，约9.85%的提问为咨询使用某一应急救护药品或物品时的注意事项，约5.76%的提问为获取某一应急救护突发事件的基本知识，约3.84%的提问则围绕应急救护基本常识展开。在提问内容涉及的应急救护突发事件方面，关于突发疾病的提问约占65.41%，关于外伤急救的提问约占16.49%，关于意外灾害事故的提问约占8.17%，关于中毒急救的提问约占5.21%，关于异物阻塞的提问约占4.72%。由此可见，公众对于突发疾病与外伤急救的应急救护方法技术知识需求较大，知识库应尤其注重此方面的专题知识构建。

　　在对在线问答社区的用户提问文本进行需求分析之后，开展公众应急救护科普需求的问卷调查分析。通过问卷星平台发放调查问卷，对公众偏好的应急救护知识类型、科普媒介、知识展现形式以及对于当前科普工作的满意度进行调查，共收回有效问卷202份。结果显示：接受调查的公众以年轻人为主，超过半数年龄分布在18~29岁，超过70%的受访者受教育程度在本科及以上，职业以学生和企业员工为主。在偏好的应急救护知识类型方面，依次为应急救护技术方法、应急救护突发事件、应急救护药品物品以及应急救护基本常识；在偏好的科普媒介方面，公众最为青睐以微博、微信、微视频 APP 为代表的新媒体平台科普，其次为专业科普网站；在偏好的知识展现形式方面，公众最期望的形式依次为视频、图片、文字、音频。超过 90% 的公众认为当前的应急救护知识科普工作无法完全满足自身的需求，并且表示当前的科普工作存在"科普与辟谣不够及时""科普方式缺少新颖性""科普内容晦涩难懂""缺少与科普专家交流互动"等问题。

由此可见，当前的应急救护知识科普工作尚不能满足公众的科普需求，建设情报工程视角下的应急救护科普知识库正当其时。同时，在进行知识库内容的构建时一方面需要注意知识的全面性、及时性、准确性；另一方面也要注重以公众易于接受的形式展现科普知识，加强公众与专家学者的交互沟通，探索科普方式的创新，充分使用新媒体平台进行知识库的宣传推广，从而真正发挥应急救护科普知识库的价值，满足公众的需求。

9.4.2　面向公众科普需求的应急救护知识库建设内容

在对公众的应急救护知识科普需求加以调查与分析之后，开展应急救护知识库内容的建设，其体系框架如图 9-2 所示，由知识采集层、知识组织层、知识服务层三层构成。

9.4.2.1　知识采集层

知识采集层主要是为了实现海量多源异构数据的集成，包括网络应急救护科普资源、专业应急救护文献资源、应急救护专家智慧以及用户个人信息等数据资源的采集。在采集时应尽可能全面覆盖不同类型的知识资源，并且对采集到的资源加以审核验证正确性，同时注重知识资源的及时更新。网络应急救护科普资源具有来源丰富、资源体量大、资源质量不一等特点，既包含医疗卫生机构、科协科普部门、民间应急救护组织与企业设立的网站中提供的科普产品与资源，也包括散落在在线问答社区中的医生或专家回答文本、自媒体发布的科普视频与文章等，在采集时应制定一定的质量标准，选取权威、专业、可靠的知识资源。专业应急救护文献资源具有专业性强、严谨性高等特点，一般分布在图书馆或专业科研机构当中，在采集时可以通过共建知识联盟的机制来获取。应急救护专家智慧具有经验性强但不易具体化的特点，一方面可以邀请专家在知识库中发布原创文章、视频、音频作为知识资源的一部分，另一方面可以通过专家入驻的形式使得公众足不出户即可与相关领域专家进行交流沟通，以发挥专家智慧。用户个人信息的采集则是为之后精准化、场景化的用户服务做准备，采集用户的基本信息与

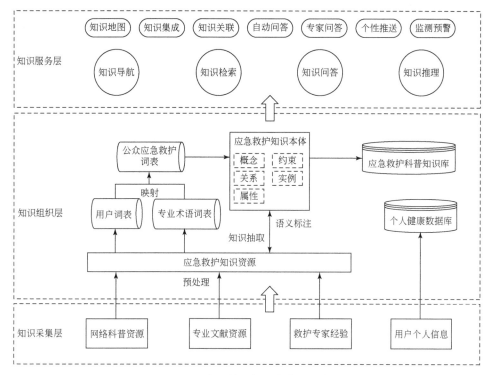

图 9-2 应急救护知识库体系框架

行为数据来实现用户画像的构建。

9.4.2.2 知识组织层

知识组织层通过清洗、抽取、标注、映射、集成等数据分析工具方法对从知识采集层采集到的应急救护大数据资源进行处理，借助主题词表、本体等知识组织工具方法使其转化为格式统一、内容规范的形式并存储在应急救护科普知识库中。首先，借鉴相关学者在公众健康词表构建当中的经验，构建公众应急救护词表（马费成和周利琴，2018）。为了实现知识库的科普作用，需要将专业的应急救护知识以公众易于理解的形式传递给用户，公众应急救护词表的价值就在于实现公众日常用语与专业科学知识之间的映射与转换。具体流程为：先从互联网中搜集获取公众发表的与应急救护相关的语料文本，将这些语料文本进行自然语言处理之后，筛选出高频概念词并存入用户概念词表之中。随后在领域专家的指导下，将用户概念词表与领域专业词表互相映射，从而得到公众应急救护词表。其次，借助本体技术构建应急救护科普知识库。本体是当前构建知识库常用的知识组织工具，能够将知识转换为概念、关系、属性、约束、实例 5 元组的形式

（Benjamins et al, 1998）。公众应急救护词表具有概念规范、层次清晰、语义明确等特点，在结构上符合本体的知识组织要求，借助 OWL 语言可以实现从公众应急救护词表到应急救护本体知识的转化（岳丽欣和刘文云，2016）。其中，词表中的主题词可以转化为本体中的概念，转化后的本体模型核心概念如表 9-4 所示；词表中的语词关系可以转化为本体中的关系，包括等级关系、同义关系等；词表中的限定词可以转化为本体中的约束；词表中的注释可以转化为本体中的属性。最后，借助于应急救护本体模型，知识库能够对先前采集到的应急救护知识资源进行语义标注，抽取其中的知识的概念、关系、属性、约束以及实例作为知识库内容的填充，实现应急救护科普知识库内容的有序组织与动态更新。

表 9-4　应急救护本体模型核心概念

一级概念	二级概念	三级概念
常见应急救护事件	意外事故急救	地震急救、塌方急救、雷击急救、触电急救、火灾急救、烧伤急救、溺水急救、冻伤急救、中暑急救、晒伤急救、车祸急救
	突发疾病急救	高热、低温症、高血压危象、低血压突发、低血糖、糖尿病急症、冠心病急症、晕厥、猝死、休克、中风、心肌梗死、心脏骤停、下肢静脉血栓、痛风发作、哮喘发作、癫痫发作、急性胸痛、急性腹泻、急性腰痛、急性皮疹、急性阑尾炎、急性肠痉挛、贫血、抽搐、严重过敏、突然失明、突发耳鸣
	异物阻塞急救	眼内异物、耳内异物、食道异物、气管异物
	中毒急救	食物中毒、酒精中毒、煤气中毒、有机磷农药中毒、药物中毒、重金属中毒
	外伤急救	骨折、抽筋、脱臼、岔气、韧带损伤、跌倒摔伤、脚踝扭伤、膝盖疼痛、肌肉酸痛、异物刺入、出血、断肢、猫狗咬伤、蛇咬伤、虫咬伤
应急救护主要技术方法	心肺复苏术	人工方法（胸外按压、开放气道、人工呼吸）、电除颤方法（使用自动体外除颤器）
	包扎技术	绷带包扎方法、三角巾包扎方法
	搬运技术	徒手搬运方法、器材搬运方法
	止血技术	直接压迫法、指压止血法、包扎止血法、止血带止血法
	固定技术	上臂骨折固定、前臂骨折固定、大腿骨折固定、小腿骨折固定、脊柱骨折固定、关节脱位与扭伤固定

一级概念	二级概念	三级概念
应急救护常用药品、物品	急救常用药物	心血管类药物、呼吸兴奋剂类药物、止血类药物、电解质类药物、激素类药物、神经类药物、止痛类药物、解毒类药物
	日常备用物品	自动体外除颤器（AED）、绷带、棉球、棉签、酒精、消毒湿巾、剪刀、体温计、手电筒、凡士林、抗生素软膏等
应急救护基本常识	急救优先顺序	评估环境、初步检查和评估伤情（检查反应、检查气道、检查呼吸、检查循环、检查清醒程度、详细检查伤情）、呼救、开展现场救护
	急救一般原则	保证安全、防止感染、及时合理救护、心理支持、救护现场协作
	对口电话	120（医疗急救）、999（红十字急救）、119（消防急救）、12395（水上急救）、122（交通事故急救）
	电话呼救内容	伤病员所在地点、伤病员人数、伤病员的主要表现、已经过何种现场处理、呼救者姓名、事件发生的过程、伤害性质、严重程度等
	医疗机构网点信息	各省、市、区医疗机构网点信息
	日常预防方法与措施	意外灾害事故预防方法、突发疾病预防方法、异物阻塞预防方法、中毒预防方法、外伤预防方法

9.4.2.3 知识服务层

知识服务层是实现应急救护科普知识库情报服务能力的关键一环，以精准满足公众的个性化科普需求为目标。从知识服务的具体内容来看，包括知识导航服务、知识检索服务、知识问答服务以及知识推理服务。知识导航服务旨在通过知识地图等方式帮助用户快速获取所需的应急救护知识，并帮助用户了解知识库的分类体系与收录情况。知识检索服务通过语义相似度计算等技术来帮助用户进行知识检索，由于经过本体重构后的知识具有相互关联的特点，因此能够实现关联检索，例如用户在检索框输入"火灾"这一突发事件名称后，会返回火灾的基本知识、预防方法、逃生注意事项，并且以文字、视频、音频等多种形式展现。知识问答服务既包含专家入驻机制中的专家在线问答，也包含了机器自动问答服务，通过SPARQL等查询技术来实现用户提问文本在本体知识库中的自动匹配，并推理出有价值的回答呈现给用户。知识推理服务则用到了包含规则推理、案例推理等多种推理方式来对用户的个人信息、行为数据进行推理，进而识别用户潜在的应急风险，并构建用户画像来将用户需要的知识主动推送给用户，辅助用户进行情报决策等。

9.4.3 面向公众科普需求的应急救护知识库建设运行机制

应急救护知识库的建设还需要制定相应的运行机制来为平台体系的高效运转提供保障，包括知识联盟机制、专家入驻机制、用户奖惩机制、科普辟谣机制以及宣传推广机制。

9.4.3.1 知识联盟机制

知识联盟机制指不同的知识主体之间遵循共同的协议，以实现知识的互联互通与联盟成员的互利共赢。应急救护知识资源长期以来分布在互联网各处，包括各类官方与民间创办的科普网站、专业救护组织网站、在线教育网站、图书情报机构网站等，缺少共享整合与协调管理，实际上造成了资源的浪费与公众获取的不便。应急救护知识库的知识联盟机制就是要与持有这些知识资源知识产权的各大网站合作，在知识库中引入外部资源，从而发挥不同应急知识管理主体在各自领域的资源建设经验与优势，实现优质资源的互通与共享，以便用户能够方便快捷地获取各类应急科普知识。

9.4.3.2 专家入驻机制

专家入驻机制是搭建普通公众获取专家智慧的桥梁，以实现专家智慧的外化。为通过职业资格审核的行业专家开通专家个人主页，赋予专家在个人主页中发布文章、音频、视频等不同形式的科普产品的权限。同时，分别设置免费与付费的专家问答区来使用户能够根据自身情况选择相应的问答区进行提问以获取不同的专家问答服务，用户与入驻专家在线交流之后对专家进行反馈评价。知识库管理平台需要设定一系列指标来综合专家发布的科普产品数量与质量、回答用户提问的数量与质量以及用户的满意度对专家贡献进行打分与排序，并在首页优先展示高口碑与高人气的行业专家，对专家形成激励（孙悦，2018）。

9.4.3.3 用户奖惩机制

用户奖惩机制旨在设置激励与惩罚措施来调动用户的积极性，维持用户黏性，提高用户体验，维护平台环境（郑德俊等，2018）。激励措施包括鼓励用户发布高质量的提问、回答与评论以收获点赞、粉丝、积分、虚拟头衔、免费专家提问次数等奖励，在平台主页推送生产高质量内容的用户，给予生产高质量的用户更多特权，向用户推荐拥有共同关注点的其他用户等，在充分尊重用户知识产权与用户隐私的基础上实现价值的共创。惩罚措施则是在平台中设置用户举报功能与投诉中心，对发布不良信息或不遵守平台规范的用户处以扣除积分、封停账号等惩罚措施，以实现平台生态系统的良性运转。

9.4.3.4 科普辟谣机制

在移动互联网与自媒体时代，谣言产生与传播的速度都远胜于以往，尤其是在突发事件发生后的短时间内，各色各样的谣言往往都会呈现井喷式增长，给公众获取正确的应急救护科普信息造成困扰。因此，应急救护科普知识库有责任也有义务设置科普辟谣机制，调用自身权威、专业、准确的知识资源对相关谣言进行研判与辟除。在具体的机制操作上，一是要广泛应用大数据人工智能技术来根据过往的谣言数据来识别谣言、预判谣言，并邀请专家针对典型性谣言展开深度解读以发挥专家智慧。二是要重视用户参与，借助用户的力量来进行谣言的发现，由用户在平台中上传疑似谣言及其链接，平台再组织相关领域的专业人员进行后续的审查、核实工作（王国华等，2014）。

9.4.3.5 宣传推广机制

应急救护科普知识库的科普功能要求以全体社会公众作为服务对象，因此需要加大对于知识库的宣传推广力度来提高用户覆盖面。首先，知识库应定期开展线上线下的各类科普活动，如科普知识竞赛、科普专家公益讲座、科普场馆在线讲解等，并提供一定的奖品来吸引用户参与。其次，应在不同平台上开设账号发布推送科普内容，尤其是当前公众使用率较高的微博、微信公众号、抖音、知乎等新媒体平台，在发布科普内容时应结合当下的时事热点，并注重与用户的互动交流。再者，还可以寻求与主流媒体、拥有高粉丝数的科普自媒体等意见领袖合作，在社交媒体平台中与他们进行评论、转发等互动操作来进一步提高知识库的知名度等（王昕宇和李阳，2021）。

| 10 | 应急管理情报工程的发展与展望

10.1 应急管理情报工程建设的若干挑战

基于上文的分析，我们认为，将情报工程的思维与理念融入应急管理之中，对于应急管理能力提升、应急情报工作升级而言都具有极大意义，并且相关服务机制在各个场景化应用中可以表现出较强的支持作用。然而，情报工程对于应急管理而言毕竟是一个"新兴事物"，应急管理情报工程建设仍然面临角色定位、情报动员、意义建构等方面的挑战（李阳，2019b）。

10.1.1 角色定位层面的挑战

目前，虽然有很多学者认识到并认可情报工程与应急管理融合的价值，但在实践中，情报工程的行动响应还远远不够，一些大数据与应急情报实践项目虽然有情报工程的思维，但离系统性的工程化应急情报服务逻辑仍然有一定差距。究其原因，实际上涉及到情报工程的角色感知与角色定位问题，这也是一个新事物要突破传统的认知和范式必须面临的首要问题。情报工程若想作为一个固定、稳定、专门、特色的情报响应模块嵌入到应急管理系统之中，就必须考量自身及相关服务范式与传统应急管理范式之前的融合问题。而目前来看，情报工程的角色定位仍然有待进一步的观察。

一方面，从应急管理的治理手段来看，传统应急管理的治理手段主要包括政治手段、行政手段、法律手段、市场手段等，这些治理手段在长期的突发事件应对和处置中已经证明了自身的有效性。目前，在大数据等环境影响下，数据驱动手段或者大数据治理手段也在应急管理实践中得到了积极响应，情报工程作为数据驱动手段的升级版，如何在多个治理手段"组合拳"中定位自身，仍然是一个难题。具体来说，情报工程既要靠拢大数据治理手段又要凸显出自身的特色，进而借着大数据治理手段的崛起进入应急管理治理体系与治理能力大范畴之中，但这一问题目前仍然有待得到共识。至少，在目前的应急管理逻辑下，"情报"这一概念术语及相关管理问题尚未按照情报人的预期融入或凸显在正式法规体系之中，因此，推进应急管理情报工程建设面临着治理手段角色定位上的难题。

另一方面，应急情报系统的改造实际上也是一个长远的问题，并不是一蹴而就的，尤其是对于情报工程这一新兴逻辑，其自身发展也处于起步阶段，工程化应急情报服务的逻辑对应急业务的支持也有待进一步强化。因此，想用情报工程的理念去改造应急情报系统，势必面临巨大的挑战，对于很多应急机构、应急情报人员等而言，情报工程仍然较为陌生，价值挖掘与贡献也存在较多的未知。因此，情报工程必须认清自己的功能定位，尤其是与传统情报服务的功能差异。情报工程如果仅仅是思维层面的"高端"，或是数据资源的积累，或是打着"高端"幌子的重复信息化建设，那就势必陷入到"华丽的平庸"的困境之中，进而影响到其角色地位。应急管理情报工程致力于搭建"信息库"和"思想库"，即既能提供情报信息资源，又能提供决策方案与产品，而这种"双库"角色构建的挑战可想而知。总之，应急管理情报工程要想从角色定位上崛起，就必须清晰认识到这是一个漫长的发展过程，无论是战略权重的提高，还是情报信息枢纽的强化，应急管理情报工程都有待稳扎稳打，持续提高自身的话语和影响力。

10.1.2　情报动员层面的挑战

突发事件的应对和处置涉及各类复杂主体、多渠道资源、多利益关系等，因此，它是一个复杂的系统工程。应急管理情报工程也是一个复杂的情报系统工程，在推进过程中也涉及到多个要素的协调与合作问题，与应急管理的人员、物资等动员相比，情报工程整体动员主要表现在数据和情报资源的动员层面。一般来说，数据和情报资源动员的介入越早，效率越高，耗费成本也越低，在平战转化时间缩短上也具有重要作用，但目前应急管理领域还缺乏专门的数据和情报资源动员机制，数据和情报资源动员在时限、种类、程度、胜算等方面面临挑战。

具体来说，一方面，目前相关组织对应急管理情报资源保障的摸底和梳理还不够，使得情报工程"最先一公里"面临底座层面的压力。要让"数据找得到"，就必须对所有涉突发事件应对机构的数据资源基础、信息化基础等进行全局的掌控，但目前各类应急机构或相关支持组织的应急预案情况、数据资源储备情况、突发事件知识库情况等缺乏规范化的管理。对情报资源基础的掌握度不高决定了应急管理情报工程的打造面临着"要用的数据找不到，没用的数据倒不少"的"盲人摸象"困境与挑战。虽然在一些专门领域，统筹机构会定期进行数据的核查与调查等工作，但缺乏全局性的情报资源调查机制，使得很多数据资源和情报信息存在不精准、不可靠、不细化、不明确等问题，一些潜力资源也得不到有效的挖掘，导致很多案例下的情报信息工作在粗糙数据模式下展开，无法契合精准化的应急管理情报工程服务范式逻辑。

另一方面，应急状态下的数据使用与合作、数权界定等问题缺乏完善的政策法规，导致应急管理情报资源动员受到体制机制层面的限制或约束。由于情报工程的应急大数据涉及多个机构的数据资源，而一些机构的数据资源往往是非公开的或者是具有领域独属性。虽然一些政策法规在都在号召应急数据的互联互通，但缺乏专门针对性的条文和实施细则。比如，应急状态下的数据交互、数据权限问题如何处理、与突发事件相关的关键数据资源如何安全合法地使用、分级使用机制如何建立、数据网络如何构建等①。目前在公共数据管理领域，如广东省2021 年10 月印发的《广东省公共数据管理办法》提及，"公共管理和服务机构根据法律、法规、规章的规定，可以要求相关单位提供或者向数据主体紧急采集与突发事件应对相关的数据②。"其他省市也在积极推进相关法律法规建设。这说明，目前相关领域也在关注这个方向，但目前来看，应急管理情报工程建设中的整体情报动员问题仍然面临着不小的挑战。

10.1.3 意义建构层面的挑战

未来社会必然进入更加开放、更加共享、更加协同的环境，尤其是各类数据开放运动和大数据项目数据库的建设，支持应急管理情报工程服务的数字数据素材将越来越多。情报工程的核心任务就是从杂乱而泛在的数字数据原料中智能化、自动化挖掘出有用的应急情报，为应急管理与决策主体提供工程化情报产品支持。然而，在新技术不断迭代升级的未来，技术奇点等问题必然不可避免，应急管理情报工程的价值追寻问题也有待进一步审视。可以想象，如果在情报工程逻辑下，能够打造出一个超级智慧的情报系统，是不是意味着应急管理就要按照技术与智能驱动来贯彻执行呢？答案显然是否定的。实际上，从核心要义的角度看，情报工程的确是大数据、人工智能等驱动下的产物，也离不开新技术的赋能效用。但应急管理情报工程的存在意义不是为了纯粹地智能化输出情报产品，而是定位于高端人性化的情报产品打造。因此，必须明确应急管理情报工程的意义建构和价值创造方向，才能更好发挥应急管理情报工程的潜能和效用。

---

① http://data.infosws.cn/20200203/31261.html.
② http://www.gd.gov.cn/xxts/content/post_3584934.html.

首先，应急管理情报工程不是大数据资源的"拼图游戏"，一味地将各类大数据积累建设起来，仅仅是情报工程的一环，同时情报工程的大数据基础建设还要做好继承吸收工作，而不是"推倒重来"。其次，应急管理情报工程也不能是技术滥用和技术迷信，应急管理情报工程需要注重数据、技术与人以及各类系统要素的综合，强调技术与人文的统一，发挥不同主体、不同情报的不同价值和效益。在具体应急情报产品打造时，应急管理情报工程在强调快速化生产的同时特别注重有思想、有内涵、有温度的内容打造，显然这也是极具挑战意义的。再次，必须清醒认识到，情报工程不是应急管理的"万能药"。情报工程不能解决所有问题，但可以立足数字空间以及数字空间与物理空间、人类社会的联系，为应急管理提供相关情报参考、情报导航、情报解析和情报赋意。同时，应急管理情报工程的建设要综合考虑应急机构情报信息工作面临的痛点以及情报工程建设的综合效益，而不是泛在化、无目的式的构建。总体来看，应急管理情报工程应是一种创造性的情报实践活动，应急管理情报工程建设需要跳出"拼图游戏"、技术唯用、"万能药"等陷阱，直面各种价值认同层面的挑战和难题，要时刻将情报服务"耳目、尖兵、参谋"的初心贯彻其中，真正在应急管理实践中发挥自己的价值和意义。

10.2　应急管理情报工程建设的推进策略

尽管应急管理情报工程面临着多方面的挑战，但情报工程思维已经显示出巨大的潜力、生命力和创造力。从科技情报领域的情报工程实践来看，情报工程与科技情报的融合也是先有实践中的情报工程思维雏形，然后有情报工程理论体系凝练，再有实践中的情报工程导入与进一步深度贯彻，这样一个基本路径对于应急管理情报工程而言也是具有参考意义的。因此，下面从政策、实践、学理等层面阐释应急管理情报工程建设的综合推进策略。

10.2.1　政策层面的多重保障

完善的政策是应急管理情报工程建设的重要保障，也可以为应急管理情报工程服务发展提供良好的条件。构建具有情报导向和取向的政策法规，也能为应急管理情报工程在角色定位、情报动员、意义建构等方面的挑战提供支持。如上文所述，在目前的应急管理相关政策法规中，缺少系统性、专门性、细节化、前沿性的应急情报信息工作政策法规。为了更好促进应急管理情报工程在数据资源、情报技术、专家队伍、情报流程、保障条件等方面的提升与整合，有必要从政策层面持续加码，为应急管理情报工程长远发展提供多重保障。目前，建议从以下两个维度考虑政策层面的支持。

第一，在各类应急管理、大数据管理等相关大类政策中，应进一步凸显应急情报相关内容和元素，将突发事件情报信息工作作为其中的一个重要模块。例如，在《中华人民共和国反恐怖主义法》中，"情报信息"就是作为单独的第四章单独阐述，对恐怖主义事件应对中的情报信息工作机制、情报信息工作能力、情报预警、个人隐私保护等内容进行了较为详细的界定和说明。我国2007年颁布的《中华人民共和国突发事件应对法》至今已有14年有余，作为突发事件应急管理的基本法，该法规在十几年的应急管理实践指导上发挥了重要作用。但由于社会环境的变化、信息技术和大数据的发展尤其是新冠肺炎疫情对应急管理体系和能力的冲击和影响，使得原有的突发事件应对法已经难以适应和契合新环境应急管理的需要。为此，2020年4月，突发事件应对法的修改也正式列入全国人民代表大会的立法计划之中[1]。为了更好发挥应急情报的作用和效能，未来新版的突发事件应对法应特别重视应急数据资源管理、应急大数据、应急情报分析等方面的政策法规内容，为全国范围内的应急情报工作提供政策指导。另外，就是在一些大数据管理、数据安全、公共数据管理等方向的政策法规中，也应积极考虑、补充或强化应急情报方向的政策内容，如前文所提及的当前各类公共数据管理办法的出台就考虑到突发事件应对情境下的数据协同和获取等问题，其他各类相关政策法规也应将应急情境下的数据管理、情报管理问题作为一个不可忽视的重要方向进行阐释。

第二，应根据各地、各应急组织、各突发事件类型等的特点，打造应急情报专项政策法规，与"上行"应急情报政策法规形成呼应，形成"下行"因地制宜、因事制宜的完整政策法规体系。由于不同地区经济发展水平、不同机构应急管理特征、不同事件应急方式等存在差异，因此，根据地区、机构、事件的具体情况，推出专门性的应急情报政策法规，重视情报工程方向的应急情报内容界定、规范与条件保障，进而形成自上而下的应急情报政策规范体系，对于应急管理情报工程的一体化实施具有重要意义。例如，针对传染病等相关问题，相关机构应以情报信息工作为立足点，深入推进传染病应急情报相关政策的系统化、层次化和执行力设计。在具体内容上，既涉及到传染病相关数据信息摸底、摸排等内容，还要涉及到突发事件应对情境下的机构数据信息交互、情报分析、个人信息保护等内容，由此才能更好指导具体业务层面的应急管理情报工程的实施等。

---

[1] http://www.npc.gov.cn/npc/c30834/202004/492fa98ef02a421d8fcb14dce937587f.shtml.

10.2.2　实践层面的多措并举

政策层面可以为应急管理情报工程建设提供导向和支持，在具体应急机构、各类应急参与组织的实践层面，应通过多措并举的方式推进应急管理情报工程服务开展，目前可以考虑从资源建设、技术创新、业务人才、协同组织、决策融入、知识科普等方向着力（李阳等，2020）。

首先，在资源建设方面，应积极推动各级各类应急机构相关情报信息资源库建设，打造应急管理"大数据长城"，保障应急情境下有更多的"数据底牌"。可以从两个方向去打造：一是大数据思维，即在建库、建网、建系统时要尽最大可能保障情报资源的广泛性、全面性，使其无死角覆盖应急业务及其相关领域；二是智慧数据思维，即打造的情报信息资源库必须是以质量和价值为基本考量，推动应急数据资源建设的标准化、规范化、通用化、可计算、可语义勾连等。为此，一方面，需要对各级各类应急机构展开全域式摸底排查工作，掌握相关机构应急数据资源的存量、主题内容、标准接口以及可开发空间等，为大情报资源的综合刻画奠定基础；另一方面，可以通过投入应急大数据专项资金、设置应急情报资源开发专门课题项目、实施突发事件知识库建设计划等外力支持方式，来进一步推动应急管理情报工程的情报资源建设。

其次，在技术创新方面，要促进新一代信息技术与应急情报工作的深度融合，借力大数据、人工智能、云计算、系统仿真等新技术支持工程化情报服务开展。应急情报技术是应急情报分析各种方法和手段的总称，是一种集成技术。应急情报技术水平直接关系到应急情报工作的自动化、智能化等实现，也是应急管理情报工程服务开展的核心支撑。为此，应急情报技术发展应在优化当前相关应急信息管理技术的基础上，积极将大规模文本处理、数据融合、知识组织、大数据分析、知识图谱、虚拟现实等新技术融入应急情报分析流程之中，集成各类算法、模型、方法、工具、基础设施、信息系统等，开发能服务于突发事件态势感知、突发事件风险扫描、应急决策方案自动生成等各类应急管理场景的技术框架体系和情报服务平台。

在业务人才方面，应加大应急管理情报工程师等的培养。有条件的应急机构可以成立专门的应急情报分析队伍，其他机构也应根据实际情况提高应急情报人才建设力度。具体来说，一方面，应急情报人才建设应跳出以往拘泥于数据信息统计、信息系统管理、数据库维护、突发事件信息报告等工作内容的人才建设模式，应将数据资源管理、数据分析、情报洞察、情报治理等作为情报人才建设的新考量。另外一个就是应急情报队伍的职业化建设，包括情报工程师的相关资格认定等。目前在公共安全领域有一些相关探索，如广东深圳市公安局探索构建包"官、师、员"三级十二档的情报官体系架构，江苏省公安厅也在探索建立省、市县情报主官和高、中、初级情报分析师制度等（张杰，2017）。对于大类应急管理而言，也应借鉴相关制度模式，制定相关应急情报人才制度体系和认证体系，大力培养职业化的应急情报人才队伍。

在协同组织方面，应以应急情报"全国一盘棋"为基本导向，构建专业为主、兼职为辅、全员参与的情报组织机制。传统的政府大包揽的应急情报运作模式存在一定的局限性，应积极利用科技情报机构、文献情报机构、舆情信息分析机构、互联网公司、数据分析公司、智库、高校科研机构、社区网格员、社会大众等各类主体，构建系统的应急情报信息网络和汇交机制。具体来说，一方面，可以通过构建顶层的应急情报管理中心，搭建上文所说的应急情报综合集成研讨厅，推动应急管理情报工程建设，纳入更多的情报信息主体；另一方面，针对一些非正式纳入政府应急情报系统的组织尤其是"民用"情报机构，需要构建相关的激励机制、数据产权保护机制、准入准出机制、数据审查机制等，积极利用他们的应急情报支持能力，更好实现应急情报"全国一盘棋"。

在决策链融入方面，要积极推动应急管理情报工程产品的精品化打造，并促使其融入应急决策空间，真正发挥工程化应急情报的效能。一方面，应急管理情报工程产品的打造应秉承"情报工匠"的精神去雕琢，要回归情报"耳目、尖兵、参谋"的内涵，以决策者的需求和需要为基本导向，在应急管理情报工程产品的形式、内容、传递方式等方面下大功夫，并保障情报输入、情报加工、情报输出等情报任务完成期间的成本、时间、效率的综合平衡，产出让应急决策者信得过、用得上、靠得住的情报产品。另一方面，要推动应急情报全过程式融入应急决策链之中，包括定策、施策、评策等环节。通过构建相应的情报干预机制来保障应急决策各环节的实时情报参与和情报产品支持，如保障政府决策会议中情报主管的参与等（胡雅萍和沈固朝，2017）。

在知识科普方向，要积极利用工程化应急情报服务的产出效率和能力，将应急管理情报工程产品转化为能够服务于社会大众的知识型情报。如前文所言，重视公域逻辑下的应急情报开发是应急管理情报体系人文价值的重要体现。除了应急管理与决策主体对情报产品有需求以外，社会大众也需要有相关综合性、专业化、快速更新、值得信赖的应急知识服务平台。因此，应急管理情报工程既要为决策者服务，还要为通过信息发布、知识服务等促进大众的信息素养、健康知识获取以及应急抗灾的信心和热情（王伟军，2020）。具体来说，应急管理情报工程应充分发挥面向大众的知识科普功能，积极开展相关知识服务和智慧服务，如利用自有数据资源基础构建特色化的应急科普知识库，以权威文献观点、专家观点等综合考量搭建相关健康知识科普平台，基于情报网络构建多形式的应急知识传播平台等。

10.2.3 学理层面的交流平台搭建与人才培养

应急管理情报工程建设还依赖于学理层面的支持，如相关应急管理情报工程交流平台搭建、应急管理情报工程学科建设与人才培养等。

从国内"intelligence"视角来看，应急情报仍是一个新兴领域，虽然部分高校和科研机构已经在应急情报方向做了较多代表性的研究和发现，但对于应急管理情报工程方向的探索远远不够。为此，需要在高校学理层面进一步宣传应急管理情报工程相关思维与概念，推动相关学术共同体建设，培育领域领军人，构建应急管理情报工程相关研究阵地和高端交流平台。具体措施如：组建应急管理情报工程相关学术联盟，定期或不定期召开专题研讨会；积极打造多样化的应急管理情报工程学术交流和传播平台，如在一些期刊可以专门开辟"应急管理情报工程"专栏，扩大应急管理情报工程学理研究的影响力和辐射度；推动相关学术专著、研究报告等的产出，完善应急管理情报工程理论体系等。

其次，从学科建设层面来推动应急管理情报工程建设是保障相关方向长远发展的关键，对于应急管理情报工程知识体系化具有重要作用。目前，已经有学者对情报工程学的学科建设与发展提出了自己的思考（贺德方，2014），但主要是基于科技情报方向来阐述。从本书的角度看，情报工程可以在多个领域和场景中得到较好的应用，也需要多个领域和场景的学科化方向发展。因此，一些有研究基础、特色鲜明的高校或科研院所可以通过（自主）设置相关"情报工程学"学科，并将"应急管理情报工程"作为相关学科的重点方向或重要研究内容，以此拓展应急管理情报工程研究与应用。或是（自主）设置"应急情报"相关学科领域，并将"应急管理情报工程"作为其一个重点方向或重要研究内容等。

另外，在相关人才培养上，应积极跟进和创新应急管理情报工程人才培养制度，面向应急管理事业发展需求和要求，主动培养应急管理、应急情报方向的专门人才和特殊人才。如建立有效的人才吸引和培养机制，针对一些特殊领域，还要构建相关长远发展计划，例如，医疗领域相关应急情报人才培养的周期就相对较长，因此需要做长远规划。再比如，开设应急管理情报工程相关课程，重视跨学科培养，既要有应急管理、数据科学、情报工程系统理论与方法等相关基础课程，更要有如应急情报理论与实践、应急大数据、应急情报挖掘等专业课程。另外，还可吸收应急管理实践、应急管理研究基地与培训基地等相关领域的专家学者、业务工作人员等，将其作为应急管理情报工程人才培养的直接力量或间接力量（如针对应急管理情报工程方向的联合导师制度的设计）；还可通过与政府、相关应急部门、应急产业等之间的合作，提高社会对应急管理情报工程方向的知晓度，更多开展应急管理情报工程相关实践教学，提升学生的专业素养和综合素质，培养应急管理领域的"情报工匠"。

10.3　应急管理情报工程建设的发展展望

10.3.1　人工智能时代的应急管理情报工程愿景

人工智能是未来社会发展的重要趋势，既是极大机遇，也是重要变量。人工智能一般可划分为弱人工智能、强人工智能、超人工智能三个阶段（贺栩溪，2019）。目前，我们仍然处于弱人工智能时代，在人类生产生活各个方面都有弱人工智能的影子，如自动化工业生产线、智能家电、智能驾驶等。强人工智能时代强调模拟人的思维和行为，强调任何通用领域都可以具备人的能力。超人工智能时代所涉猎的则是人们所担心的人被技术统治的问题。那么，面对未来的人工智能社会，应急管理以及应急管理情报工程又会如何发展？

智能化是应急管理一个的重要趋势，应急管理智能化也成为利国利民的重要指向。实践中，2019年11月4日，应急管理部通信信息中心与国内人工智能领军企业百度公司合作，打造了国内应急管理方向的首个人工智能联合实验室，为我国应急管理事业智能化发展开启了新的大幕①。借力人工智能思维和技术，可以在应急管理领域的数字应急大脑、智能感知、智能分析、智能处理、智能处置等方向积极创新，支持智慧型应急管理的实现。人工智能在计算智能、感知智能、认知智能等方面的快速发展也深刻影响着应急管理情报工程服务的开展，在强人工智能等影响下，与情报分析相关的数据、知识、技巧可以更好地固化并脱离于"单打独斗"的个人，进而可以更好实现工程化情报作业，提高情报服务效率和质量（丁波涛，2021）。从好的方面来看，例如，人工智能能够为应急情报工作提供一个更加便捷化的"操作系统"，更大程度解放应急情报人员的双手，让应急情报人员从传统繁琐、重复的应急情报事项中解脱出来，进而专注于创造性地分析和发现。尤其是以人为本的应急信息系统、应急情报平台的设计和用户体验等，也将得到极致的提升。另外，人工智能所带来的数据来源广泛性以及超级计算和赋能优势能够促使工程化应急情报分析向更智能化、更自动化、更

---

① https://it.gmw.cn/2019-11/05/content_33295179.htm.

细粒化、更聚焦性的方向发展。例如，基于人工智能等技术可以利用实时、在线、交互的社会信号来建构"人工社会"，通过平行情报的思维来支持应急管理情报工程的发展（王飞跃，2015）；如人工智能可以推动用户数据画像的智能化，进而更好掌握应急情境下的用户信息行为和网络舆情导向等；如基于人工智能等技术可以梳理应急数据的血缘关系，建立智能化的数据模型，并通过实时应急大数据的训练和仿真，可以推演出最佳应急处置方案和资源调配方案。当然，也存在一些有争议和不确定性的问题，包括人工智能与应急管理高度融合带来的智能生产知识的科学性问题、情报归因差错问题、情报大数据伦理问题、个人数据隐私问题、技术智能分析与人文价值的冲突问题、专家智慧交流和支持模式的变化问题等。总体来看，面对人工智能的不断发展，面对大智能时代的到来，应急管理情报工程服务将在情报思维模式、情报分析流程、情报用户体验等方面得到极大提升；同时，应急管理情报工程服务也应特别注意人工智能发展伴随而来的伦理道德、技术偏见等问题。唯有坚持"技术理性"与"人文价值"的统一，才能更好推动应急管理情报工程的发展。

10.3.2　总体国家安全观理念下的应急管理情报工程建设

国家安全一直是国家战略层面的核心，国家安全的内涵与外延也一直在不断地发展变化。2014 年，习近平总书记提出总体国家安全观的重大战略思想，强调当前国家安全内涵与外延的丰富化、时空领域的宽广化、内外因素的复杂化，认为国家安全要兼顾外部与内部、传统与非传统、发展与安全。可以说，总体国家安全观理念对于走出中国特色国家安全道路具有重大历史意义。国家安全涉及各领域要素，其中公共安全是国家安全的重要组成部分，公共安全的维护也应放到总体国家安全观的视角下来思考。公共安全与应急管理领域需要坚持贯彻总体国家安全观，从系统角度推进应急管理治理体系与治理能力现代化。

从情报的角度看，应急情报与国家安全情报本身具有密切的关联性，应急情报常常被视为大安全情报的重要部分（王秉和吴超，2019），相关主题的情报交流也日益活跃。因此，应急管理情报工程建设也需要对接国家安全，确定总体情报工程服务发展规划，支持国家安全大情报体系建设，形成总体国家安全观视域下的应急管理情报工程格局。由于同一风险往往在不同的时空和条件下，可能实现公共安全风险与国家安全风险的演化[①]。因此，在领导机制方面，应在国安委的统一领导下，强化应急管理与国家安全体制机制之间的合作，打造功能齐全、

---

① https://it.gmw.cn/2019-11/05/content_33295179.htm.

反应灵敏、高效联动的应急情报合作机制、汇交机制。从数据治理方面来看，未来情报工程的建设应坚持应急大数据与国家安全大数据的协调统一，推动应急数据资源与国家安全数据资源之间的共知、共治，编制全方位、立体化的应急管理"情报网"，打造"上下结合"的大情报保障体系。在这方面需要特别指出，未来还需要充分利用好军民融合战略，形成全要素、多领域的军民融合情报工程发展格局，促进军民情报融合、军民数据融合等的发展，为应急管理情报工程有效应对大灾、巨灾奠定良好基础。从情报产品利用角度看，从国家安全的角度建构应急管理情报工程，必然也会涉及到一些国家安全情报的保密事宜，因此应合理处理保密与公开的关系，积极打造应急管理情报工程产品从"机要件"向"公开件"转化的运转机制，以充分发挥大安全情境下应急管理情报工程产品的社会价值和社会影响。从人才培养方面来看，由于 2021 年 1 月"国家安全学"一级学科的设置，国家安全学相关人才培养必将走向新台阶。在此影响下，基于国家安全与应急管理的关系，一些高校如北京师范大学专门成立了国家安全与应急管理学院，以综合培养相关新兴人才。同时，在国家安全战略需求引导下，一些高校的图书情报档案管理类院系也在积极促进情报与国家安全和应急管理之间的联系，如南京大学信息管理学院就新增了"国家安全数据管理"硕士专业，同时将应急情报作为其中的一个重要方向。因此，从应急管理情报工程的角度看，未来应该积极把握国家安全相关学科建设的契机，在相关交叉领域打造情报工程领军人物，培养更多的面向安全应急领域的情报工程师，支持应急管理的繁荣发展。

参 考 文 献

安璐, 胡俊阳, 李纲. 2019. 基于主题一致性和情感支持的评论意见领袖识别方法研究. 管理科学, 32 (1): 3-13.

安璐, 吴林. 2017. 融合主题与情感特征的突发事件微博舆情演化分析. 图书情报工作, 61 (15): 120-129.

巴志超, 李纲, 安璐, 等. 2018a. 国家安全大数据综合信息集成: 应用架构与实现路径. 中国软科学, (7): 9-20.

巴志超, 李纲, 周利琴, 等. 2018b. 数据科学及其对情报学变革的影响. 情报学报, 37 (7): 653-667.

毕于慧, 李鸿飞, 曾熠, 等. 2015. 基于综合集成研讨厅的应急虚拟会商系统. 计算机系统应用, 24 (5): 52-56.

蔡思雨, 李阳, 施艳萍. 2021. 疫情影响下科研人员线上学术会议知识交流参与意愿影响因素研究. 现代情报, 41 (5): 67-76.

蔡迎春, 吴志荣. 2020. 高校图书馆信息资源应急保障体系. 图书馆杂志, 39 (5): 43-54.

曹振祥, 储节旺, 郭春侠. 2020. 面向重大疫情防控的应急情报保障体系理论框架构建——以2019 新型冠状病毒肺炎疫情防控为例. 图书情报工作, 64 (15): 72-81.

〔美〕陈封能, 〔美〕斯坦巴赫, 〔美〕库玛尔. 2011. 数据挖掘导论. 北京: 人民邮电出版社.

陈珂帆. 2020. 青海政务微博影响力问题及对策研究. 科技传播, 12 (13): 151-152.

陈思菁, 李纲, 毛进, 等. 2019. 突发事件信息传播网络中的关键节点动态识别研究. 情报学报, 38 (2): 178-190.

陈思好. 2015. 微博话题的病毒式传播模式及特性研究——以"冰桶挑战"为例. 科技传播, 7 (8): 98-99.

陈亚杨, 张智雄. 2020. 突发公共卫生事件下国际科研成果开放共享的主要发展历程. 图书情报工作, 64 (15): 90-103.

陈於立, 沙志友. 2011. GIS 与智慧应急. 2011 第九届 Esri 中国用户大会, 北京.

陈祖琴. 2015. 面向应急情报采集与组织的突发事件特征词典编制. 图书与情报, (3): 26-33.

储节旺, 郭春侠. 2003. 应急型科技创新联盟的组织与管理——基于"非典"联合科技攻关的分析. 情报理论与实践, 26 (6): 500-503.

储节旺, 汪敏, 郭春侠. 2019. 云平台驱动的应急决策情报工程架构研究. 图书情报工作, 63 (16): 5-13.

邓三鸿, 刘喜文, 蒋勋. 2015. 基于利益相关者理论的突发事件案例知识库构建研究. 图书与情报，（3）：1-8.

丁波涛．2021．人工智能时代的情报学发展与创新——基于情报交流理论的视角．情报学报，
　　40（3）：321-332.

董幼鸿，叶岚．2020．技术治理与城市疫情防控：实践逻辑及理论反思——以上海市 X 区"一
　　网统管"运行体系为例．东南学术，（3）：24-33.

杜丽敬，夏翔，应焕钦，等．2020．重大突发公共卫生事件下的医疗物资供应问题及对策．中
　　国科学基金，34（6）：683-692.

杜元清．2014．情报分析的 5 个级别及其应用意义．情报理论与实践，37（12）：20-22.

范炜，胡康林．2016．突发事件应对中的情报资源观及动态聚合研究．图书情报工作，60
　　（23）：23-29.

方清华．2005．图书情报机构的现代化及其在现代信息服务业中的定位．武汉：武汉大学．

方兴东，谷潇，徐忠良．2020．"信疫"（Infodemic）的根源、规律及治理对策——新技术背景
　　下国际信息传播秩序的失控与重建．新闻与写作，（6）：35-44.

郭骅．2017．社会现代性背景下的城市应急管理情报体系构建研究．南京：南京大学．

郭骅，屈芳，战培志．2018．城市应急管理情报平台构建研究．图书情报工作，62（6）：
　　93-104.

郭骅，苏新宁，邓三鸿．2016．"智慧城市"背景下的城市应急管理情报体系研究．图书情报
　　工作，60（15）：28-36，52.

郭路生，刘春年，胡佳琪．2017a．工程化思维下情报需求开发范式——情报需求工程探析．情
　　报理论与实，40（9）：24-28.

郭路生，刘春年，闫喜凤．2017b．领域分析驱动的应急情报需求工程研究．情报杂志，
　　36（11）：72-77.

郭路生，刘春年，李颖．2017c．大数据环境下应急情报需求开发工程化范式构建研究．情报杂
　　志，36（8）：52-57.

郭路生，刘春年，魏诗瑶，等．2019．基于领域分析和本体的应急决策情报需求识别研究．情
　　报杂志，38（1）：48-53.

郭勇，张海涛．2020．新冠疫情与情报智慧：突发公共卫生事件疾控应急工作情报能力评价．
　　情报科学，38（3）：129-136.

韩旭，李阳．2022．突发事件情境下社交媒体辟谣信息传播效果影响因素研究．情报理论与实
　　践，45（8）：97-103.

韩玮，陈樱花，陈安．2020．基于 KANO 模型的突发公共卫生事件信息公开的公众需求研究．
　　情报理论与实践，43（5）：9-16.

何捷君，李阳．2022．基于时空视角的舆情反转事件情感演化特征研究．信息资源管理学报，
　　12（2）：88-100.

何志平，李明菲．2017．假新闻在移动网络上的十大传播特点及阻断策略——以《新闻记者》
　　2011-2016 年 66 条假新闻为例．湖北社会科学，（9）：191-198.

贺德方．2009．基于事实型数据的科技情报研究工作思考．情报学报，28（5）：764-770.

贺德方．2014．工程化思维下的科技情报研究范式——情报工程学探析．情报学报，33（12）：

1236-1241.

贺栩溪. 2019. 人工智能的法律主体资格研究. 电子政务, (2): 103-113.

侯丽, 康宏宇, 钱庆. 2018. 医学图书馆公众健康知识服务平台的构建与应用实践. 图书情报知识, 182 (2): 40-49, 76.

胡江伟. 2019. 微博公共情绪传播及其管理研究. 南昌: 南昌大学.

胡雅萍, 沈固朝. 2017. 从"情报服务"到"情报干预"——从决策失误看情报作用的一些思考. 情报学报, 36 (11): 1130-1138.

胡媛, 艾文华. 2019. 工程化视角下的科研数据需求管理模型构建. 情报杂志, 38 (3): 187-193.

黄璜. 2020. 风险事件对公众信息搜寻行为影响的研究. 南京: 南京大学.

惠洁. 2018. 视觉时代微博图像的传播特性分析. 传媒, (7): 60-61.

惠志斌, 李顾元. 2020. 突发公共卫生事件的数据安全治理——基于全球主要国家新冠疫情防控的实例分析. 国外社会科学前沿, (8): 4-11, 95.

霍良安. 2012. 突发事件发生后不实信息的传播问题研究. 上海: 上海交通大学.

吉杰. 2017. 公共图书馆科普教育与展览活动融合发展模式研究. 新世纪图书馆, (12): 36-38.

贾亚敏, 安璐, 李纲. 2015. 城市突发事件网络信息传播时序变化规律研究. 情报杂志, 34 (4): 91-96, 90.

江宏飞, 高建平, 周伟. 2020. 公共卫生事件下中医药应急科研体系的构建——基于中医药应对新冠疫情的案例分析. 科研管理, 41 (9): 160-169.

蒋勋, 苏新宁, 陈祖琴. 2017. 多维视角下应急情报管理体系的知识库构建研究. 情报学报, 36 (10): 1008-1022.

焦阳. 2020. 新冠肺炎事件中科技期刊的社会责任及应急响应机制. 中国科技期刊研究, 31 (3): 236-240.

雷志梅, 王延章, 裘江南, 等. 2014. 突发事件应急信息的多维度需求分析. 情报科学, 32 (12): 133-137.

李进华. 2020. 面向大数据时代的重大疫情信息管理理论框架及其应用. 现代情报, 40 (7): 25-33, 51.

李传军. 2020. 运用大数据技术提升公共危机应对能力——以抗击新冠肺炎疫情为例. 前线, (3): 21-24.

李平. 2020. VUCA 条件下的组织韧性: 分析框架与实践启示. 清华管理评论, (6): 72-83.

李帅, 魏虹, 倪细炉, 等. 2014. 基于层次分析法和熵权法的宁夏城市人居环境质量评价. 应用生态学报, 25 (9): 2700-2708.

李婷婷. 2021. 面向突发事件的微博用户行为与情绪特征实证研究. 南京: 南京大学.

李小波, 郝泽一. 2021. 信息疫情的内涵、形成机理与应对策略. 北京联合大学学报 (人文社会科学版), 19 (4): 98-111.

李宗敏, 张琪, 杜鑫雨. 2020. 基于辟谣微博的互动及热门评论情感倾向的辟谣效果研究——以新冠疫情相关辟谣微博为例. 情报杂志, 39 (11): 90-95, 110.

李刚 . 2017. 从情报研究到智库研究 . 图书馆论坛, 37 (9)：50-54.

李纲, 李阳 . 2014. 情报视角下的突发事件监测与识别研究 . 图书情报工作, 58 (24)：66-72.

李纲, 李阳 . 2015. 情报视角下的城市智慧应急研究——兼谈熵理论的引入 . 图书与情报, (1)：66-71.

李纲, 李阳 . 2016a. 智慧城市应急决策情报体系构建研究 . 中国图书馆学报, 42 (3)：39-54.

李纲, 李阳 . 2016b. 面向决策的智库协同创新情报服务：功能定位与体系构建 . 图书与情报, (1)：36-43.

李纲, 叶光辉 . 2015. 面向应急决策的专家参考咨询过程探讨 . 情报理论与实践, 38 (6)：66-70.

李纲, 马亚雪, 巴志超 . 2018. 基于价值链的数据管理理论思考 . 信息资源管理学报, (1)：9-18.

李国新 . 2020. 疫情对公共文化服务发展影响的思考 . 图书与情报, (2)：43-49, 119.

李楠, 张超, 路璐, 等 . 2020. 新冠肺炎疫情下专业图书馆科研新媒体服务探究——以中国科学院文献情报中心"中国科讯"为例 . 图书情报工作, 64 (15)：151-156.

李品, 杨国立 . 2018. 智库建设中情报的功能定位与功能实现 . 图书情报工作, 62 (8)：93-99.

李善圆 . 2016. 合肥市政府应对突发事件情报管理研究 . 合肥：安徽大学 .

李琰, 毛钰, 张燕 . 2021. 建筑工人应急行为影响机制 . 中国安全科学学报, 31 (10)：1-7.

李阳 . 2019a. 面向应急管理的情报支持研究 . 南京：南京大学出版社 .

李阳 . 2019b. 面向本土现代性的应急管理情报工程建设 . 图书与情报, (5)：113-119.

李阳, 卞一洋, 盛东方 . 2020. 论应急情报及其"再出发"——新冠肺炎疫情防控之所思 . 现代情报, 40 (8)：3-9, 19.

李阳, 李纲 . 2016a. 工程化与平行化的融合：大数据时代下的应急决策情报服务构思 . 图书情报知识, (3)：4-14.

李阳, 李纲 . 2016b. 面向应急决策的智慧城市情报工程实践与应用 . 图书情报工作, 60 (11)：81-85.

李阳, 李纲, 张家年 . 2016. 工程化思维下的智库情报机能研究 . 情报杂志, 35 (3)：36-41, 48.

李阳, 孙建军 . 2019. 面向智慧应急的情报资源保障能力建构 . 情报学报, 38 (12)：1310-1319.

李阳, 孙建军, 2022. 复杂情境下应急管理情报工程服务机制构建及场景化应用 . 情报学报, 41 (2)：107-117.

李依 . 2018. "碎片化"应急知识科普宣教体系整合研究 . 西安：西北大学 .

李永洁, 孙轶楠, 唐小利 . 2020. 突发公共卫生事件中图书馆应急信息服务的应对思考 . 数字图书馆论坛, (10)：3-10.

林曦, 姚乐野 . 2014. 我国突发事件应急管理的情报工作现状与问题分析 . 图书情报工作, 58 (23)：12-18.

林振明 . 2021. 舆情反转的应对策略与媒体责任 . 科技传播, 13 (12)：114-116.

刘冰，魏均民，沈锡宾，等．2020．新型冠状病毒肺炎疫情期间专题信息服务工作及引发的思考．编辑学报，32（2）：132-137，144.

刘建准，唐需雯，石密，等．2019．突发事件应急管理中情报介入与融合模型研究．图书情报工作，63（18）：78-86.

刘瑾．2020．新型冠状病毒肺炎疫情下地方政府数据开放平台建设进展研究．数字图书馆论坛，（2）：3-9.

刘浏，苏新宁．2020．突发事件应急响应情报体系案例解析——以自然灾害事件为例．科技情报研究，2（2）：94-102.

刘琦岩．2020a．构建快速成型又群策群力的应急响应知识组织．情报工程，6（2）：1-2.

刘琦岩．2020b．增强情报工程的对冲能力．情报工程，6（3）：1.

刘晓云．2013．基于智慧城市视角的智慧应急管理系统研究．中国科技论坛，（12）：123-128.

刘彦君，吴玉辉，赵芳，等．2017．面向突发公共事件舆论引导的应急科普机制构建的路径选择——基于多元主体共同参与视角的分析．情报杂志，36（3）：74-78，85.

陆小敏，陈杰，袁伟．2014．关于智慧城市顶层设计的思考．电子政务，（1）：15-22.

罗航，杨卓昇．2020．提升重大突发公共卫生事件中的数据治理能力——以防控 COVID-19 为例．西华大学学报（哲学社会科学版），39（3）：45-54.

马成芬，侯玮青．2014．日本国立国会图书馆东日本大地震数字档案评价．知识管理论坛，（6）：37-44.

马费成．2018．推进大数据、人工智能等信息技术与人文社会科学研究深度融合．https://www.sohu.com/a/244031509_468714［2021-10-28］.

马费成，赵志耘．2019．情报工程学概论．北京：科学技术文献出版社．

马费成，周利琴．2018．面向智慧健康的知识管理与服务．中国图书馆学报，44（5）：4-19.

马佳，李天柱，银路．2021a．新冠疫情背景下应急研发的快速应答机制研究．科学学与科学技术管理，42（4）：49-69.

马佳，李天柱，银路．2021b．新冠疫情背景下应急研发的组织模式．中国科技论坛，（7）：37-45，178.

马玥．2017．我国大数据基础设施构成、问题及对策建议．中国经贸导刊，（13）：40-44.

牛晓宏．2018．开放数据政策协同对图书开放获取政策的启示．现代情报，38（9）：24-27，56.

潘文文．2020．政府应急情报系统服务能力影响因素研究．43（4）：74-81.

潘云涛，田瑞强．2014．工程化视角下的情报服务——国外情报工程实践的典型案例研究．情报学报，33（12）：1242-1254.

钱卫宁，等．2018．区块链与可信数据管理：问题与方法．软件学报，29（1）：150-159.

钱学森，于景元，戴汝为．1990．一个科学新领域——开放的复杂巨系统及其方法论．自然杂志，13（1）：3-10.

乔晓东，朱礼军，李颖，等．2014．大数据时代的技术情报工程．情报学报，33（12）：1255-1263.

沙勇忠．2020．迈向学科交叉的新领域：公共危机信息管理．图书与情报，（1）：1-5.

沈思，李沁宇，苏新宁．2020．突发事件应急响应情报体系案例解析——以公共卫生事件为例．科技情报研究，2（2）：86-93．

石进，赵小柯，刘千里．2020．面向国家安全的情报支持路径．情报学报，39（7）：675-686．

宋丹，高峰．2012．美国自然灾害应急管理情报服务案例分析及其启示．图书情报工作，56（20）：79-84．

宋元涛，王大伟，杨春立，等．2021．以信息化加速推进应急管理现代化．中国应急管理，（6）：14-25．

苏新宁，蒋勋．2020．情报体系在应急事件中的作用与价值——以新冠肺炎疫情防控为例．图书与情报，（1）：6-14．

苏新宁，朱晓峰．2014．面向突发事件应急决策的快速响应情报体系构建．情报学报，33（12）：1264-1276．

苏新宁，朱晓峰，崔露方．2017．基于生命周期的应急情报体系理论模型构建．情报学报，36（10）：989-997．

孙建军，裴雷，李阳，等．2020．新冠肺炎疫情网络舆情分析与应对建议．智库专报，（14）：1-10．

孙冉，安璐．2021．突发公共卫生事件中谣言识别研究．情报资料工作，42（5）：42-49．

孙悦．2018．在线医疗社区用户知识贡献行为与知识贡献度评价研究．长春：吉林大学．

唐佳，李君轶．2015．基于多分 Logistic 回归的旅游局官博转发影响因素研究．旅游学刊，30（1）：32-41．

唐珺珺．2007．城市应急管理系统框架模型的研究．上海：同济大学．

唐晓波，魏巍．2016．工程化视角下的情报工作方法论研究：理论模型的构建．图书情报工作，60（7）：5-10．

唐雪梅，赖胜强．2018．突发事件中政府对网络谣言的辟谣策略研究——以太伏中学事件为例．情报杂志，37（9）：95-99．

田俊静，兰月新，夏一雪，等．2019．基于决策树方法的网络舆情反转识别与实证研究．情报杂志，38（8）：121-125，171．

田鲁涛．2019．基层政府应急信息共享机制研究．广州：暨南大学．

王秉，吴超．2019．大安全观指导下的安全情报学若干基本问题思辨．情报杂志，38（3）：7-14．

王晨，徐同德．2021．公共安全应急管理信息化建设研究．辽宁警察学院学报，23（1）：69-75．

王飞跃．2015．情报5.0：平行时代的平行情报体系．情报学报，34（6）：563-574．

王凤香，张真真．2016．涉外突发事件网络舆情应对存在的问题及其应对策略改进研究．内蒙古农业大学学报（社会科学版），18（3）：38-42．

王国华，王戈，杨腾飞，等．2014．网络辟谣平台的运行及效果研究．情报杂志，33（9）：100-105，134．

王海燕．2015．微博健康信息的传播效果分析．全球传媒学刊，2（3）：107-126．

王宏伟．2018．提升非常规突发事件的应对能力：应急管理体制改革成败的"试金石"．公共管理与政策评论，（6）：37-51.

王景侠．2020．公共图书馆参与信息治理提升公众媒介信息素养的思考．数字图书馆论坛，（5）：30-35.

王娟．2019．工程化视角下的企业共享服务中心的情报机能研究．现代情报，39（5）：123-130.

王兰成．2015．基于网络舆情分析的突发事件情报支援研究．情报理论与实践，38（7）：72-75.

王良熙．2020a．应急科技情报服务平台关键技术研究．情报工程，6（4）：116-127.

王良熙．2020b．面向区域科技创新智库建设的科技情报服务平台体系设计——以福建省科学技术信息研究所为例．中国科技资源导刊，52（6）：70-78，94.

王世伟．2020．略论"信息疫情"十大特征．图书馆杂志，39（3）：19-23.

王施运，李白杨，白云，等．2021．面向国家安全场景的态势感知与分析方法研究．情报理论与实践，44（7）：178-183.

王万华．2020．论政府数据开放与政府信息公开的关系．财经法学，（1）：13-24.

王伟军．2020．我国公共卫生突发事件应对的情报机制及体系．图书与情报，（1）：15-26.

王晰巍，贾若男，刘婷艳，等．2021．新冠肺炎疫情事件信息传播主体特征分析方法及模型——以"钻石公主号邮轮"事件为例．情报学报，40（3）：245-255.

王晰巍，邢云菲，王楠阿雪，等．2017．新媒体环境下突发事件网络舆情信息传播及实证研究——以新浪微博"南海仲裁案"话题为例．情报理论与实践，40（9）：1-7.

王昕宇，李阳．2021．面向公众科普需求的应急救护知识服务平台构建与运行机制研究．现代情报，41（12）：79-88.

王艳华，刘岩芳，韩瑞雪．2018．网络舆情传播中微博意见领袖的影响因子研究．情报科学，36（6）：113-117，161.

魏大威，廖永霞，柯平，等．2020．重大公共安全突发事件中图书馆应急服务专家笔谈．图书馆杂志，39（3）：4-18.

吴布林，薛冬，杨克．2021．重大突发公共事件中社交媒体用户信息行为研究．情报理论与实践，44（10）：137-141.

吴晨生，李辉，付宏，等．2015．情报服务迈向3.0时代．情报理论与实践，38（9）：1-7.

吴思瑾．2016．应急管理中社区"第一响应人"机制的构建．西安：西北大学.

夏一雪．2019．基于舆情大数据的社会安全事件情报感知与应用研究．现代情报，39（11）：121-127.

肖国华，詹文青，杨云秀，等．2020．情报工程视角下四螺旋协同创新信息平台建设研究．情报科学，38（1）：150-155，164.

许洁，王子娴．2021．新冠肺炎疫情中的开放获取出版：现状与展望．中国科技期刊研究，32（1）：14-22.

徐惠梁，王家瑜．2015．实用现场急救手册．上海：复旦大学出版社.

徐基田．2020．图书馆科普教育现状与发展路径探究——基于25个省市88家科普教育基地调查．图书情报工作，64（9）：35-45.

徐松鹤，韩传峰，孟令鹏 . 2015. 中国应急管理体系的动力结构分析及模式重构策略 . 中国软科学，（7）：20-28.

徐晓林 . 2015. 决策剧场：新兴的协作决策仿真平台 . http://www.qunzh.com/qzxlk/jczx/2015/201501/202011/t20201104_82949.html［2021-11-12］.

徐新然，纪雪梅，李长荣 . 2019. 社交媒体中社交关系对突发事件舆论表达的影响——基于平衡理论的研究 . 情报资料工作，40（6）：51-62.

徐绪堪，蒋勋，苏新宁 . 2017. 突发事件驱动的应急情报分析框架构建 . 情报学报，36（10）：981-988.

杨峰，姚乐野 . 2019. 危险化学品事故情报资源的情景要素提取研究 . 情报学报，38（6）：586-594.

杨家英，王明 . 2020. 我国应急科普工作体系建设初探——基于新冠肺炎疫情应急科普实践的思考 . 科普研究，15（1）：32-40，105-106.

杨力 . 2011. 突发事件应急意识和能力建设探讨 . 中国安全生产科学技术，7（8）：154-158.

杨晓菲，孙继莆，韩冰 . 2020. 我国图书馆面向突发公共事件应急服务与管理研究与实践综述 . 图书情报工作，64（15）：204-211.

杨学成，兰冰，孙飞 . 2015. 品牌微博如何吸引粉丝互动——基于 CMC 理论的实证研究 . 管理评论，27（1）：158-168.

姚乐野，范炜 . 2014. 突发事件应急管理中的情报本征机理研究 . 图书情报工作，58（23）：6-11.

姚乐野，等 . 2019. 跨学科综合集成的应急管理情报体系研究 . 北京：中国社会科学出版社 .

姚建义，金雅玲，汤晓勇，等 . 2021. 突发公共卫生事件智慧应急发展探讨 . 中国工程科学，23（5）：34-40.

叶光辉 . 2016. 面向应急决策的专家发现与意见融合研究 . 武汉：武汉大学 .

叶光辉，李纲 . 2016. 面向应急决策的专家意见融合研究 . 情报学报，35（3）：254-264.

叶光辉，李纲，武川 . 2015. 应急参考咨询团队构建模式研究 . 情报学报，34（7）：734-742.

叶光辉，夏立新，徐健，等 . 2017. 信息融合视角下的专家应急会诊平台研究 . 情报理论与实践，40（11）：117-124.

于博雅，郑康妮，陈朝晖 . 2020. 图书馆借助新媒体传播科学文化的实践研究——以中国科学院文献情报中心"科学人讲坛"为例 . 图书情报工作，64（24）：48-56.

袁宏永 . 2020. 我国应急管理信息化技术平台发展的研究与实践 . 人民论坛，（33）：27.

袁莉，杨巧云 . 2014. 重特大灾害应急决策的快速响应情报体系协同联动机制研究 . 四川大学学报（哲学社会科学版），（3）：116-124.

袁伟，曹燕，毛一雷，等 . 2020. 突发事件下的新型情报服务模式研究 . 情报工程，6（6）：4-14.

岳丽欣，刘文云 . 2016. 国内外领域本体构建方法的比较研究 . 情报理论与实践，39（8）：119-125.

曾庆华，陈成鑫 . 2018. 基于综合集成方法的反恐情报分析系统构建 . 情报杂志，37（4）：31-36.

张琛, 马祥元, 周扬, 等. 2021. 基于用户情感变化的新冠疫情舆情演变分析. 地球信息科学学报, 23 (2): 341-350.

张海波. 2019. 新时代国家应急管理体制机制的创新发展. 人民论坛·学术前沿, (5): 6-15.

张海涛, 王丹, 张连峰, 等. 2015. 商务网络信息生态链的演化逻辑及演化模型研究. 图书情报工作, 59 (18): 95-101.

张海涛, 张鑫蕊, 周红磊, 等. 2020. 突发公共卫生事件中用户情绪演变的关键因素及影响机理. 情报科学, 38 (7): 9-14, 29.

张家年. 2016. 大数据环境下情报工程师的素质结构与培养模式. 图书情报工作, 60 (1): 12-18.

张家年, 马费成. 2016. 立足情报服务借力工程思维: 大数据时代情报工程学的理论构建. 情报学报, 35 (1): 4-11.

张家年, 王文韬. 2016. 融入工程化思维: 大数据环境下情报分析机制的构建. 情报理论与实践, 39 (6): 1-6.

张婕, 孙雨. 2020. 新冠肺炎疫情下公共图书馆新媒体阅读推广与区域协作. 新世纪图书馆, (10): 63-67.

张杰. 2017. 公安情报分析师职业化建设实证研究. 北京: 中国人民公安大学.

张靖. 2016. 美国国立医学图书馆灾害应急信息服务与启示. 图书情报工作, 60 (7): 72-77.

张靖, 陈朝晖. 2014. 图书馆参与应急科学传播服务的现状与思考. 图书馆建设, (6): 58-62.

张鹏, 兰月新, 李昊青, 等. 2019. 突发事件网络谣言危机预警及模拟仿真研究. 现代情报, 39 (12): 101-108, 137.

张雯, 李浩. 2016. 主流媒体微博对健康谣言的辟谣方式研究——对@人民日报2015年健康谣言辟谣微博的内容分析. 新闻研究导刊, 7 (11): 315-316.

张雨婷, 严炜炜. 2015. 微博在我国高校图书馆交互服务中的应用研究. 图书馆学研究, (11): 40-45.

张玥, 孙霄凌, 浦正宁, 等. 2014. 微博舆情传播影响因素研究——基于信源特征和信息形式的视角. 情报资料工作, (3): 59-64.

张志强, 张邓锁, 胡正银. 2020. 突发重大公共卫生事件应急集成知识咨询服务体系建设与实践——以新冠肺炎 (COVID-19) 疫情事件为例. 图书与情报, (2): 1-12.

赵冰峰. 2012. 论情报设计及情报行动在情报活动中的意义. 情报杂志, 31 (11): 30-34.

赵冰峰. 2018. 论国家情报体系的基本属性、系统运筹与对外政策. 情报杂志, 37 (2): 1-7, 20.

赵发珍. 2020. 我国突发事件中的应急情报研究——一个文献综述. 现代情报, 40 (2): 168-177.

赵发珍, 李华, 肖珑. 2021. 面向突发公共事件的图书馆科普阅读服务研究. 大学图书馆学报, 39 (3): 97-104.

赵建新. 2020. 大数据和人工智能在突发公共卫生事件中的应用研究. 中国应急管理科学, (3): 68-80.

赵艳艳. 2014. 城乡居民应急文化培育研究. 北京: 中国政法大学.

赵杨，曹文航．2020．人工智能技术在新冠病毒疫情防控中的应用与思考．信息资源管理学报，10（6）：20-27，37．

赵志耘，张兆锋，姚长青，等．2018．面向科技创新的决策剧场研究．中国软科学，（10）：136-141．

郑德俊，童万菊，李永明，等．2018．知乎社区用户发展和参与机制及其对图书馆知识服务的启示．图书情报工作，62（1）：69-75．

钟开斌．2020．国家应急管理体系：框架构建、演进历程与完善策略．改革，（6）：5-18．

周林兴，徐承来，宋大成．2020．重大疫情灾害中政府数据开放模式研究——以新型冠状病毒肺炎疫情为实证分析．现代情报，40（6）：3-18．

周慎，朱旭峰，薛澜．2020．人工智能在突发公共卫生事件管理中的赋能效用研究——以全球新冠肺炎疫情防控为例．中国行政管理，（10）：35-43．

周晓英．2020．新冠肺炎疫情防控中的应急信息管理问题与对策研究．图书与情报，（1）：51-57．

周雅琦，敬卿，牛宇．2020．"全民战疫"背景下图书馆参与虚假信息治理的研究．图书情报工作，64（15）：177-183．

朱礼军，段黎萍，赵婧．2016．面向创新战略的情报工程理论方法与挑战．情报工程，2（2）：26-33．

朱丽燕，王鸿妮，赵鑫，等．2021．突发公共卫生事件的即兴治理——以浙江省新冠肺炎疫情防控的成功经验为例．中国公共卫生管理，37（4）：425-430．

朱效民．2020．反思科普，才能应急——以新冠肺炎疫情为例谈应急科普．科普研究，15（1）：27-31，105．

Alkhaldi K H, Austin M L, Cura B A, et al. 2017. Are you ready? Crisis leadership in a hyper-VUCA environment. Journal of Emergency Management, 15（3）：139-155.

An L, Yu C M, Lin X, et al. 2018. Topical evolution patterns and temporal trends of microblogs on public health emergencies：An exploratory study of Ebola on Twitter and Weibo. Online Information Review, 42（6）：821-846.

Asensio A, Blanco T, Blasco R, et al. 2015. Managing emergency situations in the smart city：the smart signal. Sensors, 15（6）：14370-14396.

Aubrey M, Kevin Y, Stavros G, et al. 2016. Integrating health research into disaster response：The new disaster research response program. International Journal of Environmental Research & Public Health, 13（7）：676.

Batty D. 2005. Intelligence work and information science：two men in a boat. Williams R V, Lipetz B A. Covert and overt：recollecting and connecting intelligence service and information science. Medford：Information Today.

Benjamins V R, Fensel D, Asuncion Gómez Pérez. 1998. Knowledge Management Through Ontologies.

Carminati B, Ferrari E, Guglielmi M. 2013. A system for timely and controlled information sharing in emergency situations. IEEE Transactions on Dependable and Secure Computing, 10（3）：129-142.

Chen J, Wu L, Zhang J, et al. 2020. Deep learning-based model for detecting 2019 novel coronavirus pneumonia on high-resolution computed tomography. Scientific Reports, 10 (1): 19196.

Cruickshank I. 2021. On Data Science and Intelligence Analysi. https://mp. weixin. qq. com/s/gnG-BYOMuqaPc9sYOHxXSQw [2021-10-28].

Dan Z, Xiwei W, Shimeng L, et al. 2017. Research on the Characteristics and Behavior Law of Online Public Opinion in the New Media Environment Based on Information Ecology Theory. Journal of the China Society for Scientific and Technical Information.

Digital Science. 2020. How COVID-19 is changing research culture. https://www. digital-science. com/blog/news/new-digital-science-report-how-COVID-19-is-changing-research-culture/ [2021-11-23].

eLife. 2020. eLife and COVID-19: Our response to the pandemic. https://elifesciences. org/inside-elife/2baed30c/elife-and-covid-19-our-response-to-the-pandemic [2021-11-30].

GSAID. 2008. History. https://www. gi-said. org/about-us/ history/ [2021-11-23].

Johansson M A, Saderi D. 2020. Open peer-review platform for COVID-19 preprints. Nature, 579 (7797): 29.

Lai Y A, Ou Y Z, Su J, et al. 2012. Virtual disaster management information repository and applications based on linked open data. Proceedings of the 2012 fifth IEEE international conference on service-oriented computing and applications. Los Alamitos: IEEE Computer Society, 1-5.

Li Z, Zhang Q, Du X, et al. 2021. Social media rumor refutation effectiveness: Evaluation, modelling and enhancement. Information Processing & Management, 58 (1): 102420.

Markie M. 2020. COVID-19 rapid review initiative. https://blog. f1000. com/2020/04/27/covid-19-rap-id-review-initiative/ [2021-11-25].

Matthews G, Smith Y, Knowles G. 2007. Disaster Management in Archives, Libraries and Museums: an International Overview. Alexandria, 19 (1): 1-22.

New York Public Library. 2020. NYPL Updates: Coronavirus (COVID-19) Information. https://www. nypl. org/about/coronavirus [2020-11-12].

Oh H, Nguyen C. 2012. Influence of retweets. http://snap. stanford. edu/class/cs224w-2010/proj2010/35_Final%20Paper. pdf[2021-10-11].

Paek H J, Hove T. 2019. Mediating and moderating roles of trust in government in effective risk rumor management: A test case of radiation-contaminated seafood in South Korea. Risk Analysis, 39 (12): 2653-2667.

Pool J, Fatehi F, Akhlaghpour S. 2021. Infodemic, misinformation and disinformation in pandemics: Scientific landscape and the road ahead for public health informatics research. Public Health and Informatics: Proceedings of MIE 281: 764-768.

Power R, Robinson B, Wise C, et al. 2021. The Emergency response intelligence capability tool. https://hal. inria. fr/hal-01328541/file/978-3-319-15994-2_13_Chapter. pdf[2021-10-25].

Sommerfeldt E J. 2015. Disasters and information source repertoires: information seeking and information sufficiency in post-earthquake Haiti. Journal of Applied Communication Research, 43

（1）：1-22.

Sorensen J H. 2000. Hazard warning systems: review of 20 years of progress. Natural Hazards Review, 1（2）：119-125.

Suh B, Hong L, Pirolli P, et al. 2010. Want to be retweeted? large scale analytics on factors impacting retweet in twitter network. 2010 IEEE second international conference on social computing. IEEE, 177-184.

The United Nations. 2015. Transforming Our World: The 2030 Agenda for Sustainable Development, General Assembly, United Nations. http://www. un. org/zh/documents/view_doc. asp? symbol=A/RES/70/1 ［2021-11-22］.

The Beijing Declaration on Research Data. 2019. https://codata. org/events/science- and- policy-workshops/codata-and-codata-china-high-level-international-meeting-on-open-research-data-policy-and-practice/the-beijing-declaration-on-research-data/ ［2021-11-22］.

Wellcome Trust. 2020. covid19-open-access- letter. https://wellcome. ac. uk/sites/default/files/covid19-open-access-letter. pdf ［2021-11-23］.

World Health Organization. 2020. An overview of infodemic management during COVID-19, January 2020-May 2021. https://www. who. int/publications/i/item ［2021-10-23］.

Xie B, He D Q, Mercer T, et al. 2020. Global health crises are also information crises: A call to action . Journal of the Association for Information Science and Technology, 71（12）：1419-1423.